Land
Redevelopment
Planning
in the City

城市土地
再开发规划

何冬华　许宏福　王秀梅　欧静竹　邱杰华　著

中国建筑工业出版社

图书在版编目（CIP）数据

城市土地再开发规划 = Land Redevelopment
Planning in the City / 何冬华等著. —北京：中国
建筑工业出版社，2022.9
ISBN 978-7-112-27721-6

Ⅰ. ①城… Ⅱ. ①何… Ⅲ. ①城市土地—土地开发—
开发规划—研究 Ⅳ. ①F293.22

中国版本图书馆CIP数据核字（2022）第143558号

责任编辑：郑淮兵　王晓迪
书籍设计：锋尚设计
责任校对：党　蕾

城市土地再开发规划
Land Redevelopment Planning in the City
何冬华　许宏福　王秀梅　欧静竹　邱杰华　著

*

中国建筑工业出版社出版、发行（北京海淀三里河路9号）
各地新华书店、建筑书店经销
北京锋尚制版有限公司制版
北京中科印刷有限公司印刷

*

开本：787毫米×1092毫米　1/16　印张：17¾　字数：233千字
2022年12月第一版　　2022年12月第一次印刷
定价：**68.00**元
ISBN 978-7-112-27721-6
（39766）

序一

　　广州是传统文化与现代文明交相辉映的千年商都，有两千多年的历史积淀，历史文化资源丰富。广州的历史文化保护走在全国的前列，有很多好的做法和经验，如永庆坊活化提升、确定数十条永不拓宽的街巷、率先探索制定名城保护条例、出台加强历史文化保护传承的实施意见等，也通过培育"名城守护官、名城保护联盟"等志愿组织，吸纳社会各界热心人士开展名城保护。

　　千年商都的活力永续，要保护传承好珍贵的历史文化资源，也要让老城市焕发新活力。正如习近平总书记2018年视察广州永庆坊时，提出让城市留下记忆，让人们记住乡愁，实现广州老城市新活力。最新的土地利用现状调查结果显示，广州增量土地有限，存量空间承担了更重要的责任及使命。存量发展时代，"三旧"改造是国土空间规划的调控手段与重要抓手，要尊重城市发展规律、有敬畏之心，敬畏历史、敬畏文化、敬畏生态，要具备大局观、以历史保护为前提，把城市当作一个有机的生命体来对待。

　　在这个背景下，城市更新路在何方？广州城市更新与土地再开发规划，要立足广州实际，利用好有限的土地资源，承担国家使命，支撑广州城市永续发展，发挥历史文化传承、高质量发展并支撑公共服务与市政等基础设施建设、提升城市空间品质、促进产城融合等作用。这就要求广州的城市更新重点关注几个方面：一是坚持国土空间规划引领和刚性管控，将城市更新纳入国土空间规划"一张图"，建立城市更新规划管控传导机制；二是从过去的"蓝图型规划"，向"以蓝图为基础，空间治理型规划"转型；三是从过去的"守门员"角色，向"引领者+守门员"转型；四是强调"有为政府、有效市场"，在公共领域、民生保障方面充分有效发挥市场的作用，通过产业带来持续税收，形成财政良性循环的可持续发展路径；五是城市的健康发展、社会公平要聚焦民生诉求，通过多维度、多路径，广泛问计于民、问需于民、问效于民，切实让城市更新工作尊重民意、汇聚民智、凝聚民心。

广州市城市规划勘测设计研究院作为与广州共同成长的设计单位，同时也是广州"老城市新活力"的高端智库，既有本土鲜活实践经验，又有国际视野与研究实力。广州市城市规划勘测设计研究院规划设计一所的何冬华与团队所著的《城市土地再开发规划》一书，正是广州老城市焕发新活力背景下的有益探索。本书凝聚了作者亲历土地再开发实践的思考，总结了土地再开发的技术特征，生动地演绎了土地再开发实践中政府、市场以及公众等不同主体发挥的作用，具有一定的理论研究价值和现实参考意义，是一本书写土地再开发规划广州探索的好书，值得一读。

邓堪强

广州市规划和自然资源局副局长，博士

2022年8月

序二

土地是城市开发的核心要素之一。城市容量的提高，不局限于空间的平面扩张，还重在土地使用效率的提升；城市的"流量"与"留量"，不完全取决于城市容量的大小，更关乎城市的品质与活力。珠三角地区作为我国改革开放的先行区，在早期"三来一补"等政策创新推动下，城镇化进程极为快速但较为粗放，土地开发利用的整体效率较低。2009年，珠三角地区率先试行"三旧"改造，逐渐成为全国各地土地再开发的对比样板。广东推行的"三旧"改造政策，允许有条件的历史问题用地合规化，打破了政府"垄断"一级土地市场的局面，吸引了社会资本积极参与，有序、快速推进了土地的再开发进程。

在此背景下，广州的土地再开发规划敢于尝试，将改造政策融入详细规划尤其是控制性详细规划中，推进成片再开发实施。由于涉及的利益主体多元，广州所推动的面向实施的规划正是为"大家都认可"提供了新的办法，不失为对规划的重要创新和有益探索。基于深度的案例实践，广州市城市规划勘测设计研究院规划设计一所，这个长期耕耘于城市规划与设计领域、亲身经历广州城市再开发过程、充满活力与进取心的团队，撰写了《城市土地再开发规划》一书。品读下来，这不仅是一本总结、评述广州城市更新与土地再开发规划的学术著作，也是一本凝聚了耕耘一线规划师亲身经历的鲜活实践之作。它不是对相关政策与实践的简单罗列，而是融入了作者团队基于长期实践的深入思考，向读者清晰呈现了广州城市更新与土地再开发政策与实践演进背后的思想内核，并据此勾绘了未来的蓝图。

概括而言，本书的学术与实践价值体现在以下几个方面：

第一，在我国迈入存量时代的语境下，基于广州城市更新的实践，结合作者团队亲身耕耘一线的经历，引发对土地再开发规划的深入思考。全书从分析国内外城市的再生、土地的重构出发，探讨土地与开发并阐述广州的存量与更新，进而讨论土地再开发规划涉及的整备与赋权、空间与协同、增值与共享等议题。作者团队从市民的眼光评空间，从资本的视角论土地，重新评估了土地的"价"与"权"，也指出了存量土地的"蛋糕"不可能也不应无限做大，而是要在适度做大的基础上做优。这样，未来的土地再开发才能切实提高城市的竞争力，吸引"流量"，创造"留量"。

第二，理性的思考与案例的深入剖析相结合，努力构建有效率的土地再开发规划机制。中国的城市化进程无疑已经进入下半场，上半场重规模、重速度，着力推进土地城镇化、产业城镇化，而已经开启的下半场，则更重质量、重效率，所谓新型城镇化或再城市化，更加注重人的城镇化，城市的发展越来越关注人、人与地、人与城的关系。未来更具效率的再开发规划，必然是多方协同共享的规划，更应该考虑多元利益主体的多样化需求。而这样的规划，需要一个有竞争力的政府作为城市"经理人"，有针对性地推行不同参与方参与的模式，进而提供分梯队、可负担的产业空间以及高品质的公共服务产品。

第三，翔实、鲜活的实践案例，与理论有机结合，得出有可靠性的研究结论，也为未来的土地再开发规划提供了借鉴。该书是作者团队结合自身长期服务并近距离观察广州的土地再开发实践而写下的总结与思考。这些大部分源于作者团队深入广州城市更新一线的实践案例，充分解释了广州城市更新中的土地再开发逻辑与发展脉络。书中，不论是广州市宏观层面的政策、实践，还是东圃立交、海珠三滘枢纽地区、瑶台北片区等点上的案例，都具有较强的代表性。这些案例，从点到面，涉及广州多个区，跨越了广州城市更新过程的不同阶段，映射了广州不同阶段的城市更新逻辑与治理模式，也有力论述了存量与更新、整备与赋权、空间与协同、增值与共享等核心议题。

本书第一作者教授级高级工程师何冬华是我的在读博士研究生，在广州市城市规划勘测设计研究院工作。广州市城市规划勘测设计研究院深耕于广州城市规划与研究一线，在广州城市更新很火热的这几年，市院的城市更新规划实践遍及广州各区。作者团队在这一过程中积累了很多一手经验，并积极探索与创新，为这本书的出版奠定了坚实的基础。客观而言，从城市更新视角，基于土地发展权看土地整备与土地再开发极具挑战性，毕竟土地尤其存量土地背后有太多的利益博弈。作者团队在本书中，努力厘清土地整备赋权、多方协同规划、再开发增值共享的内在逻辑，并提出应对存量土地再开发的规划方法与框架，实属不易。本书是一线规划师探索与思考的结晶，是对土地再开发知识与实践的严谨归纳，是颇有新意、有观点、有启迪的著作，非常值得一读。

华南理工大学建筑学院城市规划系 教授/博士生导师

2021年春于华南理工大学

前言

　　随着生态文明、新型城镇化建设的快速推进，我国正大步迈入存量时代。城市更新、土地再开发规划，成为国土空间规划的主旋律。提起2008年，想必每一位中华儿女，都会对轰动全中国的北京奥运会记忆犹新。随后2010年的上海世博会、广州亚运会，都是中国人热闹的回忆。城市也焕发新生，城市更新让城市更有活力。城市更新与再开发，是这个时代的新热点，可能有很多人关注到2008年印发的《国务院关于促进节约集约用地的通知》，拉开了我国进入存量时代的序幕。作为改革开放先行区的广东，紧跟国家步伐，2009年出台《关于推进"三旧"改造促进节约集约用地的若干意见》，有序推进了存量开发，尤其广州、深圳和佛山，借"三旧"改造的契机，推动城市高质量发展，积累了诸多创新经验。

　　广州在举办亚运会的契机下，2009年出台第一个"三旧"改造政策文件，次年挂牌成立"三旧"改造办公室，成功推进了猎德等城中村的全面改造，实现了"握手楼"在CBD地区的蝶变。2012年亚运会以后，"三旧"改造速度明显放缓，同时，国家提出"严控新增债务，化解存量债务"。广州也开始探索"盘活国有资产、降低债务风险"的城市更新思路。在这个背景下，2013年，广州交通投资集团有限公司（简称广州交投集团）找到我们团队，共同探索交投六块地的土地再开发。借此机会，我们开始研究如何对土地重新赋能，并做了大胆的探索。在交投六块地中的东圃立交地块（现兰亭盛荟），我们创新地提出"立交改造与综合开发"的规划方案，并于广州市国有资产管理工作联席会议上向市政府主要领导做方案汇报，提出在符合规划的前提下，尽可能提高开发强度，后来的容积率提高到了4.05。如今的兰亭盛荟项目，斩获了"华夏三等奖""全国国企创新管理一等奖""广州房地产城市标杆项目"等众多奖项，不失为土地再开发规划较为成功的探索。

2019年以来，我们团队开展了系列探索土地再开发的课题研究，如海珠三滘枢纽地区、瑶台北片区土地整备研究等。从最初的国有旧厂盘活，到如今的土地整备研究，我们亲历了广州土地再开发一线，鲜活地感受到了广州城市更新的奇妙变化。我们也感知到，土地再开发过程中，社会资本方、城市政府和原土地权属人，各方都铆足了劲争获土地再开发的超额利润。因此，土地再开发规划，避不开对多方协同的探索。近年来，在参与广州城中村改造的公共设施系列专项规划的过程中，我们也更意识到，发展权的规划赋能，更重要的是必须要有一个健康的战略性城市框架，在这个框架下更加有效、公平地赋予土地发展权，从而实现城市的再生、土地的重构。

长期服务于广州城市规划设计与研究的一线，我们深刻感受到，城市更新与土地再开发，是维持城市竞争力与活力的重要途径。正是在这样的背景下，我们立足于这些实践与思考，撰写了《城市土地再开发规划》一书，记录和梳理亲历的实践，延伸我们的思考。我们发现，未来城市可持续、高质量的发展，一定离不开具有竞争力的规划，而这种竞争力，在于从原来供给型规划向需求型规划转变。

本书的研究框架，从广州城市更新视角展开，在土地发展权理论探索的基础上，对存量时代的土地再开发规划方法和实践进行实证研究，结合鲜活的实践案例，探究城市化过程中的"再生与重构""土地与开发""存量与更新""整备与赋权""空间与协同""增值与共享""创新与思考"等话题。

第1章"再生与重构"。自诞生起，城市不断经历"发展—衰落—更新—复兴"的自然过程。城市的再生，依托城市更新。城市更新中诞生的符合新时代需求的新功能和新空间成为维持城市活力的重要载体。工业革命时期的欧美城市，通过城市更新实现第一次现代化改造；20世纪的城市，将城市更新作为一种宏观战略，旨在应对工业衰落地区的活力再造，甚至是整体城市复兴。对于现代城市来说，城市更新仍然是维持城市竞争力与活力的重要途径。欧洲、北美及亚洲城市都掀起了"城市复兴"社会运动，通过城市更新，实现城市特定区域的再生，进而促进城市整体功能的优化和升级。城市的再生，新空间、新功能、新活力的产生，都建构在土地再开发的基础上。土地再开发中，新发展权的赋予是新生价值的重要来源。围绕土地新生价值的博弈，很大程度上体现在对土地发展权的争夺。英国以土地发展权国有化为制度基础，通过发展权许可来实现土地发展权的配置，并对欧美国家产生了深远的影响。中国确立了国有土地有偿出让制度，通过出让国有土地使用权的形式为发展融资。在实践过程中地方政府主要通过控规实现对开发行为许可的管控。由于我国土地的城乡二元制，农村集体土地参与土地资本化成为珠三角城镇化的特征。进入存量时代，珠三角的村集体逐渐成长为土地发展权博弈格局中不可忽视的力量。土地再开发面临的关键难题包括土地分散产权与整体开发的矛盾、公共利益及其边界的确定、多元利益主体及其博弈。因此，具有竞争力的土地再开发规划，核心议题就是做好面向实施的增值共享方案，做各方都认可的"政策规划"，分享新的"蛋糕"。

第2章"土地与开发"。土地是人类赖以生存和发展的重要资源，土地的开发利用是构成生产关系与经济关系的基础。城市的再生，土地的重构，都离不开土地与土地的开发。土地的属性有自然属性和社会属性两种，自然属性难以人为改变，土地的增值往往通过土地社会属性的改变来实现。农村的"三块地"更多只是被赋予了自然属性，是难以通过资本化增值的。城市里的土地，则拥有截然不同的命运，被赋予了社会属性，拥有完整产权，价值受土地产权属性、土地区位、土地用途以及相邻关系所影响。土地可以吸引资本，成为资本，创造新的资本。通过改变土地的社会属性，如用途变更等，获得土地发展权的过程是土地的资本化过程。中国的土地资本化，有"三个模式"——以地建厂、以地生财、以地兴城。大致经历"三个阶段"——土地的农业资本化，是租赁农地使用权用于现代化农业生产过程；土地的工业资本化，是产业资本进入的土地使用权租赁性交易；土地的金融资本化，是城市化发展到成熟阶段的产物，主要面向存量土地，是一种利益共享的再开发过程。城市土地的再开发，是资本持续注入土地使之再生与重构的过程。建设用地使用权分散在土地使用者手中，就像是蛋糕的各种"原料"散落在各处，单靠传统面向供给的控制型规划，是难以将它们拼成完整蛋糕的。面向需求的政策型规划，如广东"三旧"改造、土地整备等，突破了"固化"框框。广州的土地整备，以控规为母体，通过不断细化民生保障、共担风险、共享利益的更新改造政策做"补丁"，城市更新片区策划、实施方案与控规三案并存，适应不断变化的市场需求，将散落的"原料"做成完整的蛋糕，实现土地再开发的协同规划与利益共享，不失为一个具有创造性与跨时代意义的探索。

第3章"存量与更新"。城市更新可分为重建（再开发）、整治改善（微改造）和保留维护三种，具体涵盖了棚户区改造、"三旧"改造、产业区更新、历史保护等。而在存量时代，城市更新除了"微改造"与历史保护外，主要工作均转向了依赖存量土地再开发。而广东"三旧"（旧厂房、旧城镇、旧村）改造，便是我国最先探索存量土地再开发的典型，自2009年开始，通过十年实践，积累了丰富的经验，目前形成了三种主要模式，即"政府主导、市场参与"的改造模式（以广州为代表），"政府搭台、市场主导"的改造模式（以深圳为代表），"政府支持、市场运作"的改造模式（以佛山为代表）。而随着城市更新工作全面开展，按传统"三旧"改造的模式，已难以满足城市化发展需求，城市更新的关注重点，在广东，尤其珠三角地区，从原来较多关注经济导向的"三旧"改造开始向"综合效益"全面提升的城市更新转变。基于此，本章结合广州城市更新政策演进梳理分析，发现：一是广州市的城市更新经历了几个阶段，从市场活力导向到资产增值导向，再到城市品质导向。二是广州的城市更新政策不断丰富与完善，每一轮政策的推出都体现了更新思路的调整与改造逻辑的变化，其中市级政策呈现出"从经济导向到综合效益、从分类改造到成片连片、从单一路径到多元路径"的演变脉络，各区的政策创新也更多聚焦在历史遗留问题的"地、房"处置方式及标准制定、审批流程的优化简化、合作企业引入条件设置及加强成片连片改造等方面。三是在目前粤港澳大湾区的竞合关系中，由于"就项目论项目"的"三旧"改造方式难以为继，广州逐渐开始探索成片连片的土地再开发路径，也更为重视高品质公共产品配给和产业的注入。最后，本章结合广州市可再发土地资源特征、潜力及改造经验，深入解剖土地再开发的未来挑战与可行方向。

第4章"整备与赋权"。土地发展权的重构是再开发的核心，城市土地再开发，不只是土地从较低利用效益向较高效益转变，更是以产权关系为基础的土地发展权重塑。目前，随着城市更新的深入，再开发普遍面临"产权关系复杂、产权边界不清晰乃至产权破碎化"等问题，为提升城市竞争力、兼顾公平和效率，各城市探索土地整备，以破解城市土地再开发难以推进的困境。国际上，与土地整备相近的概念有土地整理、土地重划、土地发展权转移、农地整治等。在中国，土地整备比较有代表性的是深圳的"利益统筹"、佛山的集体经营性土地"整理入市、统租流转"，以及广州"储改结合"的成片改造。而广州的土地整备，开始关注"公益保障、责任共担、利益共享"，强调调动原土地权属人、社会资本方参与的积极性，形成了以政府为主导、各方共同推进的良性模式。具体来说，包括三大方面的内涵：一是整备主体上，强调多方协同治理，城市政府占主导，通过行政干预手段，包括规则制定、规划调整、发展权转移等，统筹片区的土地发展权，获得土地出让金，保障城市的整体利益与公共利益；原土地权属人改变以往被动配合的做法，积极主动地参与，共同提升土地价值，分享增值利益。二是整备方式上，更加关注历史遗留问题用地，强调多种模式的组合，包括破碎零散土地的规整、历史遗留用地的确权、留用地指标的落地、集体建设用地的升级改造、划拨用地的综合开发等。三是整备流程上，更加聚焦发展权重构及规划赋权协同，通过土地征收、收购等方式，整合原有破碎、产权分散的土地，将土地发展权整合到单一改造主体或城市政府；通过调整规划方式，提升地区开发价值，保障更新改造项目的资产价值提升；再基于规划引领，结合发展权转移、资产交易、资金补偿等方式，实现规划的落地实施。最后，本章结合广州东圃立交改造实践案例，深入解剖再开发过程中，如何通过土地整备方式，实现边界重划、权益统筹。

第5章"空间与协同"。进入存量时代，做大空间"蛋糕"的背后逻辑发生了巨大变化。再开发不仅仅是城市品质提升、公共利益保障、协同多方行动的工具，同时也是城市获得全球竞争力和实现高质量发展的重要依托。与过往的城市更新不同，广州这一轮的存量空间再开发，不再是短期经济利益驱动下的"留改拆"，而是以"去房地产化"为特征，聚焦城市长期发展战略，在土地再开发的过程之上，叠加城市竞争力、公共服务能力、产业吸引力的提升。因此，再开发规划也成为政府行使公共权力、调配各类资源和促进城市竞争力提升的重要手段，也更需要注重规划引领和管制，提前规划好"存量蛋糕"的"形状"和"口味"，为再开发定好"规矩""底线"和"准则",实现政府、社会、企业、原业主在功能和空间重构中的利益平衡。再开发的管制,包括三个方面的内涵:一是面向相邻关系的管控,狭义的方面包括对相邻地块的阳光、空气、绿化、交通等环境的保障,广义的方面则包括提高城市整体的再开发效应,实现可负担、分梯度产业空间供给,高水平的公共服务设施配套,高保障的人才住房配套;二是面向增值利益分配,空间的增量需要在"谁先排队谁占有"还是"社会利益最大化"两种分配原则间做出权衡,不仅仅要算"经济账",还要算城市的"公益账""环境账"和"产业账";三是面向多方协同实施的工具,要通过规划管制的调整,做大"增量蛋糕",但同时也要明确各方"切蛋糕"的先后顺序,明确各方"分蛋糕"的比例。在管制的基础上,通过分层的许可,明确"地"的许可和"量"的许可,来实现再开发的正规化,并完成对半正规化历史事实的认定;同时在再开发规划中,引入"动力三角""激励三角""救济三角"三者结合的竞争力模型,促使管制落地。最后,结合广州海珠三滘枢纽片区的实践案例,深度解剖再开发过程中的空间重构和管制策略。

第6章"增值与共享"。一个好的土地再开发项目,是在做大"空间蛋糕"的同时,也提前预设好"蛋糕"的分配规则并进行合理切分。土地再开发,实际上是借由城市政府,赋予土地发展权,实现土地增值,依托其社会属性参与城市化,助推社会财富的增加。因此,土地再开发过程中,土地区位条件唯一性与发展权赋予,是做"蛋糕"的模具,基本限定了土地价值的基础,产生的土地增值主要是来源于城市化的过程,应在保障城市整体利益的前提下,再进行合理分配。通过研究,为促进再开发项目实施,实现土地增值共享,需要做好两方面工作:第一是增值的分配及测度。增值分配,不能一味采取"涨价归公、涨价归私"的一刀切方式,而是应该聚焦再开发的目的以及相关权利主体的博弈焦点,以此明晰增值分配的模式和手段；如原有基于经济导向的改造，为解决历史遗留问题，更多的是聚焦留用地折算、完善历史用地的规则制定，利益分配倾向于原土地权属人；公共导向的征收，更多的则是聚焦采取征收方式及"一口价"标准的补偿，分配向城市政府倾斜。第二是增值的管理。土地整备工作由于面对多个产权主体，提倡"民生保障、责任共担、利益共享"的管理模式，具体包括：一是民生保障，再开发的过程中要坚持"先安置后拆迁"，并做好地区的基本配套，以此保障原土地权属人的基本权益；二是责任共担，并做好风险防控，要共同承担地区乃至区域的公共服务设施配套，同时通过税收手段，平衡再开发过程中收益较高与收益较低乃至负收益的项目，以此促进资本良性循环；三是利益共享，通过顶层机制设置，进一步吸引优质资本，促进产业升级，提升原土地权属人的积极性，并增加土地收储，提升竞争力。本章的最后，基于广州从"通过谈判对增值利益进行分配，到在既定前提下多主体展开博弈，再到多元价值导向下创造综合效益"的增值分配历程梳理，结合广州瑶台北片区全面改造工作中增值形成与分配的实际案例，深入解剖再开发过程中原土地权属人、社会资本方与地方政府之间的利益平衡原则与增值共享机制。

第7章"创新与思考"。城市更新是永续不断的过程。在21世纪的中国，城市更新持续推进。站在城市更新的快车道上，眺望远方，我们看到，美好融入了旧时光，活力注入了旧土地，看到了城市的再生、土地的重构。新旧碰撞、文化演进、活力再现，未来城市，告别了"老破小"，与"脏乱差"说再见。在增值共享的再开发路径下，人与地、人与城、人与人，有了新的关系，不断变大的"存量蛋糕"，也放缓了变大的速度，开始追求"存量蛋糕"的口味、形状，以及"蛋糕"所处的氛围，最终适当变大的、精美的"存量蛋糕"，由多方共同分享。未来的城市中，有竞争力的再开发规划，分梯队提供了可负担的产业空间，保障了高品质的公共服务产品，创造了新的"流量"，迎来了新的活力人口，也实现了大的"留量"，留下了共创美好城市的人们。

借着广州积极推进"三旧"改造的机会，十年来，我们团队参与了一些广州市"三旧"改造与土地整备的相关项目，有点上的，也有面上的。在此过程中，团队也将项目成果与思考转化成了几篇学术论文，本书是在这些论文的基础上进一步拓展形成的，是我们在"三旧"改造参与式体验过程中些许不成熟的思考。

何冬华负责研究框架拟定、主要观点撰写、实践案例整理，并负责撰写"土地与开发""词语解释"等章节；许宏福主要参与存量更新、土地整备、土地增值、东圃立交案例等的撰写；王秀梅主要参与"土地与开发""创新与思考""词语解释"等章节的撰写；欧静竹主要参与"再生与重构"章节的撰写；邱杰华主要参与"导向高质量发展的再开发管制"部分的撰写；全书最后由何冬华、王秀梅统撰成稿。

目录

第 3 章　存量与更新

第 4 章　整备与赋权

第 5 章　空间与协同

第 6 章 增值与共享

第 7 章 　创新与思考

第 1 章

再生与重构

城市是有生命的，历史上有消失的城市，也不乏千年不衰的古城。庞贝城和罗马城同在意大利，庞贝城消失了，历经两千多年的罗马文化却熠熠生辉。维苏威火山的突然喷发，使曾经商贾云集的庞贝古城形同废墟，商人和移民不再眷顾这里，庞贝城消失了。"永恒之城"罗马，在2000多年的历史长河中，不断再生与重构，尤其是文艺复兴时期的再造，使之生生不息。世界上经历了千百年却依然充满活力的城市，大抵如此。被誉为世界上最美丽最优雅最迷人的城市巴黎，也曾出现街道狭窄拥挤、昏暗、臭气熏天的场景，19世纪奥斯曼革新式的改造，催生了扩建后更有活力的香榭丽舍大道。许多关于18、19世纪的小说，如大仲马的《基督山伯爵》、小仲马的《茶花女》等，都描绘了香榭丽舍大道的繁华。香榭丽舍大道受到当时高定时装设计大师的青睐，他们用持续一个半世纪"用脚投票"的故事，划出了时尚产业衍生企业分布的"一公里"跨度。巴黎与香榭丽舍大道的华丽变身，得益于奥斯曼大改造，也离不开持续的再生与重构。

城市的再生，依托城市更新，新空间、新功能、新活力都建构在土地再开发的基础上。土地再开发中，新发展权的赋予是新生价值的重要来源。围绕土地新生价值的博弈，也在很大程度体现为对土地发展权的争夺。土地分散产权与整体开发的矛盾、公共利益及其边界的确定、多元利益主体及其博弈成为土地再开发面临的关键难题。具有竞争力的土地再开发规划，核心议题是做好面向实施的增值共享方案，做各方都认可的"政策规划"，分享新的"蛋糕"。

1.1 城市的再生

城市究竟是什么？从整个星球的空间和生命周期来看，城市是人类文明奇特的产物，是人工活动、资源、信息、智慧最极致的体现，是人类最具价值的创造。城市是伴随着人类文明形成而发展的一种有别于乡村的高级聚落。从人类最初开始聚居式生活，并建立文明起，城市就是一个不断变化运行的生命体，扩张和更新时时刻刻都在发生。回顾人类历史长河中出现的璀璨文明，都是以城邦作为文明中心：两河流域孕育了夺目璀璨的城邦——古巴比伦、大马士革、巴格达、耶路撒冷；地中海见证了罗马、希腊、君士坦丁堡的崛起……这些夺目的明珠或是在历史中逐渐褪色，或是历经时光变迁依旧熠熠生辉。自有人类文明以来，城市的发展与再生就是历史进程中热度不减的话题。城市的再生，依托城市更新。

1.1.1 活力再造

城市更新的英文为"urban regeneration"，与其相关的概念包括城市重建（urban renewal）、城市再开发（urban redevelopment）、城市复兴（urban renaissance）、城市振兴（urban revitalization）等[1]。一个国家城镇化水平进入一定发展阶段后，常常会面临城市更新的任务，自第一次工业革命后城市更新即成为规划学术界热度不减的议题，并在"二战"后的欧美出现实践和学术研究的高潮。城市更新可视为城市发展过程中的自我调节机制，通常旨在解决一段时期的城市问题[2]。如果从狭义上来看，在我国城市更新的概念可被理解为"对城市中不符合当下发展需求的建成环境进行有计划改造的过程"[3]。总的来说，针对特定时期的城市发展面临的问题，而对城市空间环境进行重建或者改建，这个过程就是城市更新。迈入21世纪，城市更新愈发成为当前存量时代城市盘活土地资源的重要路径[4]。城市更新活动往往涉及城市社会、经济和物质空间环境等诸多方面的更新，通过重构原有的建成环境为城市提供新功能、新空间便是重要特征之一。这些符合当下发展需求的新空间与新功能，使得城市不断焕发活力。

虽然城市的发展和更新自城市诞生之日起便已存在，但严格来说，真正意义上的"城市更新"是伴随着现代城市诞生而产生的概念。古代城市和现代城市，在面对原有城市资产时有着截然不同的态度。在中国历史上的封建时期，将前朝宫殿或是整个都城付之一炬的案例屡见不鲜。项羽火烧秦朝的"阿房宫"，引发了杜牧在《阿房宫赋》中"楚人一炬，可怜焦土"的叹息；公元190年，董卓火烧洛阳及其方圆二百里内的宫殿宗庙、府库，留下满目疮痍，城已不城，尽是残垣；唐朝末年，历经两朝富丽堂皇的太极宫在战火中尽毁……为什么诸多新王朝建立后，统治者常常烧毁并废弃前朝的都城，使得当时这些耗尽能工巧匠心血、凝结先民智慧的文明结晶消失在历史的洪流中，随后另行选址再次投入巨额的财力、人力、物力新建华丽的宫殿？细细想来，可能有两个方面的考量。一方面，新的统治者将前朝的遗存一把火烧光，以此彰显新的封建统治力量。另一方面，从客观上来说，这是由于古代的城市，主要是"城"——帝王的居所，而"市"相对简单，当时功能较单一、规模有限的古代城市并未积累巨大的、难以再次创造的社会财富。而现代城市则不同，之前所有的建设都为城市积累了巨额财富，包括有形的财富和无形的资产。现代城市有太多的沉淀，包括建筑、设施、公共服务、文化遗存、社会网络、产业联系。城市即使出现衰败的趋势，城市管理者也难以做出抛弃原有城市资产而另建新城的决定。相反地，他们通常会制定一系列的城市复兴政策，期待活力的重新萌发。

如果我们把工业革命后经历第一次现代化改造后的城市称为现代城市，则可以发现，工业革命带来的技术进步和由此发生巨变的生产方式，成为人类文明史上首次如此剧烈推动城市空间重构的力量。迈入19世纪，世界主要经济体由农业文明向工业文明逐步转变，工业革命创造出前所未有的生产力，带来了巨大的资本，打破了中世纪城市的边界，造就了密集的城市核心区、拔地而起的工厂[5]，催生了现代城市。新的边界树立了新的秩序，彰显了新的城市管理构架和发展逻辑。在这一空间重构巨变的时期，城市的规模和人口密度急速增加，各种符合工业化大生产的新空间形式如雨后春笋般涌现。大型轨道货运区、工业区、工人居住区拔地而起，成为原有城市空间更新后的新型功能空间，"城市更新"这一概念也便成为规划学术界经常讨论的话题。在城市现代化迈出了第一步后，城市更新的车轮便难以止步。工业革命创建了新的城市，同样也改变了居住其中人们的生活。城市化骤然加速时，具有破坏性的第一次现代化改造也带来了一系列的问题，尤其是卫生环境的恶化。单纯地新建工人居住区、工业区、运输设施并未实现整个城市系统的现代化，特别是卫生设施无法跟上城市发展的步伐。面对亟须解决的现实问题，当时的许多城市迈出了现代化改造的第二步——市政设施的现代化改造。

在技术和社会改革的推动下，如今我们可以看到的世界大都市大多都在这一时期经历了第一次系统的现代化改造。在伦敦，现今仍然可见的众多地标性建筑和公共设施都是在19世纪末期修建的，包括1854年建成的世界首条地下铁路、1894年建成的塔桥。经过19世纪的改造工程，现代都市卫生舒适的物质环境初现端倪，工人的工作条件和生活条件大为改观[6]。市区的照明、供水、排污、废物处理等逐步形成现代化体系，公共休憩设施如公园、动植物园、博物馆、艺术馆、音乐厅、医院等公共设施开始在城市普及[7]。初期工业城市暴露的公共市政设施建设滞后、与工商业发展不协调的问题得到了初步解决，扭转了城市公共环境令人不悦的面貌[8]。

在英吉利海峡东侧，另一个城市也经历了相似的过程。19世纪的巴黎以脏乱、拥挤、危险著称，令人惊叹的是，巴黎在短短20余年间完成了可以说是现代城市史上最伟大的城市改造[9]。现在被世人熟知的香榭丽舍大道，也是于一百多年前19世纪50年代至60年代进行的奥斯曼巴黎大改造中得到扩建。改造后的香榭丽舍大道成为连接卢浮宫与新凯旋门的空间轴线。奥斯曼的方案系统性地建设了巴黎，城市改造还同社会福利的改善联系在一起，也坚持美化城市的原则。改造对新的房屋立面提出严格的要求，如统一建材、统一高度、屋顶阁楼统一为45度的坡度；同时创建的发达的地下排水系统，至今运转良好，被公认为最完美的城市地下排水系统工程。在当时充满争议的改造运动打造了如今巴黎的城市骨架。虽然世人如今对这段历史评述不一，但不能否认的是，奥斯曼大改造从一定程度上推动巴黎成为更美好的城市。如今，香榭丽舍大道成为每一个到访巴黎的游客不可错过的路线，与纽约第五大道、东京"银座八丁"并称为世界三大繁华中心大街之一[9]。后人在阐述欧洲旧城改造历史时，奥斯曼大改造都是其中难以忽视的壮举工程之一，其革新式的改造方式将新的元素输入城市，扭转了当时阴暗破败的城市面貌，同步建立现代的道路和市政设施系统。城市更新，是面向城市的活力再造，这种活力往往需要新的空间、新的用途，一百多年前的巴黎第一次城市改造即是如此。

然而，城市更新的步伐并不会就此停止。第一次更新完成之后，城市仍然会进入"发展—衰落—更新—再生"的新陈代谢过程。2021年伊始，香榭丽舍大街又开始谋划更新改造。改造的呼声，来自对于大街现状的不满——过度旅游，交通，污染，过度消费。巴黎市长安妮·伊达尔戈（Anne Hidalgo）批准了2.25亿英镑的改造计划，将香榭丽舍大街及周边地区改造成一个"非凡的花园"。新改造方案中，增加了符合当代需求的新空间和新用途，包括大量生态绿色空间，并结合各种餐饮、娱乐休憩空间，形构出一条全新的巴黎香榭丽舍大道。

城市更新旨在解决现实问题，通过对城市中不符合当下发展需求的建成环境进行有计划的改造，符合新时代需求的新功能和新空间由此诞生，这种新功能、新空间是城市活力的重要载体，而城市活力激发城市在经济层面、社会层面、文化层面进一步的活力再造。19世纪伦敦经历的现代化改造和巴黎的"奥斯曼大改造"即是如此。"奥斯曼大改造"将新的元素植入中世纪的巴黎，通过建设现代的道路和市政设施系统使城市的交通功能和卫生功能都大为改善，新的公共空间也随之产生。

在不断循环的过程中，城市更新像是城市作为有机体实现新陈代谢的有效手段，为同一城市空间创造出无数种可能。经历第一次现代化改造后，现代城市成长为一个更为复杂的巨系统，人口的激增、高密度成为常态，城市群、大都市连绵区等新概念出现，城市内部空间自我更新的方式也不断升级。依赖于技术和管理方式的进步，空间的潜力被极致地探索挖掘。

现代城市的开篇源于以铁路为主要交通的年代[10]，1825年，世界上第一条铁路产生于英国。铁路的出现推动了城市化进程，以前所未有的速度向城市输送劳动力、生产资料，促使城市中心经济活动的密度和总量急速提高[11]。铁路运输使得铁路枢纽城市成为占统治性优势的地方、区域中的贸易集散地，为城市带来了大量的财富和资源。而火车站和站区也成为财富与机遇的聚集地，巨大宏伟的火车站相继诞生，如伦敦国王十字火车站（King's Cross Railway Station）、巴黎北站（Gare du Paris-Nord）、罗马终点站（Roma Termini）、米兰火车站（Stazione di Milano Centrale）等被尊为现代的宫殿。国王十字车站最著名的场景是J.K.罗琳的"哈利·波特"系列小说中通往魔法世界的"九又四分之三站台"，这一魔幻的画面在许多中国读者脑海中留下了深刻的印象。但对于城市更新研究来说，车站周边的国王十字区更令人称道的是，它从一处工业遗产转变成了如今的伦敦新地标。

1852年落成的伦敦国王十字火车站曾作为维多利亚时期最重要的交通枢

纽，"二战"后由于经济结构的调整，周围的运河及厂房逐渐荒废。自此，长达百年的衰败开始了，土地污染加剧，犯罪率上涨，该地区成为伦敦市中心房租最低的区域，一度成为声名狼藉的"城中区"[12]。1987年11月18日，一根点烟的火柴从木质自动扶梯掉落并引起火灾，造成大量人员伤亡[13]。这一事件引发了地铁系统的全面现代化改造。1996年"欧洲之星"始发站落址于国王十字区的圣潘克拉斯站（St Pancras），"高铁入城"再到奥运会推动了交通枢纽及周边全面提升。面对新时代的需求，城市如何再生？一百多年后的火车站区域，作为城市中不可忽视的土地资产和交通资产，重新吸引了城市管理者的目光。当伦敦赢得2012年奥运会主办权后，国王十字火车站作为交通枢纽进行改善提升的主要车站之一，被指定进行大规模更新改造。2004年成立国王十字中心开发合伙公司（KCCLP），2004年形成总体更新方案，2006年获得规划许可。其整体定位强调多样性，形成办公、住宅、零售、其他业态约5∶2∶1∶1的均衡配比。至2018年，地区共兴建办公27.9万平方米，创造8500个就业岗位。现在，随着伦敦市政府和所在的卡姆登（Camden）区政府的重点发展，以及伦敦几大国际知名高校、科研机构、世界大型科技、文化创意企业等的青睐，其中不乏谷歌、Facebook和YouTube等一些世界知名的大公司[14]。历经跨越世纪的内城更新活动，伦敦国王十字区正在从单一的、充满维多利亚式工业气息的交通枢纽和破败工业区域蜕变成市中心最有潜力的重建区之一。

国王十字地区的成功转型离不开总体层面的城市复兴战略。1996年发布的《伦敦战略规划指南》将"国王十字"确定为五个"中心区边缘关键机会"之一，并指出，这个区域应容纳多种土地用途，离车站最近的地段应当用于密度最高、商业性最强的业态。《大伦敦规划》和卡姆登区议会的《统一发展规划》都体现了相似的理念。另外，构建吸引社会资本参与地区城市更新的公司合作框架，也是地区能够成功重建地区经济活力的重要途径。跨越了3个世纪的复兴历程，国王十字车站地区最终成功从伦敦最衰败的地区之一，蜕变为英国最具文艺范儿的科技、商业和文化融合发展区。从这一案例中不难发现，城市更新逐渐成为城市管理者一种政策工具，用于激发衰败地区的复兴。

1.1.2 城市复兴

经济扩张要求不断拆毁为支撑上一轮经济交易而建的建筑物和基础设施[15]，如19世纪的巴黎奥斯曼改造拆除了60%的中世纪旧建筑，扩建干道并推进沿街地产开发。从某种意义上来说，这种拆毁式的经济扩张是过剩资本寻找出路的表现形式。现代城市诞生后，针对城市中心再开发的案例屡见不鲜，如中心的工业区、轨道站区、滨水区的更新活动。不论是欧洲还是北美，铁路在城市版图上留下了不可磨灭的痕迹，密集的路轨成为一条条巨大的屏障，切断了两侧城市空间的交通联系，占据了大量土地的铁路货运平台也成为研究城市土地资源盘活的重要对象之一[16]。由于产业更替，曾经的重工业区、轨道密集区和工人社区变成了人迹寥寥的地方，这些区域不可避免地面临功能再生与空间重构。产业衰败后留下的黑洞，期待着新功能、新空间、新活力的萌发。在这样的背景下，城市更新往往肩负着更为宏大的任务——引领城市复兴。进入20世纪后，在资本的推动下，城市中的土地上发生着一系列更新活动，推动土地上的边界重划、空间重构、功能重生，进而促进城市整体层面的活力复兴。

20世纪纽约的罗伯特·摩西的模型亦是如此。罗伯特·摩西掀起了纽约城市更新的浪潮，城市更新促进了城市的复兴[17]。资本主义经济危机在20世纪30年代前后最早出现于美国。"二战"后，经济危机对美国的影响尤为严重。随着重工业西迁、大量工厂倒闭、小制造业迁至城郊，失业工人急速增加。纽约城市中心街区出现衰败之势，经济基础迅速衰减，工作岗位、经济活力和地产投资骤降，当局意识到必须通过大规模拆迁和重建工程扭转城市的衰败局面。1949年至20世纪70年代中期，联邦政府出台一系列新政措施，其中就包括资助城市更新的政策。摩西的城市改造将焦点集中于为中产阶级提供住房、推动高等教育发展和兴建大型文化设施上，在纽约大都市区丰富游憩设施，兴建公园，策划大型公共建筑，并成功举办了两次世界博览会，对纽约大都市的发展影响至为深远。在住房事业方面，清理贫民窟、开发公共住房；除此之外，交通设施也成为投资的重点。曼哈顿著名的三区大桥就在这期间落成，成为战后交通体系升级的重要工程。这些举措对提升纽约中心区的人气活力起到了重要作用[18]。1968年摩西的改造计划在纽约民众的抗议下终止，但是摩西对纽约城市的改造成就是巨大的，纽约虽然在战后一度陷入萧条，却没有重蹈中西部大城市深陷危机的覆辙。这些大型工程巩固了纽约作为中心城市的职能和地位，随后纽约成长为顶级的全球性城市，与摩西主持的工程是分不开的[19]。

城市再生，依托城市更新，城市更新促进城市的复兴。将目光放远到全球，20世纪70年代末的去工业化进程以及随后20世纪80年代全球经济结构重组也成为西欧许多城市发展城市更新策略的催化剂[1]。受经济下滑和产业调整影响，以制造业为主导的城市首当其冲，中产阶级纷纷搬出内城，而大量失业工人在中心区聚集，加剧了内城的持续衰落。许多城市的更新政策开始发生转变，政府出台更多鼓励社会资本参与的城市更新政策，引入社会资本与政府形成联盟，通过投资大型再开发项目，刺激内城、旧工业区、滨水码头区复兴（表1-1）。这一时期，社会资本主导的地产开发成为城市更新的主要形式[20]。

时间	相关政策及主要实践	阶段特征
20世纪80年代	1980年，英国伦敦成立码头区城市开发公司，推动码头区土地和房屋的有效使用，公司被授予决定权，并有充足的年度预算。 1983年，巴黎颁布《巴黎东区发展计划》，提出更新改造巴黎东南部的塞纳河沿岸及巴黎东北部的拉维莱特港周边地区。 20世纪80年代，荷兰鹿特丹重新规划水城（Waterstad）；20世纪90年代推出两项庞大计划，复兴南岸（the Kop Van Zuid）地区和北部（Noordland）地区。1985年，阿姆斯特提出水岸发展计划，包括东港区、艾河中游沿岸。 1985年，发起"欧洲文化城市计划"，活动在鹿特丹、格拉斯哥、都柏林等城市成功举办，旨在推进文化复兴和城市更新互促发展。 20世纪80年代，德国鲁尔区发起IBA工业振兴计划	（1）20世纪60年代兴起的水岸振兴工程在20世纪80年代到达顶峰，其功能由生产型转为生活和消费型； （2）城市大型旧工业区振兴议题得到重视； （3）城市更新中的文化复兴成为吸引外来投资的工具
20世纪90年代	1991—1997年，英国通过竞标性竞争获得中央政府的城市更新资金，一系列竞标性城市政策主要包括1994年城市挑战计划（City Challenge）、1993年单一更新预算计划（SRB），以综合的方式资助城市更新相关行动。1998年，英国成立"区域发展机构"，旨在促进特殊区域经济繁荣。 1992年，美国国会通过HOPE（Housing Opportunities for People Everywhere，"为了所有人的兴建住房"）计划，以EZ（Empowerment Zoning赋权区划）倡议为代表。 1995年法国国家领土发展规划法令加强了"城市规划行动"（GPUL），并开辟了"城市重新恢复活动区"（ZRU）。 1997年，西班牙毕尔巴鄂古根海姆博物馆建成，成为以文化设施为触媒触发城市更新的成功案例	（1）更注重多元目标提升的综合复兴； （2）多方合作伙伴关系逐步稳定，鼓励社区能力构建和公众参与； （3）以文化策略引导城市更新的趋势加强
21世纪至今	2000年，伦敦于城市复兴时期发布《我们的城镇——迈向未来的城市复兴》白皮书；2004年发布《规划和强制收购法》。2004年，《大伦敦规划》中提出中央活动区（CAZ）的概念，希望把旧城、把城市最有价值的地区发展起来。 2000年，法国颁布《社会团结与城市更新法》（SRU），城市更新成为未来城市政策的主要方面之一。 2002年，德国柏林复兴施普雷河滨河区域，通过社区发声，保障了充足的水岸空间。 2001年，日本面对经济衰退问题，联合执政党制定"紧急经济对策"，设置都市再生本部；2002年，颁布《都市再生特别措施法》；2004年至今，UR都市再生机构协调推动都市更新事业，积极引导民间资源投入更新活动。 2006年，纽约"高线再开发"项目正式启动，一期公园于2009年开放，二期工程于2011年开放。 2013年，韩国制定了《城市再生活性化及支援相关特别法》，在2014年开始推进"城市再生事业"，宣布确定13个地区为城市再生先导地	城市更新和城市复兴相关政策被提升为更宏观的战略，将"城市更新"作为维持城市整体竞争力的重要手段

资料来源：作者根据相关文献整理[21]

进入21世纪后，城市更新与复兴仍然是空间重组的重要手段，在提升竞争力方面扮演着日益重要的角色。根据全球化与世界城市研究网络（GaWC）发布的《2020世界城市名册》，Alpha++级城市有2个，分别是伦敦和纽约。伦敦和纽约连续10年稳居此名册之首，并列为全世界顶级的国际大都市。在全球竞争的舞台上，全球城市找到了非常重要的抓手——城市更新。

纽约因城市更新成为应对全球竞争的典范城市。进入21世纪后，包括纽约在内的许多美国大城市人口再次增长，城市空间重构体现为中心区扩张，又一波城市更新高潮出现。纽约提出以城市更新为手段，保障"纽约全球创新之都"的地位。复兴再贫困化的社区、重建CBD等项目获得了联邦层面数十亿美元的资金支持。1992年，美国国会通过HOPE（Housing Opportunities for People Everywhere，"为了所有人兴建住房"）计划，以EZ（Empowerment Zoning，赋权区划）倡议为代表。城市层面，经济机会计划覆盖纽约市全部五个区，旨在实现2030年人口增长百万的目标[3]。这里有两个重点：一个是人文回归，一个是科技回归。高线公园作为废弃基础设施人文回归的代表，串接起整个纽约曼哈顿最文艺的切尔西区，这一具有创新性的设施更新逐步带动周边的产业转型与基础设施更新，进而带来极其可观的经济回报，并由此产生了一个新词"高线效应"。再开发后的纽约的硅巷（Silicon Alley）地区，代表着科技重回市中心的浪潮。当今，纽约将科技作为它极其重要的一个方面，硅巷是继硅谷之后，吸引科技企业、初创公司聚集的第二个目的地。经受20世纪互联网经济泡沫冲击后的纽约硅巷，经历了"萌发—消落—复苏"的发展过程，硅巷在老城基底上构建创新生态系统，升级环境，推进产业迭代，形成一种基于城市中心区的无边界科技创业园区的城市更新模式[22]。

伦敦通过城市更新保持其作为全球城市的领先地位。1999年，一份题为《迈向城市的文艺复兴》的研究报告由伦敦城市工作组发布，这份报告被称为"城市黄皮书"。在报告中，首次将城市复兴的意义提升到同文艺复兴相同的高度。报告发布不久，伦敦提出让"城市精英阶层重回市中心"的城市复兴计划，希望在老城区再次获得高质量的发展机会，使其能够创造一种人们所期盼的高质量和具有持久活力的城市生活。这个计划将"城市更新"提升到战略层面是关键所在，为伦敦提供了一个持续的积蓄竞争力的来源。在后续掀起的城市更新热潮中，着重体现了让城市大量集中的资源真正惠及市民，带来高质量和具有持久活力的城市生活等目标。2000年后，历次大伦敦规划也延续了复兴城市中心区的理念。2004 年和 2011 年颁布的《大伦敦规划》以及 2017 年公布的《大伦敦规划（公共咨询版）》，分别对 CAZ 的定位和功能做了详细阐述[23]。CAZ（central activity zone）即中央活力区，伦敦希望通过设立中央活力区，把旧城乃至城市最有价值的地区发展起来。在相关规划文本中制定了针对中央活动区的功能提升指引，对重点再开发、高潜力地区进行了标注。

不仅仅伦敦和纽约，欧洲大陆、北美及亚洲城市都掀起了一场"城市复兴"社会运动，将城市复兴的理论渗入社会的各个领域，倡导通过不懈的努力，令城市焕发生机与活力。巴黎通过城市更新重塑城市吸引力，提高全球竞争力。继奥斯曼之后巴黎规模最大的城市改造工程——巴黎塞纳河左岸（Paris Rive Gauche），规模约130hm^2，该区域夹在巴黎两大火车站奥斯特里茨站和里昂站之间，被铁路站场占据了约1/5的面积，在改造前主要是交通、工业和仓储用地。自19世纪中叶开始，整个左岸地区逐渐成为铁路、工厂、仓储用地，分布在火车站两侧。第二次世界大战后，火车站周边地区出现衰退，许多工业用地成为工业废弃地。1990年后，巴黎左岸协议开发区规划被巴黎市政府批准，左岸在空间发展整合、基础设施完善、城市功能提升以及工业遗产保护、再利用等方面均取得了突出成效，促进了城市的整体发展。2014年，巴黎市市长安妮·伊达尔戈（Anne Hidalgo）宣布举办"重塑巴黎"（Réinventer Paris）国际竞赛，在巴黎甄选出从18世纪的私人宅邸到废弃土地共23个地块，对其不断进行更新改造。"重塑巴黎"及其类似的全球竞赛活动，使巴黎不断焕发新的生机，走在全球城市竞争赛道前列。

将目光转移至亚洲，日本、韩国、新加坡等国家的城市更新具有显著的国家干预特征[24]。日本政府于2001年成立了都市再生本部，2002年颁布了《都市再生特别措施法》。都市再生本部的主要工作包括推进都市再生项目、促进民间开发投资。法案颁布至今，日本以国家政策推动的形式，强力整合政府、民间、企业与学术界四方的复合资源。日本的都市再生系列政策在全国范围内迅速推动了都市再生活动，产生了积极的社会效果[25]。发源于20世纪60年代的自上而下社区培育机制（Machizukuri）也在21世纪的实践活动中得到了运用发展。2013年韩国制定了《城市再生活性化及支援相关特别法》，在2014年开始推进"城市再生事业"，宣布确定13个地区为城市再生先导地[26]，并以居民和自治团体为中心具体制定城市再生活性化的计划。《城市再生活性化及支援相关特别法》中明确"城市再生"的概念为应对人口减少、产业结构变化、城市盲目扩张、居住环境老化等导致的城市衰退，加强地区力量，引进创造新功能[27]。被指定为城市再生与活化的区域可在4～5年的时间里获得100亿～500亿韩币的政府支援。2017年，韩国版高线公园——"首尔路7017"出现在首尔市中心，带动南大门周边旅游增长20%。

城市更新和空间再生推动了整体层面的城市复兴。城市复兴是什么？通过相关城市的实践和政策，可以尝试总结城市复兴的四个特征。

第一，城市复兴不是简单的地块重建，城市管理者必须有宏观清晰的战略，制定指导城市更新活动的框架。城市复兴作为一种面向城市整体层面的战略目标，更需要宏观把控整体和局部之间的关系，通过目标清晰、成体系的城市更新项目弥补城市功能的缺失，提升城市整体竞争力。

第二，城市复兴依托城市更新中的土地再开发。再开发的过程中，土地和资本相互、交替借力，就像把梯子的两个支柱相互结合、不断攀升。土地再开发带来了新的空间与用途，再开发的过程就是资本与土地结合的过程。土地在社会资本进入后获得了新的发展机会，这个发展机会就是获得了新的发展权，资本也是在这个过程中获得利润，土地则借助于资本的投入实现了增值。

第三，城市复兴的过程重点关注为城市提供新空间、新功能，供给丰富的活动、使用场景，这需要对未来的需求和发展趋势做出预判。新空间和新功能成为新活力的载体。基于宏观战略的城市更新项目在整体层面联动后，有效地推进城市复兴这一目标达成。

第四，城市复兴也是不断循环演替的过程，城市常常经历多次复兴运动。城市发展中，城市复兴的目标、对象和形式随时代变化而改变。

城市更新是城市永恒的主题。一个城市的活力在于其不断的流动以及流动带来的新旧碰撞、文化演进，科技竞争力、人才吸引力、城市生命力是城市流动的重要组成部分。工业革命时期的欧美城市，通过城市更新实现第一次现代化改造；20世纪的城市，将城市更新作为一种宏观战略，旨在应对工业衰落后的地区的活力再造，甚至是整体城市复兴。对于现代城市来说，城市更新仍然是维持城市竞争力与活力的重要途径。在全球竞争的舞台中，全球城市仍然将城市更新作为维持竞争力的重要武器。城市更新中产生的符合新时代需求的新功能、新空间成为维持城市活力的重要载体。通过城市更新吸引新流量、创造新留量，在空间中获得资本、活力与价值，是现代城市维持竞争力的关键所在。

1.2 土地的重构

城和市有所不同。市，需要不断地投入社会资本与公共服务，需要不断提升。城，更多是建设在土地上，城是市的容器。城市复兴，是市的活力的提升。城的土地上，不断加载活力，城市更新与土地再开发就是让活力的浓度不断增加的过程。

1.2.1 新生价值

土地是无法移动的，而资本却容易转移。

—— 《国富论》

城市的再生，新空间、新功能、新活力的产生，都建构在土地的基础上。城市化的发展和城市的再生，是新空间的再造，依赖于土地的社会属性，通过持续投入资本，在土地上叠加社会财富。土地的"原生价值"来自于土地的自然属性，而自然属性难以人为改变，土地的新生价值往往通过土地社会属性的改变来实现。城市化影响土地资本化过程，土地资本化过程带来土地增值，进而产生"新生价值"。城市中的土地作为城市或个人的资产，通过不断地投资、建设基础设施，其价值不断被挖掘到极致。

土地为财富之母，是人类文明生存和发展的重要资源。土地的开发利用是构成生产关系和一切经济关系的基础。在要素驱动城市化的过程中，土地、劳动力、技术和资本四大要素发挥着重要作用，其中土地是城市化的重要支撑和载体。城市更新活动中产生的新功能、新空间必然与土地发生联系。虽然从某方面来说，土地是被动的，但新空间、新功能必然以土地为载体。土地是城乡开发建设不可替代的空间资源，也是城市化的载体，能承载城市更新中产生的新空间和新功能，继而获得新生价值。新生价值主要得益于土地的社会属性，特别是土地被赋予发展权，随后通过发展权获得吸引资本参与开发的能力。

广义的土地发展权（或开发权）最初来源于英国的Land Development Right，可翻译为"发展权"或"开发权"。笔者认为翻译为"发展权"更能表现这一概念在中国的状态。因此，后文中将Land Development Right统一译为"发展权"。土地发展权涉及土地利用和再开发的用途转变，以及利用强度提高而获得的权利，具体体现为用地性质给定、容积率给定等。作为土地重要的社会属性之一，土地发展权是城市化红利的体现。现实中，在不同的城市化区域，同一面积、同一形状的土地，即使被赋予同样的发展权，其在市场中被资本青睐的程度也天差地别。土地发展权能够兑现的资本价值，由在城市中的地段价值决定，同时受到相关邻里关系影响。由于级差地租的存在，通过垄断城市土地发展权，尤其是位置优越的城市土地，来获得超额利润。在土地再开发中，新发展权的赋予是新生价值的重要来源。因此，土地的关键，可以说，在于对土地发展权的管理。在城市更新实践中以土地发展权这一重要公共权力为触媒，撬动某个片区的城市更新。

生产新空间与新功能是城市更新的重要内涵，符合新时代发展需求的新空间与新功能，不仅包括质量的提升，往往也要扩容。人口密度、经济密度、投资密度、建设密度都与活力再造息息相关。现代化进程催生了大量的高密度城市，正在彻底改变地球表面的景象。使得城市更有活力的空间往往具有高品质、高密度、高容量的特征。在2002年，日本推出《都市再生特别措施法》，这个法案的核心是限制地块开发的最低容积率。在此之前，如果某块土地批复的是容积率2.5，只能以不高于2.5的容积率进行使用。从《都市再生特别措施法》后，如果批复了2.5的容积率，则再开发的容积率不能低于2.5；而且，法案允许再开发方在合理原因的支持下，与政府协商将开发容积率提升到高于2.5的数值；但是如果低于容积率进行开发，是绝对不允许的。《都市再生特别措施法》中这一重要转变背后的理念是：在都市再生项目中，默认再开发量要进行增容。因为容积率就等于这块土地密度不够，密度不够意味着活力不够，活力不够意味着创新度不够。提高容积率即是对土地的再次赋权，土地原本只是生产资料，因为城市化给土地不断增加功能与配套设施，城市得以有更好的空间与用途，土地也因此发挥了更大的价值。这个增值过程，就是通过土地重构发展权的过程。

新的发展权为新生价值的产生创造了前提，继而产生增值利益。新功能、新空间、新活力带来的新生价值，引发多方力量围绕利益博弈。回顾人类城市化进程中的几个典型阶段，围绕土地及其权利的争夺都从未停止。利益引发矛盾，只要有利益，就产生逐利的争夺。特别是社会发展的剧变时期，对利益的争夺尤为激烈。以农业为生产力来源的封建统治时期，对利益的争夺体现在"对农地的争夺"上。重农主义把土地产物看作各国收入或财富的唯一来源[28]。农业文明时期战争频繁，土地作为战胜国的战利品，人们获得土地，土地就代表着生产力。封建统治阶级通过战争掠夺土地，"沃野千里"为强国富民打下坚实的基础。工业革命后，土地作为生产力的载体，在一定时间段内，生产力水平稳定的条件下，对比单位面积土地产生的利润，工业的优越程度远远超过农业，在两者上投入的资本差异逐渐悬殊。机器化大工业的蓬勃发展，吸引越来越多原本生活在农村的农民聚集到城市。这一时期对利益的争夺体现为夺取重要枢纽地区、扩大殖民地，以控制生产空间、生产原料、劳动力等资源。今天，经济的本质发生了改变，最重要的经济资产变成了人才、科技和知识机构，城市产业功能升级、城市空间重组，都离不开存量土地的再开发，特别是中心区的再开发。对利益的争夺转向"对城市化高潜力空间、高价值空间土地资源的争夺"。

土地新生价值的产生依托于城市更新中的土地再开发。土地再开发中，新发展权的赋予是新生价值的重要来源。而土地再开发面临的核心问题包括土地分散产权与整体开发的矛盾、公共利益及其边界的确定、多元利益主体及其博弈[29]。这些冲突很大程度上都源于对利益的争夺。进一步来说，围绕土地新生价值的博弈，很大程度上体现在对土地发展权的争夺。因此，在城市更新的土地再开发规划中，土地制度深刻地影响了城市的扩张与更新。正规化土地所有权，是资本介入土地并进行开发活动的第一道门槛。明确土地发展权及各方增值获利规则，则是吸引资本参与土地再开发、撬动原土地权属人意愿的第二道门槛。作为构成土地产权束的重要权利之一，土地发展权是在建设中变更土地用途，或提升开发强度的权利。土地发展权的有效交易与合理配置，有助于实现城市土地要素价值的最大化[30]。

1.2.2 博弈的力量

实践过程中，土地发展权往往与土地所有权分离，并为政府所垄断。在土地的新生价值产生之初，尚未有明晰的规则对新增价值进行分配，而引发了各方对土地和增值利益的争夺。

原土地权属人拥有土地使用权，而规划将土地的用途改变，确定新的空间容量和新的功能类别，得益于政府赋予发展权。土地发展权是土地用途改变或者利用程度提高的权利，是通过规划、规划许可制度或额外监督实现资源变资产的重要手段。城市再开发，离不开新的土地发展权的赋予，以及土地与资本的互动。城市空间重构，不仅是以物质形态存在的空间景观的再开发过程，更是一个资本与权利驱动下的物质空间和社会空间协同重组的空间再生产过程。

土地发展权的概念由原国家土地管理局1992年编制的《各国土地制度研

究》第一次引入。欧美的土地发展权最早源于英国，其表现形式的雏形是十六七世纪英国的税金、改善金制度。工业革命前，英国对私有土地的开发限制属于民法约束的范畴，对私有土地开发的限制主要集中在妨害法、财产法和限制性契约这三个方面，相邻土地权益进行调整主要依靠民法。英国的土地发展权概念萌生于城镇化范围增速提升的时期[31]。工业革命后期，土地资源愈发紧张，城镇范围加速扩大，农村土地加速流失，急需缓解城镇化与资源利用、生态保护之间的冲突。林坚等认为，设立土地发展权的重要目的在于解决因土地开发管制而产生的利益冲突问题[32]。在英国，土地发展权在建立之初即存在较明显的"归公"特征。借助1947年的《城乡规划法》，英国将土地的所有权和发展权分离，试图在维持土地私有制不变的情况下，将发展权收归国有，这一重要举措意味着任何开发建设都必须向政府申请规划许可。以土地发展权国有化为制度基础，政府通过发展权许可来实现土地发展权的配置[33]。基于对"二战"后英国规划体系产生重大影响的三份报告——《巴罗报告》（*Barlow Report*）、《斯科特报告》（*Scott Report*）、《厄斯瓦特报告》（*Uthwatt Report*）提出的理念，当时执政的工党政府于1947年颁布的修正后的《城乡规划法》中正式提出了土地发展权的概念，建立了土地发展权国有化和开发许可制度[34]。这一土地政策的转变，使政府对土地开发建设活动形成有效的政府规划干预和控制，同时获得充足的财政话语权，但私人土地开发被抑制，影响了市场活力。1947的《城乡规划法》直接导致工党、保守党在规划顶层设计和土地开发方面进行了长达40年的利益博弈，这一冲突集中体现在土地开发（增值）金的收取金额上。博弈的本质是发展权国有化之后，将土地增值收益分配的决定权收归政府，而不同执政党通过增值收益分配实现对自由市场的干预或是放权的不同政见。

英国的土地发展权制度对欧美国家产生了深远的影响。自1947年英国正式首次推广后，美国、日本、法国和意大利等国家也相继引入相似制度。以美国、日本、法国等为代表的国家，在承认发展权私有的基础上，进行额外监督。20世纪60年代，美国政府在土地用途管制制度的基础上，参照英国的做法，建立土地发展权制度。美国通过《区划法》(*Zoning*)划定很多分区，通过发展权转移和征购，实现对建与不建和用途变化的监督。《1961纽约区划则例》建立了基于用途分区和指标化管理的"一张图"，旨在推进对城市公共健康、安全和福祉的保障[35]。日本借鉴美国的发展权转移制度，发展了未利用容积率的利用权。1975年，巴黎设立了法定上限密度（PDL），超出容积率上限需购买发展权。虽然土地发展权在各国的运用形式和制度细则各有差异，但是其核心理念较为相似：土地发展权剥离于所有权，并不为原土地权属人独有，是一种可以单独处置的权利。各国通过设立土地发展权制度，旨在实现土地开发增值的公平合理分配，建立城市整体层面良好的土地利用秩序。

中国也以此为参照并结合本土国情进行改良，确立了国有土地有偿出让制度。基于对一级土地市场的垄断，中国政府通过国有土地使用权出让的形式为发展融资，与土地出让绑定的发展权配置模式已经十分成熟。1986年，《土地管理法》首次颁布，规定"任何单位和个人不得侵占、买卖、出租或者以其他形式非法转让土地"，土地不可转让，无法参与资本化。随后，先行先试的深圳进行了土地改革的重要尝试。1987年，《深圳经济特区土地管理条例》通过审议，规定土地使用权可以有偿出让、转让。同年，在深圳开创的中国"第一拍"在开拍后17分钟落锤，这是中国首次以公开拍卖的方式有偿转让国有土地使用权。《土地管理法》(1988修正)规定"国有土地和集体所有土地的使用权可以依法转让。土地使用权转让的具体办法，由国务院另行规定"，明确了国有土地与集体土地的使用权可依法转让，可参与资本化。中国土地制度中的国有土地有偿出让制度明确了发展权属于政府这一重要前提。土地有偿使用制度加速了土地城镇化。1990年颁布的《中华人民共和国城市规划法》确立了"一书两证"的规划管理制度，成为规划行政许可制度的核心、履行城市规划公共管理职能的法定手段。

在中国城市规划体系中，政府开始真正运用"土地发展权"是在控制性详细规划制度建立以后，通过控规的指标明确具体地块的"土地发展权"，并收取土地出让金。控规的雏形出现于20世纪八九十年代。1982年，上海虹桥开发区的规划为适应外资建设的国际惯例要求，编制了土地出让规划，采用8项指标对用地建设进行规划控制。这一方法在规划设计和实施管理中取得了较好的效果。广州在1987年开展了覆盖面达70km²的街区规划，制订并颁布执行《广州市城市规划管理办法》和《实施细则》这两个地方性城市法规，使得城市规划通过立法程序与城市规划管理更好地衔接起来。在地方实践的基础上，总结"对规划地区进行地块划分并逐一赋值，通过控制指标约束城市的开发建设"的经验，控制性详细规划的形式逐渐成形。1991年，建设部在《城市规划编制办法》中列入了控制性详细规划的内容，并明确了其编制要求。1995年，建设部制定了《城市规划编制办法实施细则》，规范了控制性详细规划的具体编制内容和要求，使其逐步走上了规范化的轨道。1996年底，深圳参考国外的区划法和香港推行法定图则的经验，决定逐步推行法定图则制度。

实践过程中，对地方发展权的真正赋予依靠控规实现，地方主要通过控规实现对开发行为许可的管控。控制性详细规划作为明确城市建设用地发展权的规划工具。在控规中发展权有两种重要表现形式——"涂不涂色""涂什么颜色"，前者更多的是延续中央对地方政府一级土地发展权的赋予，后者决定了用途类型与开发功能，决定了土地资本化的价值。在我国，1994年分税制改革后，土地出让金归地方政府，地方政府通过编制控规、出让土地、收取"土地出让金"，实现土地发展权赋权的价值兑现。在计划经济时代，地方政府实施详细规划的主要目标为"落实项目、指导城市建设"；随后在向市场经济转型的过程中，详细规划转化为"吸引投资"的规划工具。此时，"土地—投资"取代"项目—用地"成为控规的编制逻辑[37]。在控规中，给新增建设用地赋予不同的性质和指标，就像用土地发展权为土地产品打上了"价格标签"，不同性质、功能、容量的发展权直接影响了土地在市场上的价值。

由于城乡土地二元制度，我国土地在长期实践中，已存在隐性、模糊化处理的土地发展权，并呈现出明显的双轨特征。城市国有土地的发展权较为完整清晰，而集体所有土地的发展权则长期受到限制[34]。就集体土地而言，土地是一种"有限正规"的土地"资源"，不能买卖，无法参与资本化。珠三角地区作为改革开放浪潮的先行区域，走出了一条极具特色的城镇化道路，其中集体土地成为土地资本化的重要组成部分。

从改革开放到20世纪末，村集体土地以半正规的形式参与珠三角土地资本化进程。改革开放初期，恢复经济发展，释放发展活力，形成了乡镇经济崛起的"以地建厂"模式，集体土地作为快速工业化载体而迅猛增值。使用权有限变更、村集体主导土地发展权，以在集体土地上建"三来一补"工厂为代表。国际资本参与的工业化成为推动城镇化土地增长的新动力，集体土地虽然面临权利不完整的制度障碍，但并不妨碍农村集体土地在这一阶段深度分享资本化红利，在空间上形成半正规的城市化形态。珠三角地区的乡镇企业、"三来一补"的发展吸引工业资本进入集体土地，形成村级工业园、"三来一补"园区等（图1-1）。参与土地资本化的集体土地除了自然属性以外，额外获得了肥力地租数倍的增值收益。与其他地区城镇化"自上而下"从城市向周边蔓延不同，珠三角两岸村村点火，乡镇全面发力，形成了城镇化"自下而上"快速蔓延的特征[38]。广东城镇化率快速由1978年的12.4%上升至1997年的64.7%，2015年更是上升至84.12%。由乡镇道路串联起便利的运输通道，以村级工业园为主的制造业集群相对独立地分散在珠三

图1-1 珠三角典型的"半城半村"城镇化风貌

角广大腹地之中，形成了珠三角城镇化的骨架。1987年广东城市建成区规模547km²，1992年为591km²，1994年猛然增加到1037km²，"小聚集、大分散"的城镇化格局在土地利用效率上体现为惊人的土地资源消耗。这一时期，全面铺开的线性蔓延方式使得公共服务设施无法有效配给，城镇化质量普遍较低。

在这一阶段，珠三角地区的"农民"极早便成了实质上的"新市民"。珠三角的村集体逐渐成长为土地发展权博弈格局中不可忽视的力量。20世纪90年代至21世纪初，市场经济体制已逐步确立，增长主义政策体制下的"以地生财"模式推动地方政府与村集体争夺土地的增值权益。这一时期，地方政府加强对土地发展权的控制，加大对农地征收的力度。一方面，受国际经济环境及国内调控政策影响，低端的"三来一补"产业不再占主导地位，高新技术类的产业平台出现[39]，倒逼村镇产业逐步向工业园区集中，推动发展模式由"以业兴城"向"以城兴业"转变。在城市群吸引更高端产业、更优质投资的内部竞争的倒逼下，广州、佛山和深圳等大城市积极推进新区建设、行政区划调整和大型基础设施建设[40]。另一方面，虽然上一阶段城镇化速度惊人，但是发展质量一度被忽视，公共服务设施欠账、城中村环境堪忧、乡镇企业散乱污也成为困扰珠三角社会经济发展的一系列问题。这一阶段，政府大力推进集体土地征收，并将再开发增值用于保障公共利益的城市品质提升，是一种"涨价归公"的再开发模式。但随着地价上涨，土地征收越发困难，单纯征收模式难以持续。进入21世纪以来，珠三角地区因征地历史遗留问题而导致的农民集体维权事件高发。尽管个别征地案件存在程序不规范等问题，但支撑农民集体维权的根本动力，实际上是他们对地权增值的再分配主张[41]。上一个阶段，在珠三角地区普遍的土地股份制改革中，许多村集体都完成了土地集中的工作，村集体土地通过直接出租或者建设厂房等物业之后再出租。本地村民能够合法分享集体土地的增值收益，经济越发达的地区增值收益越高，村集体经济也不断发展壮大。土地股份制及分红制度增强了农民对自身作为利益群体的认同[41]，甚至以村集体作为"集体钉子户"与政府进行对抗，争夺土地发展权。村民的反城市化倾向在经济密集的珠三角地区尤为明显[42]。

为盘活存量建设用地、破解土地供需矛盾、保障经济社会可持续发展，自2008年起，广东在全国率先开展"三旧"改造①试点工作。"三旧"改造不失为广东具有创造性与跨时代意义的探索，允许社会资本方②以较低的价值去撬动大体量、甚至是百亿级的项目。"三旧"改造一定意义上是政企合作模式，城市政府与社会资本方间进行协商谈判，并对原土地权属人进行利益补偿，保障复建安置。城市政府、社会资本方、原土地权属人形成了常见的城市更新中博弈的三方。土地重构与城市更新往往是有序进行的，也是

---

① "三旧"改造："三旧"改造一词源于广东省，是广东特有的改造模式。"三旧"指"旧城镇、旧厂房、旧村庄"。"三旧"改造，是广东在土地资源供需矛盾日益突出的情况下，拓展建设空间、保障发展用地的重要途径，是推进节约集约用地试点示范省建设的重要内容。具体详见广东省2009年出台的《关于推进"三旧"改造促进节约集约用地的若干意见》（粤府〔2009〕78号）。

② 土地再开发过程中的社会资本方，指参与投资土地再开发的主体，主要包括开发商、合作改造企业，或投入资金但不参与具体再开发建设的企业或投资人。

一个复杂多方协同与博弈的过程。在实际更新进程中，随着制度的完善，往往有第四方力量出现。1992年至2000年的纽约，利益主体诉求更为多元理性，资本权力更为分化制衡，过程张力更为复杂突出。社会力量推动下的城市更新参与趋向多元发展，如社区委员会、小商业服务部、纽约机会倡议协会、公私合作的水岸开发[43]。在广州的更新实践中，社会资本进一步分化，出现了中介方、评估方等第四种城市更新博弈方的雏形。

在实践中，土地再开发面临的关键难题包括土地分散产权与整体开发的矛盾、公共利益及其边界的确定、多元利益主体及其博弈。冲突、矛盾和博弈均围绕各方利益展开。面对城市更新中利益协调的情景，城市更新对发展权重构有天然的需求。由于控规是没有期限的，是固化而刚性的法定规划，因此难以适应持续变化的市场经济需求，无法调节存量土地再开发过程中持续变化的矛盾。面对更多市场利益主体加入博弈形成的复杂利益协调情景，传统规划手段常常失灵，特别是出现控规被反复调整的局面。城市更新地区为土地赋予更高容量和更大价值的发展权，为外部资本的参与提供了活力空间，使待更新的土地更易获得资本的青睐。因此，面向存量时代再开发的规划是学科发展的重要方向，其核心议题就是做好面向实施的增值共享方案，做各方都认可的"政策规划"，分享新的"蛋糕"。

1.2.3 "蛋糕"的分享

进入城市存量土地的再开发阶段，土地发展权增值是资本持续注入土地使之再生与重构的过程，受原土地权属人、社会资本方、城市政府三方的影响。

空间的功能从单一到多元，不论是私有空间还是公共空间，都趋向更高质量、更高收益的开发转型。城市运动背后的推手是什么？到底是一股什么样的力量，推动着城市不断冲破原有的边界，重构固有的功能，不停地升级迭代，不断自我淘汰破旧的、不符合有机体功能的零部件？城市更新项目中，我们常常可以观察到三类典型的参与主体——希望自我升级、自我改造的原土地权属人，希望有可观的投入和产出的社会资本方，希望城市中的土地资产能更有效地为城市服务的城市政府。这三股力量相互制约博弈，最终又联手合作，推动城市更新中的土地重构和功能新生。

新的发展空间重构，既然产生了新的空间、新的功能，这些增值的部分应该由谁来支配？获利属于谁？是提供了土地来源的原土地权属人，还是提供了项目运行资金的社会资本方，又或者是赋予土地发展权的城市政府？这需要好好分析一下这几方主体在更新过程中的贡献与作用。

毋庸置疑，城市更新需要有效资本，也依赖有力政府，更离不开公众参与。现代的城市更新目标，除了提升人居环境质量、维持城市有序的持续发展、保持特色鲜明的城市形象和竞争力，还有一个重要的目的——保持城市可持续运营。土地再开发是城市运营者的一项重要投资，通过多元化资本的投入，实现既定的价值，维持一个地区、甚至城市持久的竞争力。社会资本投入是最有效率的城市更新方式，但是取得土地是最困难的环节，社会资本与政府合力才能把更新项目做得更好。城市更新项目往往是投入巨额资本的活动，是什么促使资本愿意冒着风险、排除万难，整合错综复杂的权属关系，参与经常耗时数十年的城市更新活动？重构就是一个多方协同与博弈的过程，这种重构不是无序进行的，而是有序推进的。这个有序的过程，需要有规则与方案。

土地再开发中土地重构与利益共享的过程，就好像是做大蛋糕，并切分蛋糕的过程。存量时代，做大空间"蛋糕"的背后逻辑发生了巨大变化。好比做慕斯蛋糕，土地上的原权属人就是蛋糕底板上的散落饼干。

第一步，将原来的饼干撵成饼干碎，核定原土地权属人的合法权益，并量化处理，计入需要建成后进行返还的"权益账本"。

第二步，确定未来蛋糕的形制，提前规划好"存量蛋糕"的"形状"和"口味"，为再开发定好"规矩""底线"和"准则"，做好"模具"，让"蛋糕"更好地做大。在这一环节中，政府行使公共权力，调配各类资源和激发城市竞争力，注重规划引领和政策设计，同时注重公共利益保障、历史文化保护，以及未来空间容纳产业的提效和升级，以此确定未来"蛋糕"是"方的"还是"圆的"，是"8寸"还是"20寸"，以及是单层还是多层。城市更新是重新对存量空间"做大蛋糕"的过程，这一步还需提前考虑将来分"蛋糕"的各方的口味。规划"模具"限定了未来"蛋糕"的形制，主要来源于政府赋予的发展权。

第三步，做大蛋糕。将碾碎的饼干碎铺底，依照确定的"口味"加入新的原料，加入奶油、白砂糖、吉利丁片，奶油是新蛋糕的主要原料，白砂糖能增加蛋糕的甜度，吉利丁片可使蛋糕更加稳固，将拌好的材料放入"模具"，冷藏成型后再在表面加水果或者装饰。在这一过程中，原土地权属人提供了土地（蛋糕的底板），资本方投入了资本（蛋糕新的原料）。

第四步，切分蛋糕，制定一个大家都同意的新蛋糕分配方案。存量空间的蛋糕一旦做大，无疑会面临一个问题，那就是将来谁来分蛋糕，以及如何根据其口味来分蛋糕？因此，在存量再开发的土地整备[①]过程中，需要在原土地权属人、社会资本方、城市政府等各方利益诉求的巨大差异之间找到新的平衡。单一的过度干预，会阻碍土地开发市场健康发展，导致法定控规不断被突破。面向实施的再开发规划，应合理利用发展权调节，发挥效能，

---

① 土地整备：以政府为主导，为解决城市再开发过程中面临的产权破碎化、改造地产化等问题，实现公共利益和城市整体利益，综合运用规划、土地、资金、地价等公共政策及手段，将零散、低效用地整合为成片、可高效利用的土地，强调了对土地产权的规整与对发展权的重构，涉及城市更新、土地收购、土地征收、土地储备等内容。

鼓励社会多方参与，将土地发展权益赋予社区，与社会直接共享。明确将土地发展权作为规划的核心对象，将土地发展权益的分配机制作为规划实施的重要保障。规划赋权允许做大蛋糕，但是这个蛋糕不能随便分配。新的土地获得者需要缴交地价，而且要跟容积率挂钩。部分蛋糕要作为公共利益返还。原土地权属人获得蛋糕的大小，需要根据原土地面积、形制折算。原土地权属人、社会资本方、城市政府三者之间形成了巧妙的连接。空间再开发的"增值蛋糕"分配，也会产生即时的邻里效应，影响城市的经济增长和竞争力，因此，再开发的空间规划和空间增量分配，必须"面对真实利益的冲突、长期和短期利益的权衡、开发项目必然的不可预测性"，也需要考虑再开发中的动力、激励和救济因素，打造多维度的城市再开发竞争力。

第 2 章

土地与开发

2018年，从中国走向世界的华为，开始从深圳迁往东莞。华为的终端总部、数据中心都入驻了松山湖，在松山湖建了12个服务器机房、3000个机柜，规模是在深圳时的8倍。深圳好好的，为什么华为"跑了"？任正非接受采访时表示："深圳房地产太多，没有大块的工业用地了，现代工业需要大量土地，而土地越来越贵，产业成长空间就会越来越小。"深圳工业用地不够，华为无法建厂扩企。离深圳坂田45分钟车程的东莞松山湖就不一样了，环境很美，土地很大，地价很"低"。华为来到松山湖，还吸引了一批电子信息上下游企业，东莞为华为提供了新的发展空间，"华为们"也为东莞带来新的资本、技术与劳动力，提升了土地价值，促进了经济繁荣。华为与松山湖的相互成就，鲜活地映射了土地与资本在互动中不断相互促进。

城市的生长发育，离不开土地。城市土地的再开发，是城市再生的过程，是政府吸引资本持续注入土地使之再生的过程，是空间的再造、功能的重构和价值的再生过程。土地再开发对于城市可持续、高质量发展的促进，一定离不开有竞争力的土地再开发规划，而这种竞争力，在于从原来供给型的控制规划向需求型协同规划转变。

2.1 土地

2.1.1 土地的属性

土地是人类赖以生存和发展的重要资源，土地的开发利用是构成生产关系和一切经济关系的基础。关于土地的属性，学界有不同的分法、不同的表述方式[44-46]，但如前所述，大抵可以归结为自然属性和社会属性两种。

在不同时代，发挥主要作用的土地特性有所不同。

渔猎时代与农耕社会，土地的价值在于由其自然属性决定的"肥力"。十五六世纪的地租理论、19世纪初杜能的农业区位论等，主要谈的都还是一种土地"肥力"的概念。在这些年代，土地更多的还只是一种"资源"。

随着工业社会的发展，人们在对土地占有和开发利用的过程中，建构了新的人与地、人与人之间的关系，土地成为社会生产力的物质要素。这一时期，由于被赋予了社会属性，土地"资源"可以转化为土地"资产"，并结合社会资本得以开发。土地开发，尤其是土地再开发，会带来土地的增值或贬值，这是土地"资产"性的表现。

纵观我国的用地制度，中华人民共和国自成立以来，对土地的认知与态度实现了从"资源""资产"到"资本"的转变。

中华人民共和国成立初期，土地实行行政划拨，无偿供应，体现的是土地的"资源"属性。随着改革开放的深入，市场需求突破原有框架，土地的"资产"属性显现。1987年，土地的"资产"性在深圳首次实践。1999年《关于进一步推行招标拍卖出让国有土地使用权的通知》严格限定了行政划拨供地和协议出让土地的范围；2001年以来，国有土地"招拍挂"制度逐步完善，土地的"资本"属性成为主流，加速了国有土地的"资本化"（图2-1）。

		1949—1977年 无偿划拨，纯土地"资源"		1978—2000年 划拨为主，土地"资产"性显现		2001—2020年 有偿出让比例大幅上升，土地"资本化"	
土地划拨	无偿划拨	**1954年**《关于对国有企业、机关、部队、学校占有市郊**土地征收**使用费或租金的问题的批复》1954年《关于执行国家建设征用土地办法中几个问题的综合答复》	1958年《国家建设征用土地法》				
土地划拨	有偿划拨			**1988年**《城镇土地使用税暂行条例》	1992年《划拨土地使用权管理暂行办法》1994年《城市房地产管理法》1998年《国有企业改革中划拨土地使用权管理暂行规定》	2001年《关于加强国有土地资产管理的通知》2001年《划拨用地目录》	
协议出让	有偿协议出让				1990年《外商投资开发经营成片土地暂行管理办法》1995年《**协议出让**国有土地使用权最低价确定办法》		
招拍挂	招			**1987年**9月，深圳以**公开招标**方式出让了土地使用权	1999年《关于进一步推行**招标拍卖**出让国有土地使用权的通知》	2001年《关于加强国有土地资产管理的通知》	2002年《**招标拍卖挂牌**出让国有土地使用权规定》2006年《关于加强土地调控有关问题的通知》2007年《关于落实工业用地招标拍卖挂牌出让制度有关问题的通知》
招拍挂	拍			**1987年**12月，深圳开创中国土地**"第一拍"**1990年《城镇国有土地使用权出让和转让暂行条例》			
招拍挂	挂						

图2-1 国内土地使用制度与土地资本化的关系演变

2.1.1.1 土地的自然属性与农村"三块地"①

与国有土地的"资本化"过程不同，我国的集体土地本来是被排除在"资本化"过程之外的。只有通过征收转变为国有土地，才有"资本化"的条件。这是因为，中国集体土地的设定，是从自然属性角度出发的，只是为了让农民拥有生活与生产资料，由于产权不完整，不能自由买卖。换言之，社会属性一定程度的缺失，导致农村"三块地"交易成本过高，难以参与资本化。交易成本理论源于科斯1937年《企业的性质》[47]一书，科斯认为市场交易成本大于零，产权的不同界定将对资源配置效率产生影响，因而产权界定和制度安排具有重要的经济价值。随着威廉姆森[48]、克莱因、格罗斯曼、哈特和张五常等人研究的进一步深入，交易成本理论成为新制度经济学的分析工具，以交易为基本研究单位，将交易费用与治理模式结合，提供了产权合约安排的量化尺度[49]。在土地市场中，交易费用是土地产权（使用权）转移所花费的代价。农村"三块地"正是由于产权不完整，交易费用高昂，才难以自由流通，大部分被排除在资本化过程之外。

---

① 农村"三块地"指农用地、宅基地、集体经营性建设用地。

农村的"三块地",农用地是生产资料,宅基地是生活资料,集体经营性建设用地是非农建设的生产资料。集体经营性建设用地产权不完整,只能由村集体内部经营,不能在市场上自由流通。从这个意义来说,土地在使用的过程中,也慢慢被赋予了有限的社会属性,两者有时候很难截然分开(表2-1)。

农村"三块地"的土地属性 表2-1

农村"三块地"	土地属性	产权完整性	性质	流通性
农用地	自然属性	不完整产权	农业生产资料	使用权不得转让用于非农建设
宅基地	自然属性	不完整产权	生活资料	不可入市
集体经营性建设用地	自然属性为主,有限社会属性	不完整产权	非农生产资料	2019年以前不可入市,2019年后符合三个条件的可入市:符合规划、依法登记、土地利用年度计划作出安排

索托在《资本的秘密》[50]中指出,第三世界的贫穷并非源于资本的缺乏,而在于资本的非正规化与不可流动性。只有通过转化的资产才具有资本的活力,对于土地这一特殊且与城市发展息息相关的资源而言,更是如此。

我国的集体土地,尤其是城市建成区之外的农村"三块地",囿于产权不完整,只有有限的交易权,一定意义上是一种"沉睡的资产"。近年来农村土地征收、集体经营性建设用地入市、宅基地制度改革等针对农村"三块地"的改革,赋予了"三块地"一定的社会属性,试图唤醒"沉睡的资产",但还是有局限性。

不过,从政府征收农地的标准来看,农地的区位属性,也对其除自然"肥力"之外的价值产生了影响。以广州市为例,在2021年广州市人民政府官网公布的《关于公布实施征收农用地区片综合地价的公告》中,划分了18个片区,补偿标准最高为中心辖区的越秀、荔湾和天河,51万元/亩[①],是外

---

① 1亩≈666.6m²。

围从化、增城等郊区最低标准9万元/亩的5～6倍，这5～6倍的差距，差不多就是房价的差距。靠近城市中心，尽管有相对的运输成本优势，但是这种运输成本优势并不明显，从这点看，农地作为生产资料的情况也就被默许有资产性质了。

此外，大城市建成区内的农村"三块地"，尤其是集体经营性建设用地和宅基地，则拥有了截然不同的命运。深圳的蔡屋围片区，在征征农地后，1995年在原农地上建成了亚洲当时的第一高楼——地王大厦；广州的猎德村2009年前后在亚运契机下实现蝶变……这些农地位于特殊区位，在适应城市与经济发展的过程中，城市政府予以政策调剂，给原本的物质空间赋予社会属性，突破了农地产权不完整的限制，从而将僵化的资产变为活跃的资本，实现了土地的再生与空间的重构。

2.1.1.2 土地的社会属性与土地价值

在土地的自然属性和社会属性中，自然属性是由土地的不可移动性所决定的，很难改变，土地的增值一般通过社会属性的改变而实现。自然属性赋予土地的价值，更多的是保障人"不会饿死"的物质空间，是一种沉睡的资产。城市化过程中，只有赋予土地社会属性，才可以实现资本化，从而可能获取超额利润，或者说巨额的土地增值。

土地价值与地租理论息息相关。地租理论起源于17世纪中叶，由英国古典政治经济学家威廉·配第首次提出，杜尔格、亚当·斯密、詹姆斯·安德森、大卫·李嘉图等人进行了进一步的研究与补充[51]。1826年杜能在《孤立国同农业和国民经济的关系》一书中首次系统论证了区位与地租的关系。19世纪下半叶，马克思和恩格斯批判性继承古典政治经济学的地租理论，提出了级差地租、绝对地租和垄断地租，创立了科学的地租理论体系。级差地租是与土地生产条件差别相联系的地租，实质在于对土地所有权的垄断，由土地产生的超额利润转化而来[52]。级差地租Ⅰ，是由于土地的肥沃程度和位置不同导致的超额利润差异。级差地租Ⅱ，是对同一块土地连续追加投资，从而形成的生产率差异。[53]绝对地租是由于土地所有权的垄断，任何土地都必须缴纳的地租，最坏的土地和生产率最低的投资也要提供地租，这是土地所有权存在的必然结果。垄断地租是特殊土地的垄断价格带来的超额利润，垄断地租最终归土地所有者占有。垄断地租由垄断价格而来，是由需求者决定的，需求越高，产品价格就越高，垄断地租越多。因此，垄断地租不是农业雇佣工人所创造的剩余价值，而是社会其他部门工人创造的价值。

在我国，土地的价值，是由土地产权属性、土地区位、土地用途以及相邻关系共同作用实现的（图2-2）。

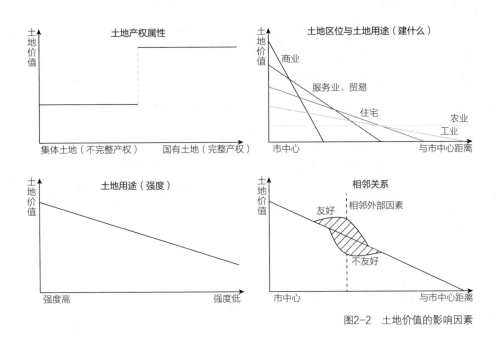

图2-2 土地价值的影响因素

1）土地产权属性

影响土地价值的土地产权属性，特指土地固有的社会属性，如产权性质等。在我国，产权性质是决定土地价格的主要因素，土地产权属性对地价的影响，在于产权是否完整，与所有制有关。相较于国有土地，集体土地由于产权不完整，不可自由入市交易，土地价值相对更低。

2）土地区位

土地的区位，决定了其在城市化版图上的价值，决定了土地可开发的潜力和极限，影响了土地能拥有多少公共产品资源量。国家大区域中，土地所在的城市区域，决定了土地的第一重区位价值差异，城市建成区中同一类型的土地，位于沿海地区发达城市的，土地价值比位于西部地区城市的高，这是由自然属性与城市化带来的社会属性共同决定的。同一城市内部，土地在城市中的区位，决定了土地的第二重价值差异，距离市中心越近，同类同开发强度的土地价值一般越高，一定程度也受到了社会属性的影响；此外，区位优越的土地及其周边，往往有更多的机会获得基础设施、城市环境建设等额外的投入，从而提升土地价值。在广州，从2019年的基准地价来看，市中心的越秀与天河南部，商业地价（含路线价）为4.8万～7.7万元/m²，外围的南沙，最高商业地价仅1.6万元/m²，甚至部分地区商业地价低至0.4万元/m²。[①]

3）土地用途

土地用途涉及的建与不建、建什么、建多少，是土地社会属性的重要表征，对土地价值有重要影响。限制建设的土地，其价值定是比可建设、可交易的土地低。同一块土地建设用途不同，土地价值差异巨大，一般而言，商

[①] 参见广州市国有建设用地使用权基准地价发布平台（http://jzdj.gzlpc.gov.cn/），本节所涉及的广州地价数值均来源于此。

业用地的价值更高，服务业与贸易次之，住宅与工业相对更低[①]，农地的价值则是最低的。以广州越秀区为例，每平方米的土地价格，商业用地7.7万元、住宅用地3万～4万元、工业用地0.3万元、林地仅50元。纵使是建设用地地价最低的工业地价，都不止林地地价的60倍，商业用地地价更是远超林地1000倍。此外，可开发建设的强度，对土地价值的影响巨大，一般而言，可开发强度越高，可建总量越多，土地的总价值也越高。

4）相邻关系

相邻关系对土地价值的影响不容忽视。土地的相邻对象对土地价值的影响具有友好性与不友好性。不友好的相邻关系，如垃圾站等，对土地价值产生负外部性影响；而友好的，如公共基础设施、公园绿地等，则对土地价值的提高产生正向作用。

2.1.2 土地发展权

土地产权不是单一的权利，而是包含所有权、使用权、收益权、转让权等的土地权力束[54]，使用权具有较完整的占用、使用、收益、处分的权能[②][55]（图2-3）。城市再开发实质上是资源再配置在空间上的体现，对于某一个地块而言，资源的再配置通常表现为土地的用途转变或利用强度的改变，有赖于土地发展权的行使，而无关土地所有权是否发生变化。土地再开发管理的关键，可以说，在于对土地发展权的管理。实践过程中，发展权往往脱离于土地所有权，并为政府所垄断。

---

① 受国内房地产政策与房地产市场影响，国内很多大城市核心地带住宅的土地价值异常高于商业用地价值，在此不展开分析。

② 参见《物权法》第三十九条所有权基本内容："所有权人对自己的不动产或者动产，依法享有占有、使用、收益和处分的权利。"

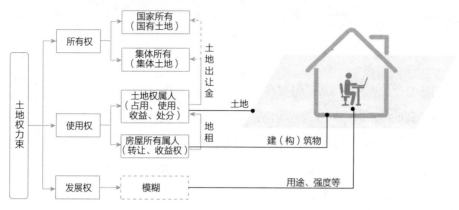

图2-3 国内土地权力束及其主体构成

土地发展权，是改变土地用途或者提高利用程度的权利，是通过规划、规划许可制度或额外监督实现资源变资产的重要手段。狭义的土地发展权，指变更土地用途或在土地上兴建建筑改良物而获得的权利[56]。广义的土地发展权，涉及土地利用和再开发通过转变用途，以及提高利用强度而获得的权利，具体体现为用地性质给定、容积率给定等。

土地发展权是城市化红利的体现，由地段价值决定，受邻里关系影响。由于级差地租的存在，通过垄断城市土地尤其是位置优越的城市土地的发展权，可获得超额利润。也正因此，同样是农村集体建设用地，城中村、城郊村（后来可能演变为城中村）等少数城中村，由于区位优势，有更多机会获得非农发展权。对于存量土地而言，可通过土地发展权的赋予，改变用途、功能和开发强度，实现土地的重构和城市的再生。

2.1.2.1 土地发展权的形成

1）国外土地发展权的发展

国际实践中，土地发展权的雏形是十六七世纪英国的税金、改善金制度，自1947年英国正式首次推广后，美国、日本、法国和意大利等国家也相继引入相似的制度（图2-4）。英国的土地发展权收归国有，是一种规划许可制度。不同于英国的规划许可，美国是在承认土地发展权私有的情况下，

	规划许可	建设许可监督	开发强度监督	
	英国	美国	日本	法国
16世纪30年代	1531年出台的《下水道法案》规定收取受益者税金	—		
	1667年出台的《伦敦重建法案》规定向重建受益者收取税金			
	1909年出台的《住房与城市规划诸法》首次授权地方政府编制规划。此后，违反规划的建设，可能面临拆除的风险			
20世纪40年代	1940年的《巴罗报告》提出应建立更加有效的规划体系，以遏制工业自由开发	1916年的《纽约分区规划条例》提出分区管制	—	
	1942年的《厄斯沃特报告》确立了"改善金"制度，即收取收益人一笔特别税作为改善金	—		
	1947年，工党政府出台《城乡规划法》，将发展权收归国有，规定收取100%的土地增值开发费			
20世纪60年代	1952年，保守党政府废除了开发费制度，不再收取土地增值开发费			
	1964年，工党政府出台《土地委员会法》规定收取40%的土地增值开发费	20世纪60年代，美国引入发展权制度作为规划手段，规定发展权归土地所有者		
	—	1968年，纽约首次引入密度转让机制	20世纪六七十年代，日本设置了未利用容积率的利用权	
20世纪70年代		1968年修正《地标保护法》，首次提出土地发展权转移（transfer of development right，简称TDR）		
	1971年，保守党政府出台《土地委员会法案》，规定不收取开发费			
	—	1974年，纽约市萨福克县首次在美国实施土地发展权征购（perchase of development right，简称PDR）		
	1975~1976年，工党政府出台《社区土地法案》与《土地发展税法案》，规定收取66.6%~80%的土地增值开发费			1975年，法国提出法定上限密度，开发建设超出上限的，需购买发展权。巴黎市区的法定上限密度为1.5，其他地区为1.0
	1980年，保守党政府修改土地开发费收取规定，即针对超过50000英磅的部分，收取60%的土地增值开发费	—		—
				1982年，巴黎市上调法定上限密度至1.5~3.0，其他地区上调至1.0~2.0
	1985年，保守党政府出台《财政法案》，再度废止开发费制度，规定不收取开发费			1986年，法国再度上调法定上限密度
		2007年，美国共计成立12家土地发展权银行		

图2-4 英国、美国、日本和法国的发展权演变
图片来源：根据相关文献总结绘制[34, 57~59]

实施发展权转移与征购制度，是对建设许可进行额外监督；日本同样承认发展权私有，并实行未利用容积率的利用权转移制度，是对开发强度进行额外监督；法国则是土地发展权部分私有（超出规定容积率的部分为国有），与日本一样，是对开发强度进行额外监督。

土地发展权通过规划许可给定的典型代表是英国。英国的土地虽然名义上归国王所有，但实为典型的土地私有制。1066年法国诺曼底公爵威廉征服英格兰威塞克斯王国后，"普天之下，莫非王土"，后来土地由国王所有逐步变成了只是法律上的存在，实际将土地所有权的权能分配给了保有权人。布尔战争之后，英国开始走下坡路，"二战"中，德英和谈失败，德军疯狂轰炸英国重要设施。"二战"后城市建筑严重受损，加之工业革命快速推进，人口剧增，内城衰退，"城市让生活更糟糕"，城市更新迫在眉睫。如何采取措施管制私人手里的土地以推进战后城市重建成了英国亟须思考的问题。

在这样的背景下，英国加强土地利用管理方面的研究和法律制度建设。延续16世纪30年代以来的下水道开发、城市规划与重建中的税金、改善金手段，英国1942年的《厄斯瓦特报告》确立了"改善金制度"。1947年，英国的《城乡规划法》提出"将一切土地发展权收归国有"，由国家一次性买断所有未开发土地的发展权，并向损益人赔偿损失，向受益人收缴补偿金。自此，后续的土地开发都要求申请规划许可，通过规划许可实现对土地发展权的剥离。工党、保守党在土地开发方面当家40年，决策朝令夕改，最后保守党于1985年在《财政法案》中废除了开发金（图2-4）。

以美国、日本和法国等为代表国家和地区，在承认发展权私有的基础上，进行额外监督。

美国的发展权管制为建设许可监督。20世纪初，美国人口剧增、城市扩张，导致农地被大量占用，基于农地保护的土地用途管制和发展权制度应运而生[58]。20世纪上半叶美国经济迅猛发展，城市化速度加快，从1840至1950年，人口从1287万增长至15133万，城镇化率从10%增长至64%（图2-5）。城市的扩张与发展占用大量农地，在地价快速上升的同时，农用地迅速减少。为了解决上述问题，19世纪20年代，美国政府管制土地用途，通过实施"警察权"（police power）来管制私人土地——为了公共利益对所有权人限制或剥夺，或为了公共利益有偿征用土地。

然而，随着城市人口持续迅速增长，城市进一步扩张，到20世纪60年代，美国逐渐意识到用途管制对约束城市建设蚕食农地、抑制农地流失的作用不明显。1962年较1961年农地流失3.5万km²，1961—1970年的十年间，美国农地流失了13万km²（图2-6）。为缓解农地流失，20世纪60年代末，美国政府在土地用途管制制度的基础上，对规划许可的额外监督，更多的是建设许可。

日本和法国的发展权管制为开发强度监督。20世纪六七十年代，日本借鉴美国的发展权转移制度，设立了未利用容积率的利用权，但与美国不同，日本的发展权并未与空间分离。法国1975年设立了法定上限密度（PDL），超出容积率上限需购买发展权，巴黎市区1.5，其他地区1.0，1982年巴黎市区上限密度上调至1.5~3.0，其他地区上调至1.0~2.0，1986年再度上调（图2-4）。

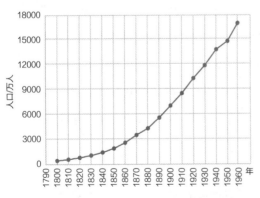

图2-5 美国历年人口变化
数据来源：世界银行

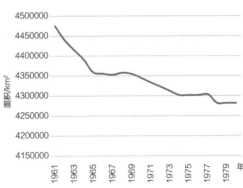

图2-6 20世纪60年代以来美国农地面积变化
数据来源：世界银行

2）国内发展权的形成

在我国，土地的发展权隐含在国家对地方保护开发行为的许可，以及地方政府对市场主体保护开发行为的许可之中[60]，没有明确的法律界定，是模糊的。实践过程中，真正赋予地方发展权依靠控规，地方主要通过控规实现对开发行为许可的管控。本研究所指的发展权，除"用途、利用强度变更"外，还涉及规划与管制所确定的开发建设和再开发的权利，发展权的赋予是土地产权正规化的重要手段。在城市国有土地发展权的配置过程中，土地发展权是通过公开出让随同土地使用权一起打包配置给开发商的[61]。

国家通过土地管理法、城乡规划法以及相关规定，将大部分土地收益权和支配权界定给地方政府，特别是地方城市政府[36]。2004年《国务院关于深化改革严格土地管理的决定》（国发〔2004〕28号）进一步明确了土地管理的权利和责任，"调控新增建设用地总量的权力和责任在中央，盘活存量建设用地的权力和利益在地方"。

2.1.2.2 土地发展权的主体

增量规划，处理的是发展权从0到1的过程；存量规划，处理的则是发展权从1到n的过程[34]。土地的再开发的发展权行使过程中，涉及的主体主要有原土地权属人、城市政府和社会资本方。

原土地权属人把持了土地自然属性所赋予的物质空间，可以拒绝不按他要求使用土地的人使用，从而获得并保留土地资产的剩余收益（图2-7）。尽管原土地权属人未能完全掌握决策权与实施权，却是剩余收益的最终取得者，如再开发带来的物业升值[62]。

社会资本方追求超额利润，在资本的逐利本质下，社会资本方投资土地的前提，是获取足够的经济回报。社会资本方以超额利润为目标，尤其青睐以小投资撬动大资本的项目。在原来的物质空间的基础上，通过资本注入增

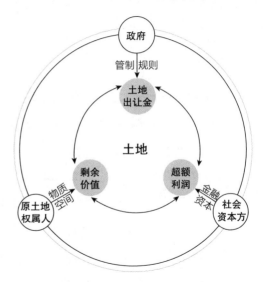

图2-7　土地发展权的主体及其关系

加变化后的功能，通过金融杠杆获取超额利润。

城市政府则获取土地出让金，在土地开发、再开发的过程中，通过城市规划与用途管制，实现对土地发展权的隐性垄断，从而获取土地出让金，用于社会公共利益建设。如广东的"三旧"改造，自主改造原则上不允许改为居住用地，广州和深圳把最挣钱的土地用途如居住等经营性建设用地的开发，留给政府的储备用地，避免过多增值收益落到原土地权属人和社会资本方等个体的口袋。而在广东一些地价较低的地方，如湛江等城市，"三旧"改造用地，允许将旧厂房等改造为居住用地，并在这个过程中，按地价补交土地出让金。

2.1.2.3　土地发展权的还原

利益还原，指的是利益回到其本来应该归属的位置。土地发展权的还原，可以说是对发展权行使所产生的土地利益的改变进行还原。在我国，土地发展权的还原，主要通过城市政府征收、储备、出让土地的过程来实现。

1994年的分税制改革，核心是采用相对固定的分税种的办法划分中央与地方的收入[63]，明晰中央与地方政府间的财务权利边界，原先支撑地方政府收入主要来源的增值税大部分上缴中央。广州有位老市领导，给分税制做了一个比喻，他说，广州税收4块钱中，有2块钱给国家，1块钱给省里，自留1块钱；深圳税收4块钱，2块钱给国家，剩下2块钱是自己的。实施分税制，财政收入分配向中央倾斜，但中央政府并不承担企业经营与破产的风险，地方政府仍需承担大量公共品支出，地方财政收支缺口风险增大。

与增值税不同，土地财政收入几乎全部归地方政府所有，为应对地方财政收入减少的风险，地方政府开始通过城市开发、建筑业发展等增加地方税收。中央对土地出让收益的分享，从分税制改革前的40%降到5%，最终降至分税制改革后的全部归地方所有，分税制改革方案中，明确了城镇土地使用税、房产税、土地增值税、国有土地有偿使用收入等土地性质的财税收入作为地方政府固定收入，由地方政府独享①。从经验来看，分税制改革实施以来，土地出让金占地方财政总收入比例逐年增长。

过去几十年的城市化过程中，土地出让金是地方政府财政收入的重要来源。2008年以来，北上广的土地出让金占地方财政的比例高达20%~50%（图2-8）。以北京为例，2008年至2017年十年间，六年土地出让金占地方财政收入比例超过40%，其中四年超过50%。广州的土地一般按市场评估地价的40%~70%计收土地出让金②，近十年来土地出让金占地方财政的比例亦高达20%~40%。

---

① 中央对土地出让收益的分享，从1989年分享土地出让净收益的40%，到1992年分享5%，1994年分税制改革后，土地出让收入全部归地方所有。详见《国有土地使用权有偿出让收入管理暂行实施办法》（已废止）、《关于国有土地使用权有偿使用收入征收管理的暂行办法》（已废止）以及国务院发布的《国务院关于实行分税制财政管理体制的决定》（国发〔1993〕85号）。

② 参见《广州市国土资源和规划委员会印发关于明确我市国有建设用地使用权出让金计收标准的通知》（穗国土规划规字〔2018〕2号）。

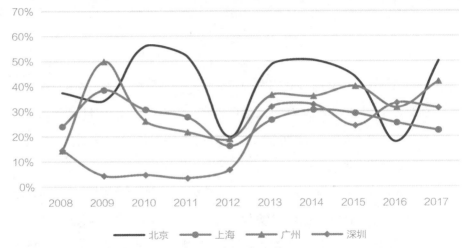

图2-8　一线城市2008—2017年土地出让金及其占地方财政一般公共预算收入比例
资料来源：历年《中国国土资源统计年鉴》、各市历年《统计年鉴》

由此可见，分税制改革助长了土地财政，带来了快速土地城镇化，对地方经济和社会产生了深刻的影响。土地财政收入，主要来源于土地的出让收入，通俗地说，主要来自"卖地"。基于"城市土地为国家所有"这一制度设计，地方政府往往利用其在土地发展权上的绝对垄断地位[①]，通过征收、储备、出让以获取土地出让金。

1）土地征收

征收制度源于西方国家，是国家依法通过公权力强制取得私人财产权的活动[64]。在我国，土地征收是国家为了公共利益需要，依法征收土地并予以补偿的活动。我国宪法第10条第3款规定："国家为了公共利益的需要，可以依照法律规定对土地实行征收或者征用并给予补偿。"实际操作过程中，地方政府代为开展土地征收活动，以依法将集体土地转为国有土地，并予以合理补偿和妥善安置的行为居多。

随着分税制改革不断深化，土地的社会属性和资本属性日益显现。在央

①《土地管理法》规定，只有地方政府有权征收、开发和出让农业用地。

地财税分成的框架下，地方政府通过垄断土地发展权，低价征收农业用地，平整、开发后出让，获取巨额土地出让金，地方政府在这个过程迅速积累了巨额土地出让收入，土地出让收入越来越成为地方财政收入的重要支撑，助长了土地城镇化。

土地征收的前提，是为了公共利益需要，但现行土地征收，泛化了征地的公共利益，征收活动大规模开展。我国的征地相关办法，以及几经修正的《宪法》与《土地管理法》都开宗明义：征地的前提是为了公共利益需要，但没有任何一部法律明确"公共利益"的内涵[65]，实际操作过程中，很多建设活动都被视为"公共利益需要"。北上广深等发达一线城市，土地出让收入飙升，1999—2017年的19年间，北京的土地出让收入增长31倍，上海增长34倍，广州增长14倍，深圳增长22倍（图2-9）。

2）土地储备

随着城市化进程的推进，大城市征收农地进一步扩张城市的模式不可持续，存量发展逐渐成为大城市的主流。面对存量土地的再开发，针对我国城

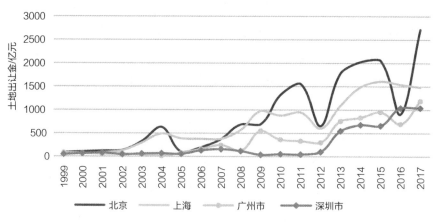

图2-9 一线城市1999—2017年土地出让金变化
数据来源：历年《中国国土资源统计年鉴》

市内部土地散落在不同土地权属人手中的格局，城市政府集中供地面临一系列困难。

土地储备是指县级（含）以上国土资源主管部门为调控土地市场、促进土地资源合理利用，依法取得土地，组织前期开发、储存以备供应的行为。土地储备制度首创于上海[①]，在实践过程中逐步形成了政府主导型的土地储备制度，如今土地储备制度全国盛行[②]。

土地储备，是土地发展权重新配置的重要一环，在这个环节中，发展权大部分都是归公的。土地储备工作统一归口国土资源主管部门管理，政府通过土地储备制度，实现"一个口子进，一个口子出"，规范土地市场交易的同时，实现了对土地发展权的重新配置，对盘活城市存量土地，促进节约和集约用地发挥了积极作用。

3）土地出让金

城市政府是管制规则的制定者，把持了土地用途给定与许可，包括再开发过程的用途管制。基于用途管制、规划、政策，地方城市政府通过土地征收，垄断新增建设用地的发展权，通过土地储备，垄断存量土地的发展权，从而获取土地出让收入。土地出让收入是政府以出让等方式配置或重新配置国有土地使用权所取得的全部土地价款。土地出让收入的具体去向，体现了城市政府对发展权的二次还原。

我国土地出让金的支出，是一种"归公"的表现，分配权在地方政府手中，近年来更加注重对公共利益的保障，一定意义上，是一种避免城市开发

[①] 1996年上海市成立了我国第一个土地储备机构，即上海市土地发展中心。

[②] 1999年国土资源部以通报的形式向全国推广杭州与青岛的土地储备经验。2001年国务院颁布《关于加强国有土地资产管理的通知》，强调有能力的地方政府要推广土地储备制度，2007年《土地储备管理办法》（国土资发〔2007〕277号）颁布，明确了土地储备的范围与程序、开发与利用、供应与管理，并于2018年修订。

过程中巨额土地增值落入社会资本方和少数原土地权属人手中的重要手段。据财政部统计，2015年，我国的土地出让金去向①，80%的成本性支出中，用于征地拆迁补偿和补助被征地农民的支出占66.8%，支付破产或改制企业职工安置费等其他支出8.9%；20%的非成本性支出中，用于城市建设的支出占51.3%，用于农业农村的支出占37%（图2-10）。广州的土地出让金分配也体现了发展权的归公，经营性用地出让以及个案处理用地收益的10%用作市重大基础设施项目建设资金，90%用于市区财政分配。

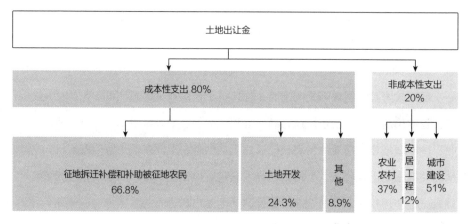

图2-10　2015年我国土地出让金支出情况

---

① 详见财政部公布的《2015年全国土地出让收支情况》，成本性支出包括用于征地拆迁补偿、补助被征地农民、土地出让前期开发等，非成本性支出包括城市建设、农业农村、保障性安居工程等。

2.2 土地资本化

2.2.1 城市化中的土地

城市的历史已经有几千年，但城市化却是近现代的产物。学界一般将始于18世纪的英国工业革命作为城市化的序幕，机器大工业的蓬勃发展，吸引越来越多原本生活在农村的农民聚集到城市。为合理引导城市化进程中的城市空间拓展，《雅典宪章》将城市功能划分为居住、工作、游憩与交通四部分，以应对不断扩大的城市规模以及不断聚集的产业与人口。一般可以将城市化分为人的城市化与土地的城市化两类。土地的城市化，是在农业用地上进行城市建设从而推动城市化的过程，这时，土地是支撑城市化的重要基础。1988年的土地有偿使用制度推动了土地城市化加速发展。发展起步较早、已进入城镇化成熟发展阶段的珠三角地区，经历了生产要素驱动的城镇化，到以人为核心、强调品质、创新引领的城镇化的转变[40]。

广州作为超大城市，是中国南方的中心城市，一直作为地区的消费和生产中心，其城市化发展围绕地区的消费和生产中心开展。1989年广州GDP第一次超越天津，成为"中国的第三城"，在连续27年GDP总量位居全国城市第三之后，2016年才首次被深圳超越。广州作为副省级城市，连续二十几年保持全国第三，某种程度来看，得益于城市化红利。广州的城市化经历了要素驱动和品质提升两个阶段，在要素驱动城市化的过程中，土地、劳动力、技术和资本四大要素发挥着重要作用，其中土地是城市化的重要支撑和载体。

从广州的发展来看，城市化的不同阶段，需要相应的空间发展模式来支撑，并应有不同的土地开发与管理机制相配套，适合的土地开发机制能保障城市化的健康发展。改革开放以来，广州的土地在城市化过程中的作用经历了以下三个阶段（图2-11）。

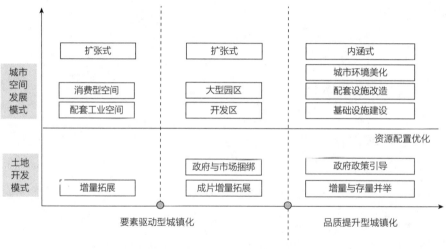

图2-11 广州的城市化与土地发展历程

2.2.1.1 作为城市化重要载体的土地

改革开放以来，广州作为古代海上丝绸之路和近代中国工业革命的发源地，是地区生产、消费中心，秉承了千年商都历久弥新的活力。随着20世纪80年代末，市场上塘鱼价格放开，广州成为全国首个价格机制改革成功的城市，推动了商品市场的繁荣，加快了其千年商埠流通业的发展。拥有广大消费群体的广州，轻工业蓬勃发展，并推动了广州的城市化。广州城市空间的架构，在原先"云山珠水"的基础上向外扩张。海珠区工业大道沿线，广州火车站周边的商贸批发中心，以及建设新村、六马路附近的花园酒店，都是这时候兴起的。

这时的广州，依托新增土地，将城市近郊地区的农地征收转为国有建设用地，推动广州向南（海珠区工业大道片）、向东（花园酒店周边的环市东商务区）拓展，建成区面积从1980年的170km²扩大到1996年的262km²，年均增长约6km²。这一时期，土地为广州的城市发展提供了重要保障，是城市化的重要载体。

2.2.1.2 作为城市化重要跳板的土地

2000年前后，借中国加入WTO的契机，广州做了全国最早的战略规划，提出"南拓、北优、东进、西联"的城市发展战略。为应对珠三角崛起的中小城市，尤其是东岸西岸城市的竞争，广州依托当时已较完备的工业体系和良好的重工业基础，拥有全国39个工业大类中的38个，引进本田、丰田等汽车产业，在外围建设一批大型园区、开发区，通过发挥制造业的空间集聚效应和集群优势，实现产业从轻工向重工的转型，并带动外围地区成为城市化新的增长极，城市空间实现跨越式拓展。

广州作为一座两千年城址不变的城市，1996年建成区面积[①]仅262km²，当时的土规，将规划期末2010年中心城区建设用地规模确定为385km²，总规预测2010年建成区面积436.8km²，规模都比较小。事实上，2000年南部番禺、北部花都撤市设区，形成了广州的城市与土地框架，建成区面积达到了431km²，成为建成区超过350km²的特大型城市；2010年建成区面积上升至952km²，年均增长近50km²。这一阶段的土地，实现了从中心向外围的"跃迁式"发展，是城市化的重要跳板。

2.2.1.3 作为城市化精细修补的土地

2008年前后，广州一定程度上受金融危机的影响，同时也在谋划亚运会前后的城市品质建设，着重做城市建成环境的改造升级与基础设施的建设和城市环境的美化，2010年，如期开通了3条新线、3条延长线共86km的地铁线路，推动了新机场、铁路南站等基础设施的建设，全面提升了广州的城市空间。珠江新城为应对亚运会，改造了猎德村；琶洲借助互联网的进驻，全面改造琶洲村。这时候的城市化，以中心商务区以及外围地区的旧村改造与

[①] 本节涉及的现状建成区面积，均来源于历年《中国城市统计年鉴》。

城市更新为主，通过少量增量（外围地区为主）与存量相结合的模式，推动空间从"扩张型"转为内涵式发展。截至2019年8月，广州市已批复旧村改造46个、旧厂改造323个。这时候的土地，是作为城市化精细修补的土地，是城市品质提升的重要支撑。

2.2.2 土地与资本的关系

土地吸引资本，成为土地资产。土地资产通过土地市场转化为土地资本，并创造新的资本。土地的自然属性，决定了它是一种土地"资源"。城市化发展过程中，土地作为四个重要的生产要素之一，是重要的社会"资产"，在社会资本不断注入的过程中，实现了土地"资产"向"资本"的转换。

城市再开发离不开土地与资本的互动。资本追求利润，土地希望借助资本化增值，土地与资本结合，实现再生与重构，土地在资本的周期性投入过程中，实现周期性增值，资本也因此获得持续性利润（图2-12）。

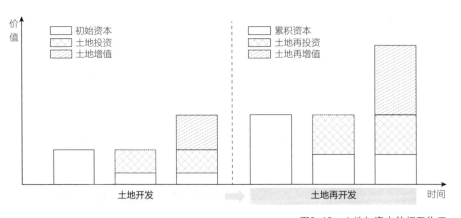

图2-12　土地与资本的相互作用

然而，并非所有的土地都能在与资本互动的过程中增值。

在我国，城市土地国家所有，农村土地集体所有。社会资本对国有土地不断投入，持续产生的高品质空间、服务与环境，使城市土地价值越来越高，集体土地则不然。改革开放后，两者价格差异越来越大，国有土地与集体土地价值差距可以高达数十倍，尤其在深圳、广州更是不止于此。

根源在于中国集体土地的设定，是从自然属性角度出发的，只是为了让农民拥有"生产资料"。自1998年修订的《土地管理法》禁止集体土地自由转让以来，集体土地资本化的路径被封锁。《宪法修正案》（1988年）明确指出"土地的使用权可以依照法律的规定转让"，并未限制集体土地的流转，同年出台的《土地管理法》，明确允许集体土地使用权依法出让；1998年修订的《土地管理法》则下达禁令："集体土地不得买卖、出租和转让用于非农建设"。直至2019年《土地管理法》的修改，才允许集体经营性建设用地使用权的出让（表2-2）。

宪法、土地管理法及其对土地资本化的影响　　　　　　　　　　　表2-2

发文时间	相关文件	条文	对土地资本化的影响
1982年	《宪法修正案》（1982年）	第十条　任何组织或者个人不得侵占、买卖、出租或者以其他形式非法转让土地	土地不可转让，无法参与资本化
1986年	《土地管理法》	第二条　任何单位和个人不得侵占、买卖、出租或者以其他形式非法转让土地	土地不可转让，无法参与资本化
1988年	《宪法修正案》	第二条　土地的使用权可以依照法律的规定转让	（含集体）土地的使用权可依法转让，可参与资本化
1988年	《土地管理法》（1988修正）	第二条　国有土地和集体所有土地的使用权可以依法转让，土地使用权转让的具体办法，由国务院另行规定	国有土地与集体土地的使用权可依法转让，可参与资本化

続表

发文时间	相关文件	条文	对土地资本化的影响
1998年	《土地管理法》（1998修正）	第六十三条　农民集体所有的土地的使用权不得出让、转让或者出租用于非农业建设；但是，符合土地利用总体规划并依法取得建设用地的企业，因破产、兼并等情形致使土地使用权依法发生转移的除外	集体土地使用权不得出让用于非农建设，无法参与城市资本化；土地利用总体规划成为集体土地参与城市资本化的重要手段
2019年	《土地管理法》（2019修正）	第六十三条　土地利用总体规划、城乡规划确定为工业、商业等经营性用途，并经依法登记的集体经营性建设用地，土地所有权人可以通过出让、出租等方式交由单位或者个人使用	允许集体经营性建设用地入市，部分集体土地可参与城市资本化

资料来源：根据历版宪法、土地管理法梳理

中国的国土中，集体土地占比约46%，437万km²的土地"资源"向"资产"和"资本"转换的路径被封锁。

在珠三角的实践过程中，土地与资本的关系有"三种模式"（表2-3）。一是改革开放初期，恢复经济发展，释放发展活力，乡镇经济崛起的"以地建厂"模式。土地作为工业化载体而流动增值。使用权有限变更，村集体主导土地发展权，以在集体土地上建"三来一补"工厂为代表。二是明确建立市场经济体制，增长主义政策体制下的"以地生财"模式。土地作为财政增长载体而流动增值。所有权完全变更，地方政府垄断土地发展权，以农地征收为代表。三是新常态、多元目标与转型发展背景下的"以地兴城"模式。土地通过回归多元价值而流动增值。所有权完全变更，多方博弈获取土地发展权，以成片连片土地再开发为代表。

表2-3

珠三角地区土地与资本关系的三种模式

模式		"以地建厂"模式：土地作为工业化载体而流动增值	"以地生财"模式：土地作为经济增长的载体，通过流动增值	"以地兴城"模式：土地通过回归多元价值而流动增值
宏观背景		改革开放初期，恢复经济发展，释放发展活力，乡镇经济崛起	明确建立市场经济体制，确立增长主义政策体制	新常态，多元目标，转型发展
外部约束	土地政策	不明确建设用地增量①，限制集体土地流转	有限限制建设用地增量②，限制集体土地流转	严格限制建设用地增量③，允许特定集体土地引入资本
	治理结构	政府向地方、企业放权让利，资源配置为计划经济与市场经济"双轨制"	分税制改革，地方政府企业化	市场主导资源配置，约束政府权力，注重社会公平
内部条件	产权重构	使用权有限变更，村集体主导土地发展权	所有权完全变更，地方政府垄断土地发展权	所有权完全变更，多方博弈获取土地发展权
	土地开发	工业主导（村村点火，户户冒烟，土地用途管制失控）	居住、商业等经营性用途主导（居住、商业用地比例失调，公共服务配套不足）	多元功能（规划引领，开始关注空间品质与产业空间）
	土地发展权的形成	村集体主导，政府默许土地资本化收益较多地留给原土地权属人（以农村集体为主），用于村民分红（珠三角地区为主）、社区福利（长三角地区为主）及支农支出，同期带动了农民非农就业增加	地方政府主导，逐利的开发企业配合，村集体作为原产权主体丧失话语权。地方政府代行国家对"农地转非"的垄断权力时获得了土地增值中的垄断性收益，开发企业利益共享，村集体在一次性征地补偿后脱离与土地的联系	政府逐渐回归公共理性，企业获取收益的同时承担社会责任，村集体更具议价能力。面向城市可持续发展与城市竞争，城市政府开始注重低成本产业空间、高品质公共服务设施的营造。多方协商，增值共享
典型实践		珠三角村级工业园、"三来一补"村园，长三角乡镇工业园	早期农村土地征收、小产权房	近年来珠三角土地整备、成片连片开发等

注：①1982年，全国人大常委会批准《国家建设征用土地条例》，明确提出节约土地是我国的国策；1986年，第一部《中华人民共和国土地管理法》规定，"国家建设和乡（镇）村建设必须节约使用土地"。
②1998年修订的《中华人民共和国土地管理法》确立了以土地用途管制为核心的用地管理制度，自此，土地用途管制成为推进土地节约集约利用的有力手段；2008年，国务院发布《关于促进节约集约用地的通知》，这是中华人民共和国成立以来第一部专门针对节约集约用地的规范性文件；2008年，党的十七届三中全会提出"要实行最严格的节约用地制度"，与坚持最严格的耕地保护制度并称为"两个最严格"土地管理制度。
③2012年，党的十八大召开，将生态文明建设纳入中国特色社会主义事业"五位一体"总体布局，提出大力推进生态文明建设，并将"全面促进资源节约"作为其主要任务之一；2016年，《关于深入推进城镇低效用地再开发的指导意见（试行）》强调盘活存量建设用地；2019年《中华人民共和国土地管理法》修正案第一次将"提高土地节约集约利用水平"的表述纳入其中。

2.2.3　土地资本化的过程

当前学界研究中，一般认为土地资本化是土地资产通过土地市场转化为土地资本的过程。本书进一步将其阐释为，土地资本化，是通过土地社会属性的改变，如用途变更等，从而获得土地发展权的过程。

农地，尤其是大城市特定区位的农地，被赋予社会属性后，由于巨额潜在租差存在，往往受到逐利资本的青睐。资本对同一块土地持续追加投资，在土地多次产生级差地租的过程中，不断获得超额利润，实现土地的持续资本化。城市的存量发展，是资本持续注入土地使之再生与重构的过程，再开发的潜在租差达到逐利资本的预期后，会吸引金融资本介入，实现资本与土地的互动增值，并随着城市的发展不断循环。

资本对农地的持续投资，可以总结为农业资本化、工业资本化[①]以及金融资本化[②]三个阶段（图2-13）。农业资本与工业资本的进入，是土地使用权的租赁性交易，加速了城镇化，但并未促进集体土地产权的"正规化"，它还是不完整产权。金融资本的进入，则主要针对土地的再开发，是城市化发展到成熟阶段的产物，是基于完整产权的交易[③]，是一种利益共享的再开发与存量土地资本化的过程。

---

① 特指20世纪七八十年代以来的乡镇企业、集体土地建厂房、园区等工业资本进入农地的现象。

② 特指城市再开发过程中，金融资本进入存量土地，实现土地增值的现象。

③ 完整产权有时是基于政策保障，在资本化过程中逐渐拥有的。

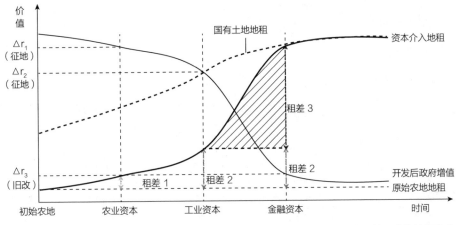

图2-13　资本介入农地的三阶段地租变化

2.2.3.1 土地的农业资本化

农业资本的进入是门槛最低、实现最早的土地资本化模式。体现在两个方面，一是资本租赁农地用于发展科技农业、现代农业，如用于温室大棚、现代花卉种植等。二是农民的宅基地，尤其是大城市近郊和城中村的宅基地，农民扩建住宅并出租，成为外来人的低成本生活空间。农民通过引入农业资本，实现农地增值，相对于原始农地征收只体现自然属性补偿原则的青苗补偿①，农业资本进入后，政府额外补社会属性与级差地租所赋予的增值，然而这部分农民只占全国的5%~10%[66]。这部分增值，大棚租赁大约是1倍的肥力地租，物业租赁大约是1~3倍（图2-14）。

城市政府在原始农地或农业资本进入的农地上开发，土地征收的成本并不高，因此往往采取征收模式，这个过程中，大部分的增值为政府所有，可用于改善城市环境与品质的公共建设。

---

① 按近三年农地平均产值补30年，地均产值每年约2000元/亩，1亩地补30年共计约6万元。

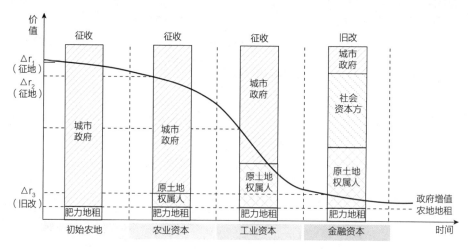

图2-14 资本进入农地后不同（再）开发模式的增值分配

2.2.3.2 土地的工业资本化

工业资本投资农地是快速城镇化过程中的土地资本化模式。主要发生在20世纪七八十年代至2000年前后，长三角与珠三角等地区乡镇企业、"三来一补"的发展吸引工业资本进入农地，形成村级工业园、"三来一补"园区等，带来了农地的工业化利用。这些农民的土地，除了自然属性以外，额外获得了肥力地租大约3~4倍的增值。

针对工业资本进入的农地再开发，一般而言，主要有政府主导征收、收储，以及引入社会资本进行改造两种模式。由于工业资本带来了3~4倍肥力地租的租差，历史形成的集体土地工业园、工厂是被认可的，尽管政府主导征收后，较大的增值归政府所有，但征收过程需要耗费巨额征收补偿金，单靠政府财政补偿的征收模式难以为继。实践过程中，往往引入社会资本进行改造，因此有了下一阶段土地的金融资本化。

2.2.3.3 土地的金融资本化

资本往往追求超额利润，青睐少量资金撬动巨额资本。广东的"三旧"改造，正是给逐利资本提供了用少量资金撬动大体量项目的渠道。就广州而言，近年来，每年市本级国有土地出让支出约400亿元，土地出让收入700亿~750亿元。在金融资本化的过程中，出现约2倍的土地再开发增值，如果以部分地块的投入产出计算，甚至更多。根据《广州市城市更新办法》《广州市深入推进城市更新工作实施细则》《国有土地使用权出让收支管理办法》等相关政策，广州市的"三旧"改造项目，只需要缴纳土地评估价的20%作为土地出让金，一年内仅需分期缴清30%的土地出让金，同时，允许按成本测算转化为融资物业开发量。

广东的探索中，深圳的模式是政府通过整村统筹，储备大部分土地，并通过政府算大账的模式，在社区留用的土地上提供远高于原建筑面积的建筑量，同时可能给予一定的资金补偿。如深圳的xw村，整备前社区控制用地约9hm²，整备后政府收储约7hm²，社区留用约2hm²，政府收储土地近八成，但社区居住建筑量从不足1万m²增长至接近7万m²，同时提供资金补偿约5000万元。广州早期的"三旧"改造模式，引入社会资本方，社会资本方与原土地权属人谈判，二者瓜分了大部分的土地增值。广州后期的土地整备，尤其是2020年以来出台的相关指引，对公共利益更为关注，实行更新片区的公共服务捆绑，除了要求更新单元按6%~11%的建筑面积配建公共服务设施，还需按专项规划配置城市级的公共服务设施与市政交通设施等。

不同的金融资本化路径，将产生不同的增值分配模式。传统征收模式与广州"一口价"征收模式都未引入社会资本，依赖地方财政收入，不涉及土地的金融资本化，但都是常见的模式，因此将其与"三旧"改造、土地整备等金融资本化模式做对比（图2-15）。

传统征收模式下，征收的增值大部分归政府，反哺于公共利益。然而，随着地价上涨，公众权利意识的提高，传统征收模式越来越难。

为缓解征地难的局面，强调同地同价，按平均计算，广州创造了"一口

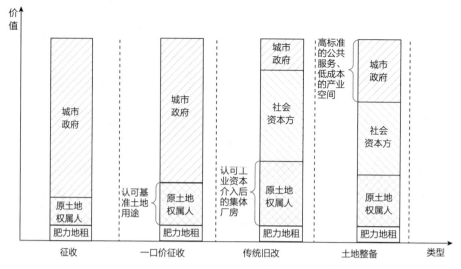

图2-15　土地资本化增值分配的模式对比

价"征收模式，即按照商业用地2.5容积率市场评估价的50%进行"一口价"货币补偿①。

"三旧"改造模式下，创新地引入社会资本，改造过程中，认可工业资本进入后的集体厂房，对业主进行补偿。尤其是"三旧"改造刚开始的几年，广州政府忙于亚运会前后人居环境和大工程整治，城市更新主要采取自主改造的模式，放手给社会资本方与原土地权属人去改造，这使得大部分的增值都落入市场与原土地权属人手中，是典型的涨价不归公，或大部分涨价归私。

近年来，城市政府越来越重视城市更新过程中公众利益的保障，逐渐推进多方协商共同规划的土地整备模式，强调为高标准公共服务设施以及低成本产业空间提供用地支撑。

---

① 参见《广州市深入推进城市更新工作实施细则》（穗府办规〔2019〕5号）第十三条。

2.3 土地的再开发与规划

2.3.1 存量土地

存量是相对于增量而言的，增量土地指新增的建设用地，存量土地泛指城乡建设已占有或使用的土地。增量用地掌握在政府手中，产权完整的存量土地则可以在土地使用者之间进行交易[67]，在土地再开发过程中，存量土地通过资本化实现增值。

实践过程中，常见的存量土地相关概念涉及低效建设用地、"三旧"用地、批而未供、供而未用、闲置土地、空闲土地等（表2-4）。本书所指的存量土地，聚焦于再开发涉及的存量土地，即具有二次开发潜力的存量土地。一般而言，布局散乱、利用粗放、用途不合理、建筑危旧的城镇存量建设用地是再开发的必选范围，而空闲土地、闲置土地、不符合安全生产和环保要求等的存量建设用地则被选择性地纳入再开发范围[68]。本书重点研究"三旧"改造用地，以及改造过程中少量可整合的其他已建设用地或闲置、空闲土地等。

存量土地相关概念   表2-4

存量土地类型	内涵
低效建设用地	一般指低效率、低品质、不安全、不合理的存量建设用地。经第二次全国土地调查已确定为建设用地中布局散乱、利用粗放、用途不合理、建筑危旧的城镇存量建设用地。包括国家产业政策规定的禁止类、淘汰类产业用地；不符合安全生产和环保要求的用地；"退二进三"产业用地；布局散乱、设施落后，规划确定改造的老城区、城中村、棚户区、老工业区等①

---

① 根据原国土资源部发布的《关于开展城镇低效用地再开发试点指导意见》（国土资发〔2013〕3号）、《关于深入推进城镇低效用地再开发的指导意见》（国土资发〔2016〕147号）界定。

存量土地类型	内涵
"三旧"用地	低效建设用地，涉及旧城镇、旧厂房和旧村庄等，列入"万村土地整治"示范工程的村庄等[①]
批而未供	政府批准建设但没有供地
供而未用	政府批准建设，已经供地，但未进行建设
闲置土地	国有建设用地使用权人超过国有建设用地使用权有偿使用合同或者划拨决定书约定、规定的动工开发日期满1年未动工开发的国有建设用地[②]
空闲土地	闲置土地、批而未供土地以外处于空闲状态的土地，主要包括无主地、废弃地、因单位撤销、迁移和破产等原因停止使用的土地

我国起步较早的城市，尤其是迅速扩张的大城市，随着人口不断集聚，土地利用方式从增量转向以存量发展为主。以广州为例，存量的"三旧"改造用地高达609.97km²，据相关规划，至2035年，广州市存量用地和增量用地的供给比例达到2：1。

2.3.2 土地再开发

土地再开发过程中，建设用地使用权分散在土地使用者手中，难点在于利益的再分配。土地再开发的核心，在于土地发展权重构、空间管制和增值共享。

存量土地的使用权可以在土地"二级市场"中交易，在城市化不断推进

---

① 定义来源于广州市政府2009年出台的《关于推进"三旧"改造促进节约集约用地的若干意见》（粤府〔2009〕78号）。
② 定义来源于国土资源部2012年颁布的《闲置土地处置办法》，已动工开发但开发建设用地面积占应动工开发建设用地总面积不足1/3或者已投资额占总投资额不足25%，中止开发建设满1年的国有建设用地，也可以认定为闲置土地。

的过程中，在市场规律的影响下，存量土地的人地关系持续动态地变化，传统的土地利用总体规划（以下简称土规）、城规以及控规等规划，难以真正调节土地再开发过程中持续变化的利益矛盾。

土规"不进城"，对城市的土地再开发是不起作用的。我国土地用途管制制度始于20世纪90年代末的耕地保护，1997年《关于进一步加强土地管理切实保护耕地的通知》（中发〔1997〕11号），首次提出"用途管制"，强调把土地利用总体规划作为土地用途管制的基本依据；1998年修订的《土地管理法》，将这一概念上升为基本制度。然而，土规的编制重点限于耕地保护和农地用途管制，对于城市的开发，主要在于"建与不建"层面的把控，是一种中央对地方"调控新增建设用地总量的权力"，对土地再开发的管制可以说是缺失的。

城规对存量土地的规划，是对其愿景的畅想。但存量土地的再开发除了边界与空间愿景，最大的难点在于价值重构过程中利益的再分配。然而，城规的愿景式畅想，常常忽略愿景实现过程中存量土地再开发的利益分配路径。

传统控规以及控规覆盖等预留式管控，对土地开发提前布局谋篇，但无法调节存量土地再开发过程中持续变化的矛盾。因此，控规调整成为地方政府规委会讨论最多的议题，甚至有些地区出现控规"编而不批"的现象。

2.3.3 土地再开发规划

规划体系中，城规是未来愿景，土规是前置条件，控规是规划许可。《城乡规划法》明确了"以控规为准"的规划许可制度，明确规定，"修详应当符合控规"，"划拨土地依据控规核发建设用地规划许可证"，"出让土地应当依据控规，提出出让地块的位置、使用性质、开发强度等规划条件，作为国有土地使用权出让合同的组成部分"。这体现了城市政府对土地二级发展权的垄断是通过控规实现的。因此，我们常常看到不少规划文本甚至技术规定中会加一句"以控规为准"。

增量时代，土规前置管控与控规规划许可的配合，对城市的开发有一定的管制效果。然而，不论是中央对地方的规模给定，还是地方通过控规实现规划许可，都是政府主导的控制型规划，是面向供给的。规划编制完成后，往往还需要吸引资本，囿于面向供给的控规难以适时满足市场抑或社会资本方的需求，控规出现很多调整。而控规的频繁调整，导致规划效率不高，由于寻租空间的存在，甚至可能存在行政腐败的风险。

存量时代，大城市增量土地有限，存量开发逐渐成为发展的主流。存量土地可以在土地使用者之间进行交易，这使得存量土地的资本化类型与路径更多、更复杂，需求也更加多样，带来的规划调整将更频繁，甚至是颠覆式的。为应对这些问题，实时适应市场经济需求，动态调节持续变化的矛盾，深圳、广州等人口密集、低效存量用地总量大的大城市，对再开发规划做了创新探索。

2.3.3.1 控制型规划

传统的控制型规划，更加适用于增量土地开发。过去，我国快速城镇化进程中，大部分城市蔓延式扩张，城市的发展依托建设用地的不断新增，很少主动触碰权属复杂、开发成本更大的存量土地。相应地，规划体系中，不会把存量土地的规划单拎出来琢磨，增量与存量土地共用同一套规划，是被无差别对待的。这时候的规划，是面向供给的控制型规划，对土地的开发管理，通过管控实现，涉及量的管控、用途的管控。

量的管控通过土规和用途管制实现，我国用途管制从国家到地方层层传导，国家给地方定规模，而土规的图斑，在总量确定的基础上，实现了对

"建与不建"层面的把控。可以说，土规是一种中央对地方"调控新增建设用地总量的权力"，对城市再开发是不起作用的。

"用途"的管控则主要依靠控规对规划许可的固化管制，不能实时适应市场经济需求，控规调整成为司空见惯的现象。以广州为例，根据广州市城市规划委员会的批后公告数据，2015—2020年，2/3的通告都与控规调整相关，2015年占比高达90%，2016年占比89%，2020年亦接近70%（图2-16）。

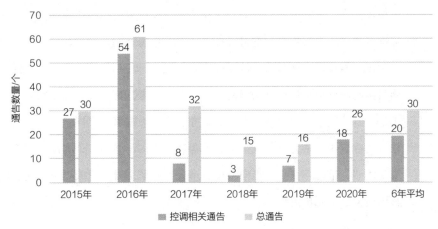

图2-16　广州规委会控规调整相关通告数量
数据来源：http://ghzyj.gz.gov.cn/zwgk/ztzl/gzscsghwyh/phgg/index.html

2.3.3.2 政策型规划

在不可避免的存量用地再开发过程中，针对更多复杂与多变的市场与经济发展需求，如何调节动态更新的矛盾，以实现对存量用地再开发的有效管理，是值得思考的问题。

广东"三旧"改造、土地整备等突破"固化"框框、面向需求的制度设计应运而生。如深圳将更新单元规划与法定图则相衔接，二者互打补丁，

"相互替换"；广州则是城市更新片区策划①（以下简称"片策"）、城市更新实施方案（以下简称"实施方案"）②与控规三案并存。

这时候的控规，主体不完全是政府，更多地面向需求方，夹杂着民生保障、风险共担、利益共享等更新政策，集体土地转国有与城市更新同步推进，可以认为是协商性、多元合作的一种规划，有利于实现土地再开发的协同规划与利益共享（图2-17）。

近年来广州探索成片连片土地整备，一定程度上有效激活了土地再开发的市场活力，走向面向需求的一体化规划整体统筹。过去广州的控规，通过强度与边界控制实现规划许可管控，偏向对理想空间蓝图的建构，这使得实操中规划与经济发展需求错位的现象时有发生，规划统筹较弱，改造计划、项目实施与城市格局优化的联动性不强。近年来，广州逐步探索面向实施的土地整备，这是一种政府、社会资本方、原土地权属人共同参与的协商性规划，对存量用地再开发尤其重要，因为利益主体都参与了，有助于实现利益统筹协调，推动存量更新走向考虑城市公共环境提升、重大项目落地、城市整体增值的多元价值提升。

---

① 城市更新项目片区策划：是广州市城市更新的一种政策规划类型，要求纳入城市更新片区实施计划的区域编制片区策划方案。它是城市更新年度计划编制的基础，也是下一步城市更新项目实施方案的指引及依据。片区策划的主要任务是，对城市更新片区的目标定位、更新项目划定、更新模式、土地利用、开发建设指标、公共配套设施、道路交通、市政工程、城市设计、利益平衡以及分期实施等方面做出安排和指引，明确地区更新实施的各项规划要求、协调各方利益、落实城市更新目标和责任。具体详见《广州市城市更新片区策划方案编制工作指引》。

② 城市更新项目实施方案：是广州市城市更新的一种政策规划类型，由区政府指导改造主体委托具有乙级以上规划资质的单位编制。根据《广州市城市更新办法》及其配套文件，项目实施方案应当以纳入城市更新数据库的数据为基础，根据片区策划方案和经批准的控制性详细规划编制，当明确现状调查成果、改造范围、用地界址、地块界线、复建和融资建筑量、改造成本、资金平衡、产业项目、用地整合、拆迁补偿安置、农转用报批、建设时序、社会稳定风险评估等内容。

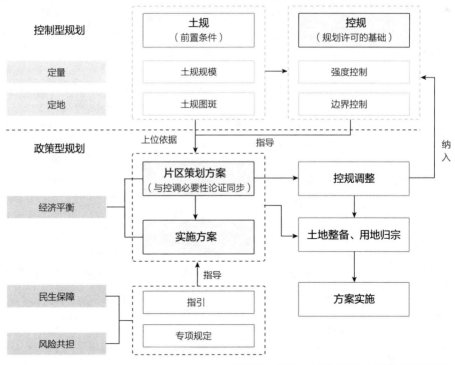

图2-17　存量土地的控制型与政策型规划示意图

　　广州的土地再开发规划，主要基于详细规划，尤其是法定的控制性详细规划，但却是更加开放的控规，加入政策的调剂后，闭环在控规审批。可以看到，在广州"三旧"改造与土地整备过程中，作为融资部分的协议出让，都是依据控规的，但地块的设计条件却不是简单的原控规，而是加入了大量在不断探索过程中细化的政策进行调节。在传统控规的基础上，通过片区策划与实施方案等经济平衡和利益共享政策、各类指引与专项规定等民生保障和风险共担政策，实现从原控规到片策与控规调整同步开展，再到实施方案，最后闭环在控规审批，并最终开展土地整备、用地归宗，落实更新方案。

　　未来的土地再开发规划，是面向需求的、公共导向的规划。基于广州的经验，本书构建了再开发规划的新逻辑，即以控规为母体，可以做政策补丁，以提高城市竞争力。

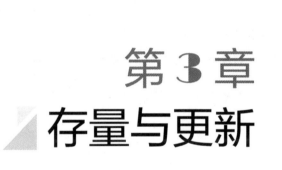

第 3 章
存量与更新

很多城市，都有一条路叫北京路。千年商都广州的北京路，在传统中轴线地区，陪伴了"老广"长大，见证了羊城的发展。如今北京路还在那里，虽已经不是千年前的北京路，但是却实实在在地记忆了广州的千年历史，演绎着广州千年不变城址的故事。广州的中心，以秦代赵佗城为基础，不断修葺和扩展。2002年，北京路北段出土了自唐代到民国共五朝的十一层路面，南段则发掘出宋代至明清共五层拱北楼建筑基址。近年来，北京路正如火如荼地升级改造，成为"夜广州"消费地标，焕发了新活力。北京路的迭代，体现了城市更新的过程，是一个有机发展的过程。在每一个特定阶段的城市更新，都与当时的城市发展背景相适应，体现着城市治理逻辑的变化。

回望过去，广州城市更新历程经历了多个探索阶段，每一轮城市更新政策的推出，都体现了更新思路的调整与改造逻辑的变化——政策脉络从经济导向到综合效益、从分类改造到成片连片、从规划指引到立法管理。广州逐渐开始探索成片连片的土地再开发路径，也更为重视高品质公共产品配给和产业的注入。

3.1 从"三旧"改造到城市更新

城市更新概念于20世纪80年代引入我国,从早期的城市"新陈代谢""有机更新",到2000年左右的"城市再生""城市复兴",再到21世纪前十年的"城市更新"、"三旧"改造、"城市双修"等,相关的内涵不断扩展。2021年,"城市更新"被首次写入国务院政府工作报告,已经成为我国城镇化发展的工作重点。

目前,在我国,城市更新已涵盖了棚户区改造、"三旧"改造、产业区更新、历史保护、生态修复等方面,城市更新方式可分为再开发、整治改善(微改造)和保留维护三种。而在存量时代,除了微改造与历史保护外,城市更新的主要工作转向了依赖存量土地再开发。因此本书主要讨论面向高质量发展的土地再开发。

3.1.1 广东"三旧"改造

2007年,广东作为改革开放先行区,经济社会发展取得了巨大成就,但同时面临着工业用地粗放低效、城镇无序蔓延与土地资源供给不足等问题,该时期,全省人均耕地只有0.39亩[①],不到全国平均数的30%,远远低于联合国粮农组织规定的人均耕地0.8亩警戒线 。因此,为促进土地集约节约利用、实现工业转型升级,2008年底,广东省与国土资源部签订了"合作共建节约集约用地示范省"的工作协议,将"三旧"改造作为其中一项重要任务和政策创新。目前,经过近十年的实践探索,广东省在"三旧"改造的工作机制、运行模式、政策体系等方面积累了丰富的经验,特别是2016年,国土

---

① 来源于全国国土调查数据。

资源部在吸收广东经验的同时，印发了《关于深入推进城镇低效用地再开发的指导意见（试行）》的通知，自此，广东"三旧"改造经验得以在全国复制推广。

目前，广东省各个城市基于面临的存量土地资源瓶颈，在"三旧"改造的工作基础上，结合自身的存量用地资源特点，形成具有自身特色的改造模式，但总结来说，可分为三种（表3-1）：一是"政府主导、市场参与"的改造模式，以广州为代表，政府主导更新政策制定与土地再开发规划，如在重点片区的改造，采取的是"应储尽储"，强化政府对更新片区的规划引导行为；二是"政府搭台、市场主导"的改造模式，以深圳为代表，鼓励社会资本方积极参与，并适当予以容积率奖励；三是"政府支持、市场运作"的改造模式，以佛山为代表，政府探索通过给予旧改政策优惠，推动项目有序推进与产业项目转型升级，如南海探索在集体土地统一租赁的情况下，进行"统一规划、统一改造、统一招商"，同时，政府提前补贴旧村在改造过程中产生的相关租赁费用，以此确保更新项目顺利进行。

随着城市更新工作全面开展，按"三旧"改造的传统模式，已难以满足高质量发展的需求，城市更新的关注重点，在广东，尤其是珠三角地区，从原来较多关注经济导向的"三旧"改造，开始向"综合效益"全面提升的城市更新转变，并逐步开展了对相关更新模式的创新。

广东"三旧"改造的典型模式对比 表3-1

模式	代表城市	主要特点	更新主要方式与创新
政府主导、市场参与	广州	政府主导更新政策制定，主导对土地使用的控制与再开发	更新方式：全面改造、综合整治、微改造、混合改造； 主要创新：老旧小区微改造、重点片区的成片连片改造
政府搭台、市场主导	深圳	政府制定政策框架，让市场化方式协调解决搬迁补偿，避免政府直接介入	更新方式：对城市的特定建成区进行综合整治，改变功能，拆除重建； 主要创新：整村统筹、利益统筹

模式	代表城市	主要特点	更新主要方式与创新
政府支持、市场运作	佛山	政府通过制定旧改政策，给予资金及用地支持，引导村集体土地统一运营、统一招商，促进产业项目转型升级与土地集约利用	更新方式：自行改造型、挂账收储型、政府统租型、协议出让型、企业长租型、改变功能型等； 主要创新：村级工业园改造、产园区内外政策引导、旧村集体建设用地的统一租赁改造

3.1.2 广州城市更新

作为高度城市化地区，广州市存量土地盘活和城市更新实践一直走在全国前列，早在2002年，广州就将138条城中村纳入10年的改造名录，正式拉开了旧村改造的序幕，紧接着相继开展了危旧破房改造、产业"退二进三""腾笼换鸟"等工作，形成了"三旧"改造的雏形。自2009年启动"三旧"改造工作以来，取得了不少成效：如出台了第一个涵盖旧城镇、旧厂房、旧村庄的"1+3"专项规划；2015年，全国首个城市更新局[①]在广州正式成立。总的来说，经过十多年的探索实践，广州已制定了完备的城市更新政策，建立了完善的规划体系，2015年印发的《广州市城市更新办法》将城市更新定义为"由政府部门、土地权属人或者其他符合规定的主体，按照'三旧'改造政策、棚户区改造政策、危破旧房改造政策等，在城市更新规划范围内，对低效存量建设用地进行盘活利用以及对危破旧房进行整治、改善、重建、活化、提升的活动"。

然而，随着城市更新向纵深推进，广州市更新项目面临着地块零散、产权主体复杂以及缺少明确实施路径等问题，原有的城市更新模式已经陷

[①] 广州市城市更新局2015年2月正式挂牌城立，是广州市正局级部门，承接了原广州市"三旧"改造工作办公室的职责，以及广州市政府有关部门关于统筹城乡人居环境改善的职责。

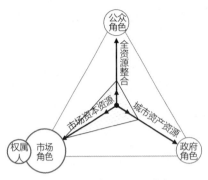

市场活力导向（2009-2015年）

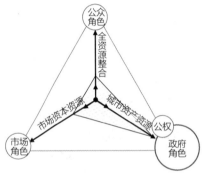

资产增值导向（2015-2019年）

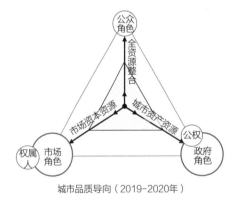

城市品质导向（2019-2020年）

图3-1　广州城市更新不同价值导向制度下的
各方博弈关系

入瓶颈，也面临着规划实施周期长等问题。以城中村改造为例，截至2018年，共批复旧村全面改造项目41个、18.9km²，综合整治项目17个、7.02km²，已完工的仅有9个，推进极为缓慢。以广州市番禺区为例，在列入改造计划的多个旧村中，只有东郊村因地方政府积极推动，才实现了整村改造，其他村则难以推进或只改造了其中村集体的集体产业用地部分。

3.2 广州城市更新制度演变与趋势

3.2.1 城市更新制度演变

广州于2009年，在我国率先开展"三旧"改造工作，在城市更新制度、管理、规划等方面，都拥有丰富的更新治理经验。对广州2009年"三旧"改造开始至今的城市更新政策演进历程进行分析可知，广州市的城市更新制度经历了多个阶段（图3-1）。

3.2.1.1 市场活力导向的改造

2009年，应对土地资源日益紧缺的形势，广州开始探索实施"三旧"改造，出台《广州市关于加快推进"三旧"改造工作的意见》（穗府〔2009〕56号）等一系列规范文件（下文简称"56号文"），分别对旧城镇、旧村庄、旧厂房改造政策做了分类指引。2010年初，广州市"三旧"改造办公室挂牌成立，启动和推进"三旧"改造工作（图3-2）。

背景		亚运前后，提升城市整体形象，缓解建设用地资源紧缺的问题		缓解城市债务，盘活国资企业低效用地		粤港澳大湾区城市群人才、产业竞争升级
主体		广州市"三旧"改造工作办公室		广州市城市更新局		广州市住房和城乡建设局、规划和自然资源局
政策		《关于加快推进"三旧"改造工作的意见》（穗府〔2009〕56号）·政府引导，市场运行·公开出让，收益支持·公益征收，合理补偿	《关于加快推进"三旧"改造工作的补充意见》（穗府〔2012〕20号）·政府主导（区），市场参与·优先收储，重点地块"应储尽储"·联合改造，多主体，政府统筹	《广州市城市更新办法》（广州市人民政府令第134号）《广州旧城、旧村、旧厂更新实施办法》·政府主导，市场运作·市更新局统筹，区政府推进·利益共享，完善各利益主体土地增值收益共享机制	《深入推进城市更新工作实施细则》（穗府规〔2019〕5号）·规划统领，推进九项重点工作①·加快旧村改造，加大国有土地上旧厂改造收益支持·推进成片连片更新改造	《广州市城市更新实现产城融合职住平衡的操作指引》等指引·规划统筹，市区联动、部门协同·以统筹九项重点工作为抓手，强调产城融合、公共服务设施配套保障、文化传承
对象		旧村、旧厂用地为主		旧村、市属国企旧厂		旧村、旧厂、旧城、三园用地、市属国用地及周边可整合用地
改造方式		拆除重建为主		全面改造+微改造		修复与活化利用，城市有机更新，全面改造和微改造
实践	旧村	琶洲村改造			田心村（土地置换）	西坑村改造
		猎德村改造	潭村改造			
	旧厂	珠江钢琴、珠江啤酒、绢麻厂、广钢		东圃立交、广纸新城改造		聚龙湾片区土地整备
	旧城			永庆坊微改造		南洋电器厂及周边整备
价值导向	更新视角	关注市场需求与改造的经济平衡		关注政府收储土地与国有企业用地盘活		关注城市公共产品供给与产业空间营造
	关注重点	注重激发城市活力与市场活力		促进城市资产增值保值		应对湾区新竞合，提升竞争力
工具运用	工具导向	社会资本主要参与		城市政府主要牵引		社会资本+城市资源，二者相互协同
	规划与政策	规划：以"1+3+N"专项规划为指引② 方式：依托专项规划，激发市场活力，运用社会资本推进"三旧"改造		规划：以"1+3+N"专项规划为指引 方式：搭建政策平台，依托国资委下属六大投融资平台推进国有企业用地盘活		政策：城市更新相关指引体系规划：若干设施布局规划 方式：强调政策指引，政府通过规划统筹，形成政府与市场的合力，推动城市更新提质增效
	管控手段	强度管控、分类引导等		功能分区、强度分区等		圈层产居比控制、公共服务设施配套落定、分区施策、分类指导
	重点实施	低效用地盘活，促进用地集约节约利用		存量用地盘活促进产业升级，提升城市品质		提供低成本产业空间与高标准公共服务设施配套，提升湾区竞争力

注：①九项重点工作：为深化城市更新工作，广州统筹推进"三旧"改造、专业批发市场转型疏解、低端物流园区整治、村级工业园整治、"散乱污"整治、违法建设治理、黑臭水体治理等城市更新九项重点工作。
②"1+3+N"规划体系："1"指广州市"三旧"改造规划，"3"指分别编制的旧城、旧村和旧厂专项规划，"N"指"三旧"改造地块的改造方案或规划控制导则。

图3-2 广州城市更新制度、政策演变及阶段划分

"三旧"改造期间正值广州亚运会举办时期，政府将重心放在人居与环境整治、危旧房改造等城市美化工作上，为激发市场自主改造活力，政府转变了更新模式，赋予了市场较大的主导权。"56号文"强调市场主导、效率优先，采取了灵活宽松的社会资本方准入与土地出让机制，同时鼓励市场参与、自主更新等多种形式，合理分配土地增值收益，如旧厂房改造既可以"自行改造、补缴地价"，也可以选择"公开出让、收益支持"。同样地，村集体建设用地也有自行改造（一般联合社会资本方）、政府收储等多种改造模式供选择。此外，为有效推进"三旧"改造工作，广州建立"1+3+N"规划体系，作为部署和推进全市"三旧"改造工作的抓手，对旧城、旧村、旧厂改造项目进行规划引导。

　　"三旧"改造政策和专项规划极大地调动了市场主体参与"三旧"改造的积极性，广州"三旧"改造工作开展迅速。2009—2012年，共批复了24个旧村、144个旧厂改造项目，3年间改造面积达到19.48km²，大大快于"三旧"改造前政府主导的改造，有效地提升了改造效率，推动了猎德村、琶洲村、珠江钢琴旧厂、珠江啤酒旧厂等标杆项目改造。但是，市场的逐利倾向导致部分改造项目片面地追求经济利益，造成公共服务设施、公园绿地等民生设施难以落地，忽视了产业结构升级，影响了城市功能的完善和空间品质的改善。因此，2012年后，广州对"三旧"改造进行方向性调整，出台了《关于加快推进"三旧"改造工作的补充意见》，"三旧"改造政策收紧，政府收回改造主导权，城市更新进入了优化调整期。

　　此阶段更新制度以经济价值为导向，强调经济优先，借助社会资本资源工具来推动城市更新，通过放宽更新政策、制定专项规划来吸引资本进入，促使市场活力最大化。在这一时期，广州市搭建了"三旧"改造政策的基本框架，确立了基本原则和分类指导政策，有效推进了城市更新试点工作。

3.2.1.2 资产增值导向的更新

2015年，广州市城市更新局正式成立。2015年，广州颁布了由《城市更新办法》及旧村庄、旧厂房、旧城镇3个配套文件形成的"1+3"政策文件，正式将"三旧"改造的提法改为"城市更新"。重新明确政府的主导作用，重视"自上而下"的规划统筹，明确"市场运作"，但同时弱化市场对改造方案的"前期介入"。此外，在全面改造的基础上，创造性地提出"微改造"城市更新模式，城市更新在内容和方式上更趋于多元化和综合化。

这一时期，广州开始进入以政府主导的更新阶段，激发政府资产的活力，包括国有企业资产等。2014年，广州提出"盘活国有资产、降低债务风险"，政府通过对市属国资企业改革放权，借助国资委下属城市基础设施七大投融资平台[①]，推动市属国有企业用地更新与盘活。广州市地方财政不算富裕，而市属国有企业的营收利润需上缴市财政。基于该特殊性，市属国有企业原来由划拨而来的非经营性用地（如市政、交通用地等）权属单一，改造难度较小，因此，优先作为改造对象，保障市属国有企业保值增值，并将获得的开发收益转化成城市公共产品。

这一时期，强调城市资产增值，市国资委下属的国有投融资集团都有较多待盘活与更新改造的资产与土地。2015年，广州先后研究了全市约610块市属国有企业旧厂地块的土地再开发可行性，这610个地块成为这一阶段更新改造的主要对象。同时期，在旧村改造方面，2018—2020年的三年间，在通过公开招标成功引入合作企业的81个旧村改造项目中，仅越秀集团一家

---

① 2008年，广州颁布《城市建设投融资体制改革方案》（穗府〔2008〕39号），由市政府通过"注入资产、授予专营权以及由投资主体参与土地开发的方式"，组建广州交通投资集团有限公司、广州市水务投资集团有限公司、广州地铁集团有限公司、广州发展集团股份有限公司燃气板块、广日集团有限公司垃圾处理板块、广州城市建设投资集团有限公司和亚运城经营开发七个大型国有投融资集团和版块。

市属国有企业获得了2个村（东留村、里仁洞村）的改造开发项目。该阶段，市属国有企业如广州交投集团的交投置业成为国有企业旧厂地块再开发的主力军之一。东圃立交、华美牛奶厂改造、广钢、广纸片区改造等大型改造项目便是这一时期市属国有企业存量用地再开发的主要代表。

此阶段更新政策以资产增值为导向，通过七大国有投融资平台推动市属国资企业地块盘活，有效地促进了城市资产升级，同时保障了城市战略落地，满足了提升人居环境等发展诉求。但是，因为政府主导的改造行政成本较高、资金压力较大，城市更新推进效率提升面临瓶颈。

3.2.1.3 城市品质导向的更新

建设粤港澳大湾区成为国家战略，湾区轨道网络的一体化趋势以及广深科创走廊等城市创新廊道的建设，加速了城市之间信息、资金、人才等各类资源要素流动，湾区城市群的竞合关系不断升级。湾区城市运营开始通过创造低成本的产业空间和配置高标准的公共服务设施配套来吸引创新要素与高端人才，从而提升城市竞争力。在湾区，广州、深圳两座核心城市的竞合尤为关键。

在广深双城竞争的背景下，原有的城市更新制度由于过多关注经济可行性，已无法适应当下可持续发展的城市更新工作需要。在这样的背景下，广州城市更新向关注城市品质转变，强调全资源整合。2019年，组建广州市规划和自然资源局，不再保留广州市城市更新局。随后，原广州市城市更新局的大部分职能划转至广州市住房和城乡建设局，广州市规划和自然资源局只保留城市更新有关的用地与控规相关职能[1]。2020年，广州对新一轮城市更

---

① 依据相关规定，广州市规划和自然资源局负责城市更新土地整备和用地报批工作，负责城市更新规划和用地管理工作。

新作出重要部署，强调规划与政策协同，以期通过引导城市政府、社会资本方、原土地权属人等多元主体合力，促进城市公共服务设施配套完善和产业转型升级。

这一阶段，城市更新政策从规划统筹、空间管控、实施落地等层面为新一轮城市更新提供顶层设计，为更新地区提供低成本产业空间和高标准公服空间。在规划统筹层面，在国土空间总体规划的指引下，制定全市城市更新工作计划。在空间管控层面，政策聚焦产城融合、职住平衡、文化传承、生态宜居、交通便捷、生活便利等方面，例如启动了医疗卫生、文化、教育、环卫设施与交通基础设施多个专项规划，促进城市更新地区补齐设施短板，打造高标准的公服空间，提升人居环境；而《广州市城市更新实现产城融合职住平衡的操作指引》划定了三大更新圈层，明确了不同圈层城市更新单元的产居比（产业建设量占总建设量的比重，第一圈层原则上占60%以上，第二圈层占40%以上，第三圈层视情况而定）控制要求①，推动实现产城融合职住平衡的目标。

此阶段城市更新以竞争价值为导向，城市运营开始关注如何吸引投资与人才，强调全资源优先，借助社会资本与政府资源结合的综合工具推动城市更新，提高市场资本活力与政府资产活力"双活力"，保障更新地区低成本产业空间和高标准公服空间以优化营商环境和人居环境，吸引投资与人才，增强广州在湾区城市群中的竞争力。

---

① 产居比也受市场的变化不断地调整。2022年发布了《广州市规划和自然资源局关于印发〈广州市城市更新实现产城融合职住平衡的操作指引〉等5个指引（2022年修订稿）的通知》（穗规划资源字〔2022〕24号），该修订稿对产居比做了规定，第一圈层产业用地占比由60%下调到50%，第二圈层由40%下调到30%。笔者分析，可能的原因是，2022年开始，房地产受经济影响下滑，土地出让市场遇冷，规划做适当的调整，以适应市场经济规律，增加市场信心。

3.2.2 城市更新政策分析

3.2.2.1 市级城市更新政策的变化

2009年以来，广州市"三旧"改造相关政策不断更新、迭代与完善。每一轮政策变化都反映了广州市城市更新思路调整的逻辑变化，并对城市更新项目开展的积极性产生了明显的影响。

1）从经济导向到综合效益

广州市早期的"三旧"改造项目，在市场机制的作用下，追求土地经济效益的现象突出，从《广州市城市更新总体规划（2015—2020年）》的实施情况来看，实操过程中，以单个项目平衡为出发点，改造为居住、商业建筑的土地面积占比超过90%，用于工业建筑的土地面积不到5%。近年来的城市更新举措更加注重改善人居环境、促进产业转型升级以激发城市活力，实现"四个出新出彩"[①]。2020年，启动了多个设施布点规划，强调建立完备、便捷、高效、舒适的公共服务设施配套体系；《广州市城市更新实现产城融合职住平衡的操作指引》明确了不同圈层城市更新单元的产居比，强调保障商业商务服务业、新型产业和产业的公建配套；《广州市城市更新单元设施配建指引》明确了公益性设施用地占比和面积，提出了产业（商业商务服务业）片区应配建6%～11%的建筑面积用于建设公共服务设施。

2）从分类改造到成片连片

自实施"三旧"改造以来，在城中村全面改造的基础上，广州市城市更新土地再开发逐步衍生出"村、厂、城"混合改造以及重点片区成片连片改造等方式，其中以城中村改造、国有企业地块再开发、成片连片的土地整备为典型代表（表3-2）。从广州历年出台的政策来看，土地整合从聚焦"三

[①] 在综合城市功能、城市文化综合实力、现代服务业、现代化国际化营商环境方面出新出彩。

旧"图斑①与"三地"②整合，到逐渐关注"三旧"图斑及其周边可整合用地的整体统筹。广州市2009年提出了"自主改造"及政府征收等改造方式，2012年增加了"联合改造""优先储备、应储尽储""成片连片改造"，2015年以来不断细化成片连片改造的相关政策，进一步提出"运用征收和协商收购等进行土地整合归宗、土地整备"，允许"用地置换"，逐步形成较为清晰与完善的成片连片改造路径。2020年，广州进一步探索"储改结合、连片整备"的改造方式，推动广州市城市更新从自主改造到成片连片综合改造转变（图3-3）。

广州土地再开发的类型对比　　　　　　　　　　　　　　表3-2

再开发的 主要类型	所属类型	主要演变趋势	现有改造方式
城中村改造	以旧村改造 为主	综合整治—自主改造、合作改造—全 面改造（更新策划片区）、综合整治— 连片改造	城中村自主改造 多个旧村联合改造 旧村旧厂混合改造等
国有企业地块 再开发	以旧厂改造 为主	大片旧厂土地收储—单个地块盘活— 整体统筹开发	同一集团统筹改造 成片连片改造
成片连片的土 地整备	旧村、旧厂、 旧城改造	"三地"整合改造—土地归宗、土地收 储—土地整合和异地平衡结合	储改结合，成片整备 利益统筹、发展权转移

---

① "三旧"图斑，也称"三旧"改造图斑，指广东省"三旧"改造标图建库的图斑，凡摸底列入"三旧"拟改造范围的地块，应逐块标绘上图，在标绘上图的基础上建立"三旧"改造地块监管数据库。

② 旧改项目实施过程中，会出现一些零星、琐碎的小地块，边角地、夹心地、插花地俗称"三地"。边角地，指在城市规划区或者村庄建设规划区内难以单独出具规划条件、被"三旧"改造范围地块与建设规划边沿或者线性工程控制用地范围边沿分隔（割）、面积小于3亩的地块。夹心地，指在城市规划区或者村庄建设规划区内难以单独出具规划条件、被"三旧"改造范围地块包围或者夹杂于其中、面积小于3亩的地块。插花地，指在城市规划区或者村庄建设规划区内难以单独出具规划条件、与"三旧"改造范围地块呈交互楔入状态、面积小于3亩的地块。具体详见《广东省人民政府办公厅转发省国土资源厅关于"三旧"改造工作实施意见的通知》（粤府办〔2009〕122号）。

	政策名称	土地再开发改造方式	涉及的土地整合政策变化
2009 年	《关于加快推进"三旧"改造工作的意见》（穗府〔2009〕56号），2016年废止	① 自主改造 ② 公开出让，收益支持 ③ 公益征收，合理补偿 ④ 依法征收或者流转	① 允许"三边地"与旧村、旧厂整合改造 ② 提出国有用地处置可由**土地储备机构收购**
2012 年	《关于加快推进三旧改造工作的补充意见》（穗府〔2012〕20号），2016年废止	① 政府优先收储再出让，特别是政府划定为重点地区的地段应"**应储尽储**" ② 联合改造：多主体，政府统筹 ③ 成片改造	① 提出"**土地归宗**"与"**多主体联合改造**" ② 与市政配套设施相关的三旧改造"**优先储备、应储尽储**"
2015 年	"1+3"《广州市城市更新办法（广州市人民政府令第134号）及其配套文件	① 改造方式：全面改造、微改造（整治修缮、局部改造） ② 全面改造模式：**征收储备、自主改造、合作改造**	① 通过征收和协商收购等方式进行土地整合归宗、**土地整备**；提出"**用地置换**" ② 针对旧村提出**征收储备、合作改造**方式 ③ 针对旧厂提出"**工改居**"，需由土地储备机构收购后公开出让
2017 年	《关于提升城市更新水平促进节约集约用地的实施意见》（穗府规〔2017〕6号）	① 政府主导，加强统筹 ② 利益共享，推动**连片更新改造** ③ 丰富自行自改造类型："工改新产业""工改科"	① 整合归宗可由改造主体以协商收购、合作入股等方式实施改造 ② 强调"**统筹组织成片连片用地的整备开发**" ③ 成片连片用地的整备开发应编制**整备开发方案**
2019 年	《广州市深入推进城市更新工作实施细则》（穗府规〔2019〕5号）	① 旧村：全面改造、微改造、**连片改造** ② 旧厂：微改造、**连片改造** ③ 旧厂：微改造、**连片改造**，加大国有旧厂改造收益支持	① 成片连片改造项目可进行**土地置换** ② 采用自主改造、与有关单位合作改造的旧村，需将改造范围内的**集体建设用地全部申请转为国有建设用地**
2020 年	"1+1+N"《中共广州市委广州市人民政府关于深化城市更新工作推进高质量发展的实施意见》（穗字〔2020〕10号）及其相关配套文件	① "储备一批、审批一批、建设一批" ② 整合土地：**收购、置换** ③ 异地平衡：**联动改造、储备用地支持**	① **储改结合，成片整备**，鼓励土地整合，支持成片连片改造 ② **允许本村权属范围的其他土地纳入改造**，并允许整合或置换 ③ 提出切实可行的促进成片的政策，包括**土地置换、整合、异地平衡、统筹留用地**等

图3-3　广州市城市更新与土地再开发的相关政策

3）从规划指引到立法管理

为落实中央关于"实施城市更新行动"的重大决策部署，推进城市更新有序开展，2021年7月，广州在总结提炼十多年的城市更新工作实践、更新规章和政策的基础上，探索通过制定地方性法规的方式，运用法治思维解决城市更新工作中的痛点、难点、堵点等，并发布《广州市城市更新条例（征求意见稿）》。根据条例，市住房城乡建设行政主管部门是城市更新工作的主管部门，负责组织实施条例；市规划和自然资源部门负责本市城市更新规划和用地管理工作，对涉及城市更新的历史保护、公共服务供给、高质量的产业发展空间、多方主体权益保障等进行明确规定。

3.2.2.2 各区对城市更新政策的探索

近年来，在省、市城市更新以及"强区放权"工作部署下，各区加快对城市更新政策的探索，其中黄埔区（国家级开发区、省"三旧"改造改革创新试点）、南沙区（国家级新区、土地综合改革试点）、增城区（市级多项职能下放到区）等，加快制定了创新性的相关措施与指引，据统计，各区80%以上的政策多为近3年制定的，且较多集中在黄埔区、南沙区、增城区、白云区等（表3-3）。各区的政策创新也更多聚焦在有历史遗留问题的"地、房"的处置方式和标准制定、审批流程的优化简化、合作企业引入条件设置及加强成片连片改造可实施性等方面，同时往往结合自身的资源特色与实际诉求，设置了不同的处置标准和审批流程。具体总结如下。

近年来广州市各区主要城市更新类政策文件一览表（部分）   表3-3

	城市更新部门①	城市更新类政策文件
南沙区	市规资局南沙区分局，下设更新处；南沙区土地整备中心	《南沙区旧村庄更新改造项目公开引入合作企业工作指引（试行）》（2018年） 《关于南沙区开展"货币加物业"兑现村留用地推进旧村庄更新改造工作的通知》（2018年） 《关于进一步加快南沙区旧村庄改造工作的指导意见》（2019年） 《关于加快推进成片连片改造促进节约集约用地的若干措施》（2020年） 《广州市南沙区旧村更新改造项目完善集体建设用地手续工作指引（试行）》等3个工作指引（2020年）
黄埔区	黄埔区城市更新局	《关于加快省"三旧"改造改革创新试点工作的若干措施（城市更新10条）》（2019年） 《开展省"三旧"改造改革创新试点工作方案》（2019年） 《关于明确旧村改造项目整合国有用地旧厂房有关问题的通知》（2019年） 《关于进一步深化城市更新工作推进高质量发展的若干措施》（2020年） 《关于推动城市更新工作的若干措施》（2020年） 《广州市黄埔区广州开发区旧村全面改造项目政府产业用房、用地管理规定》（2020年）

---

① 2019年撤销广州市城市更新局后，截至2020年12月，广州的区级城市更新管理部门机构主要有规资局区分局、住建局区分局、区更新局三种。

	城市更新部门①	城市更新类政策文件
增城区	市规资局增城区分局，下设城市更新科；增城区更新中心	《关于推动存量土地高效利用和实施"三旧"改造工作实施意见的通知》（2009年） 《增城区旧村改造项目公开招标选择合作意向企业试行办法》（2019年） 《旧村庄全面改造项目实施指引（试行）》（2019年） 《加快推进旧村全面改造工作的实施意见（试行）》（2020年）
番禺区	番禺区城市更新局	《关于进一步加强番禺区城市更新改造项目管理的意见》（2018年） 《番禺区旧村改造项目产业引进工作指导意见（试行）》（2019年） 《关于明确番禺区旧村改造项目整合国有用地旧厂房的相关标准和要求的通知》（2020年）
白云区	市规资局白云区分局，下设旧村庄改造管理科、片区改造管理科	《关于进一步加强农村集体土地利用管理的意见（试行）》（2018年） 《白云区人民政府关于〈广州市旧村庄更新实施办法〉的实施意见（试行）》（2018年） 《白云区旧村庄全面改造程序指引（试行）》（2019年）
海珠区	海珠区住房和建设局，下设城市更新计划科	《海珠区承接城市更新相关审定事权委托下放工作方案》（2020年） 《海珠区旧村庄更新改造项目公开引入合作企业及合作意向企业》（征求意见稿）
天河区	市规资局天河区分局，下设城市更新管理科	《天河区全面改造类旧村改造工作实施细则（征求公众意见稿）》（2019年）
从化区	市规资局从化区分局，下设城市更新科	《从化区旧村庄全面改造类项目方案核定复建总量及成本核算的指引》（2019年） 《从化区关于进一步规范旧村庄全面改造类项目管理的指导意见（征求意见稿）》（2020年）
荔湾区	荔湾区住房和建设局，下设城市更新科	《关于印发实施<广州市旧村庄更新实施办法>意见的通知》（2017年） 《关于印发旧村旧厂全面改造主要业务流程的通知》（2019年） 《广州市荔湾区旧村庄更新改造项目公开引入合作企业工作指引》（征求意见稿）
花都区	花都区住房城乡建设局，下设城市更新一科、城市更新二科	《完善历史用地征收手续项目报批、实施规则的通知》（2017年） 《花都区深化城市更新工作推进高质量发展的工作方案》（2020年） 《花都区人民政府关于深化城市更新工作推进高质量发展的实施意见》（2020年）
越秀	越秀区房管局（越秀区城市更新局），下设城市更新科	《广州市越秀区旧村庄更新改造项目引入合作企业工作指引（试行）》

1）历史用地处置：创新历史留用地①的抵扣及兑换方式

有历史遗留问题的用地，包括"未完善集体土地手续、未完善集体转国有土地手续"等的历史用地②以及历史的留用地指标，历史留用地指标欠账的现象在各区普遍存在，历史指标欠账面积超2.3万亩[69]。因此，广州市各区在城市更新推进过程中，针对留用地作了诸多创新探索。各区的留用地政策创新，主要体现在历史留用地兑换方式创新上，典型代表有南沙的"等价值物业折算"、白云的"复合抵扣留用地"、花都的"货币加物业"等。其中，在广州市域范围内，历史遗留用地及违建比例较高的白云区，拟通过留用地指标消化历史遗留建设用地，在《白云区加快推进旧村庄全面改造工作的补充意见（试行）》中明确提出"鼓励在基准容积率基础上提高留用地开发强度，采用复合抵扣留用地指标"。

2）土地整合置换：细化操作指引、鼓励成片连片改造

2020年以前，广东省、广州市相关文件指明了土地整合置换的方向，但缺少明晰的操作路径。因此，广州市黄埔、南沙、增城三个区，创新开展了对土地整合、置换的探索。具体有：黄埔区提出"2km范围内，按毛用地等面积置换"，《广州市黄埔区广州开发区旧村改造项目土地置换操作指引》提出，区重点征拆范围的旧村改造项目，可对储备用地和集体经济组织的土地进行置换，相互置换的用地最短直线距离不超过2km的，按与毛用地面积相等的方式进行置换；最短直线距离超过2km的，应进行价值评估。

---

① 留用地，指村集体留用的经济发展用地，政府在征用集体所有土地时，对征地面积按一定比例核定用地指标，将被征地的集体经济组织用于组织发展二、三产业，壮大集体经济、安置失地农民，这些土地就是征地项目留用地。留用地的性质可按被征地的村集体的意见确定，既可转为集体建设用地，也可一并征为国有。

② 历史用地，指的是土地在使用过程中由于未得到及时申报或手续不完整等，成为有历史遗留问题的用地。出于历史原因与复杂性，该类用地属于一种特定类型的违法用地。

南沙区提出"多种方式置换腾挪"，《关于加快推进成片连片改造促进节约集约用地的若干措施》提出"鼓励用地空间腾挪整合、土规规模及转用指标置换、留用地或预支留用地按政策纳入旧村改造"。增城区规定"标图建库内外图斑建设用地可互换"，《增城区加快推进旧村全面改造工作的实施意见（试行）》明确指出"允许标图建库范围内的建设用地或标图建库范围内、外的建设用地进行空间位置互换……政府可通过征收、留用地欠账指标落地等方式整合村属范围内符合'两规'的其他用地作为安置和公益设施用地"。

3）无证建筑[①]处置：探索重点地区"建成年份"的放宽认定

目前，在城市更新过程中，无证建筑或者违建建筑在各区的改造项目中都占比较高，截至2020年9月，通过分析政府网上公示以及收集的69个旧村改造方案基础数据（图3-4），可以看出全市城中村无证建筑比例约为40%，其中外围地区（约50%）明显高于中心城区（约30%）。而根据广州的城市更新政策，无证建筑的处置方式，会给后续改造方案的容积率、旧村改造的积极性带来重大影响。因此，各区基本按照全市统一的政策标准进行细化落实，但对个别重点地区或重点项目，也在探索局部放宽认定标准：如根据《广州市旧村庄全面改造成本核算办法》，2009年12月31日前建成的住宅，办理相关手续后可纳入合法复建的范畴。而为加快黄埔区中新九龙片区的产业园区建设，制定了《广州市黄埔区九龙片区旧村现状建筑测量和复建安置计算工作指引》；将合法认定的建成年份延后至2019年1月17日，放宽了近10年，激发了村民的旧村改造积极性。

---

① 无证建筑指"合法住宅建筑"之外的建筑，即没有房屋产权证、村镇建房许可证或宅基地证的建筑。

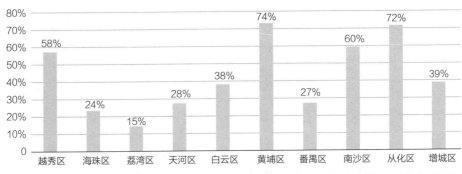

图3-4　根据广州市各区公示的69条旧村改造基础数据统计的无证建筑占比情况
（数据来源：根据各区政府相关官网公布的各村基础数据整理）

4）审批流程调整：优化行政审批流程与预控关键环节

广州的城市更新工作一般包括项目立项、数据测量、选择合作企业、片区策划方案、片区实施方案、控规调整、用地完善等环节（图3-5）。而在实施过程中，各区也结合自身的实际情况，进行适当的重组与简化。具体调整包括三种类型：一是简化优化流程。黄埔区、南沙区、增城区，具有控规审批权，为简化流程，黄埔区、增城区探索了"实施方案和控调并联审批"的方式，南沙区率先提出"策划方案、实施方案与控规三案合一"，大大压缩了审批流程。二是把控关键环节。如白云区的有历史遗留问题的用地及违建的比例在全市较高，根据2019年广州市违建拆除目标统计，白云区的拆除违建目标为天河、海珠和黄埔的总和。为规范行政审批流程、规避风险，白云区出台《广州市旧村庄更新实施办法的实施意见（试行）》（云府办规〔2018〕11号），明确规定在实施方案批复后，才能引入合作企业（其他区在实施方案前即可引入）。三是给予政策支持奖励。如黄埔区出台的《加快省"三旧"改造改革创新试点工作若干措施》（"城市更新10条"），探索制定了项目实施建设容缺审批（提前出具用地规划设计条件）、指标奖励（可预支50%"三旧"改造奖励新增建设用地计划指标）；南沙区的《关于加快推进成片连片改造促进节约集约用地的若干措施》提出试行"以拆促改"方式，在项目实施方案批复前，前置拆补方案表决及拆迁协议签约。

图3-5　广州市各区旧村改造工作流程示意图

5）产业配套要求：关注产业导入与连片产业空间配给

为规避城市更新出现纯开发的导向，各区在城市更新中加强了产业配置等方面的要求。如南沙区作为国家新区，对产业引入也提出了更高要求，《关于进一步加快南沙区旧村庄改造工作的指导意见》明确提到在旧村改造方案中增加产业导入专章，在规划承载力允许的前提下，预留10%～15%独立用地或建筑面积作为产业空间，引入IAB、NEM①等区里大力引领发展的战略性新兴产业。荔湾作为广州的老城区，产业发展动力不足，也重点关注产业的发展，2020年发布了《荔湾区旧村庄更新改造产业发展专项规划（征求意见稿）》，对全区更新改造产业发展提出分区指导意见。

3.2.3 城市更新制度建设方向

3.2.3.1 可持续发展导向

城市化的进程加快，使城市从增量发展逐步转向存量发展，土地资源供应问题制约了城市战略空间落地，因此亟须通过城市更新，促进城市优化提升与产业转型发展。如当前旧村为广州提供了13%的产业用地，但不少工厂产业落后、设备老旧，亟待强化对高质量产业发展的引导；同时为促进项目实施落地，出现了不少以市场为导向的开发；以黄埔区为例，根据《黄埔区旧村改造三年攻坚行动方案（2020-2022）》，旧村改造的初步方案，住宅的建筑量占比约71%（图3-6）。

---

① 指新一代信息技术、人工智能、生物医药、新能源、新材料产业。

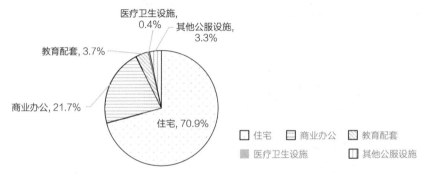

图3-6 《黄埔区旧村改造三年攻坚行动方案（2020—2022）》中各类用地的规划建筑量占比

3.2.3.2 统筹共享

随着城市更新的深入，未来城市更新、存量土地再开发，"村、厂、城"混杂，地块零散，产权破碎等情况将难以回避；同时，受土地政策所限（"三旧"改造可协议出让），传统的"三旧"改造多采取"就项目论项目"的方式，导致城市空间出现碎片化、品质参差不齐、配套难以落地等问题，也容易造成整体更新后城市品质不佳的"合成谬论"。因此，亟须加强片区统筹，探索多方利益共享的成片连片土地再开发模式，通过建立阳光协商平台，保证公平公开，做到协商痕迹与方案变更可溯，促进多方利益共享。

3.2.3.3 福利增效

目前，城市更新的土地再开发相关政策，更多的是考虑在城市更新项目得以有效推进的前提下制定的政策，包括土地处置、利益谈判、规划编制审批和产业导入等，但对于项目难以推进时如何优化简化程序并制定相应的行政救济措施则考虑较少。如在各地都在加快城市更新、旧村改造的背景下，面对政策制定与实施落地偏离的情况，如何优化更新审批流程，并在保证公平公开的同时，尽可能提升城市更新的进度；前期的程序缺漏或资金断链等导致项目难以推进时，如何提前进行风险评估，并在突发事件发生后，采取必要的救济手段，都是未来土地再开发要考虑的重要内容。

3.3 广州土地再开发的探索

3.3.1 土地再开发的特征

广州土地再开发对象，逐渐从存量建设用地转向全要素资源。因此，不仅需要摸清已有的可再开发的存量建设用地，也需要进一步扩展对包括规划待整合建设用地、政府储备用地等在内的各类用地的摸查（图3-7）。经统计，2019年"三旧"改造图斑用地约610km²；可整合的新增建设用地主要为政府用于支持城市更新的储备用地。根据广州市2020年全市红线储备[①]计划、实物储备[②]计划情况，需要盘活大量的存量土地，如纳入全市红线储备计划的用地与三旧图斑重叠面积30.4km²，纳入实物储备计划的用地与三旧图斑重叠约16.6km²。

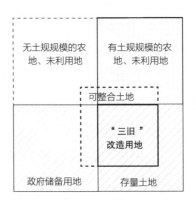

图3-7 广州可再开发的对象示意图

---

① 土地储备是指人民政府为调控土地市场、促进土地资源合理利用，依法取得土地，进行前期开发、储存以备供应的土地行为。红线储备是根据城乡规划和土地利用总体规划，纳入土地储备范围并进行规划控制的宗地。红线储备以取得规划选址意见或规划研究范围意见为完成标准。在土地储备规划选址范围内申请选址的其他项目，应先取得土地储备机构的意见。详见《广州市土地储备管理办法》（穗府规〔2018〕4号）。

② 实物储备指在红线储备的基础上，通过征收、收购或回等方式依法取得的宗地，以注销原产权或完成用地结案为完成标准。详见《广州市土地储备管理办法》（穗府规〔2018〕4号）。

结合广州的现状土地调查数据、2019年11月手机信令数据、产业POI数据，在对传统"土地类型"进行分析的基础上，进一步对可再开发的房屋、人口分布、产业情况进行分析，发现可再开发的土地主要有以下特征。

1）高集聚的居住人口

对2019年11月手机信令数据进行初步统计，结果显示，广州实有人口为2000万～2200万，其中旧村庄、旧城镇承载约1000万居住人口，占全市实有人口的1/2。此外，根据最新的广州城市更新计划，改造后将新增大量的居住用地，将进一步集聚居住人口。

2）低价值的土地空间

广州的大部分"三旧"图斑，集体、国有土地混杂，且土地历史遗留问题依然存在。经初步统计，广州约有31%的旧村图斑属于待确认用地[①]，并主要集中在荔湾、黄埔、越秀、增城等重点地区，成片连片改造难度大，土地利用低效。

3）高强度的建筑空间

可再开发的用地中，"三旧"图斑用地的总建筑量约占广州市总建筑量的1/2，旧城整体毛容积率为1.6，旧村整体毛容积率为0.9，旧厂整体毛容积率为0.7（图3-8）。从空间特征来看，中心城区"三旧"图斑容积率高于外围地区，越秀、海珠、天河容积率明显较高，全面改造难度较大。

4）低效益的产业空间

通过将"三旧"图斑与2019年产业POI数据及产出效益进行叠加分析，可再开发的土地承载了1/4的企业，而地均税收仅占全市的约1/5，有待进一步优化提升。此外，可再开发的土地集聚大量产业，全市约1/4的工业企业位于旧厂图斑内，约1/4的公司企业和产业园区场所位于旧村图斑内。

---

① 根据《广州市城中村改造专项规划（2020—2035年）》（征求意见稿），广州市的城中村图斑，66%为集体建设用地，3%为国有用地，31%为待确权用地。

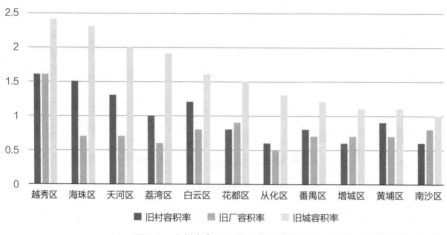

图3-8 广州市各区可再开发土地的旧村、旧厂、旧城的容积率测算

3.3.2 可再开发的潜力与策略

可再开发的土地整备指的具有较高连片改造潜力、近期实施条件较好、政府统筹可行性较高的增量用地与存量用地等；以低效用地、政府储备用地等为对象，综合考虑土地利用现状情况、土地现状建设强度、人口活力、空间区位等多因子，通过评价筛选得出。

3.3.2.1 总体思路

本书以可再开发的资源为抓手，依据土地整备增存并举、成片连片整备的特征评估用地潜力，采取多因子评价模型，包括规划影响、经济、土地整合3个维度，共12个指标（表3-4），通过对影响土地整备潜力的要素进行叠加拟合分析，对具备开发或再开发潜力的土地进行土整潜力的分类分级评价，最后匹配空间单元，为后续的整备分区划定及策略打下基础。

目标层（A）	因子层（B）	指标层（C）	指标解释
土地整备潜力综合评估（A）	规划影响维度（B1）	规划控制区C1	基于国土空间规划与相关保护规划确定的生态控制区、水源保护区、历史保护区、文物保护区范围判断
		规划重点功能区C2	考虑是否位于广州市重点功能区范围
		广州城市更新工作计划C3	考虑城市更新工作计划
	经济平衡维度（B2）	规划区位条件C4	考虑用地与各中心区的距离
		土地基准地价C5	基于政府平台公布的基准地价统计各斑块平均基准地价
		经济平衡条件C6	结合旧村更新项目数据经验值，初步测算平衡基准强度，平衡容积率越高，平衡条件越差
		综合交通条件C7	考虑是否位于地铁、轨道站点800m范围内
	土地整合维度（B3）	规划符合情况C8	基于土地规划利用数据，土规建设用地符合情况
		地块连片度C9	地块是否具有聚集或邻近的图斑（100m距离内有图斑视为有邻近图斑）
		现状开发强度C10	现状图斑内的容积率
		建筑年代C11	建筑物建设年代
		用地绩效产出C12	判断用地贡献税收情况

3.3.2.2 潜力评价

（1）数据清洗、归一化处理。本书采用数据主要来源于土地利用数据、土地调查数据和相关规划文件，获取数据后对数据进行清洗，并进行归一化处理，解决多指标数值、单位不同的问题。

（2）分类赋值权重（表3-5）。评价体系中相关因子或者指标的权重确定，采用层次分析法并依据专家意见建立判断矩阵，确定准则层中规划影响维度、经济开发维度、土地整合维度因子的权重，并进行一致性检验。之后按照同样的方法分别对指标层各评价指标进行权重计算，得出各评价指标的权重。并通过自然断点法，划分成高、中高、中、中低、低五个等级，综合叠加分析后，计算评估对象的潜力改造指数。

目标层（A）	因子层（B）	指标层（C）	权重
土地整备潜力综合评估（A）	规划影响维度（B1）0.4934	规划控制区（C1）	0.2434
		规划重点功能区（C2）	0.1533
		城市更新工作计划（C3）	0.0966
	经济平衡维度（B2）0.3108	规划区位条件（C4）	0.0858
		土地基准地价（C5）	0.0429
		经济平衡条件（C6）	0.1214
		综合交通条件（C7）	0.0607
	土地整合维度（B3）0.1958	规划符合情况（C8）	0.0363
		地块连片度（C9）	0.0632
		现状开发强度（C10）	0.0275
		建筑年代（C11）	0.0209
		用地绩效产出（C12）	0.0479

综合上述可再开发的存量用地潜力评价（表3-6），高再开发潜力的存量用地总计95.58km²，占比约11.25%；中高再开发潜力的存量用地总计217.38km²，占比约25.59%。上述两类可盘活存量用地相对而言具备最高再开发和整备潜力，适合选择与周边资源进行成片连片开发，主要位于重点功能区、主要干道两侧及轨道站点800m范围内，开发强度较低，主要包括成片连片的旧村、村级工业园、物流园、专业批发市场等。

可再开发潜力分等用地数量统计表 表3-6

潜力	面积/km²	占比/%
高	95.58	11.25
中高	217.38	25.59
中等	263.52	31.02
中低	190.24	22.40
低	82.66	9.73

中等潜力的存量用地总计263.52km²，占比约为31.02%，此类用地适合深入分析具体情况后再确定其是否有潜力与周边的用地进行成片连片开发。中低潜力存量用地总计190.24km²，占比约为22.40%。低潜力的存量用地总计82.66km²，占比约为9.73%。后两类用地较适合选择单体更新方式进行城市更新。

3.3.2.3 再开发策略

通过存量土地的"人、地、房、产"特征研究及可再开发潜力综合评估，可以看出，为促进高质量发展、打造有竞争力的全球城市，未来广州土地再开发需要进一步从以下三个方面做好存量土地盘活，以提供可负担的产业空间、高品质的城市环境。

一是全要素统筹，结合土地增存联动，统筹考虑全要素资源整合。全面梳理各类资源，梳理集体已建设、国有已建设、规划待开发建设用地（现状农用地）、政府储备用地等各类空间，明晰城市更新改造底盘底数，推动从存量建设用地到全资源要素统筹。

二是差异性策略，基于分区分类引导，为城市提供可负担的产业空间。首先是片区统筹，结合城市更新单元，划定不同产业片区，针对不同类型的产业类型，评估产业可负担的成本与配套需求；其次是分类管理，分为经营类、产业类、公共服务类进行增值分配管理与拆迁补偿、经营性再开发，需综合考虑土地额外附加值进行增值调配，调配至产业类、公共服务类用地等，如工业土地出让金往往低于征收的成本。对土地再开发需要进行分区分类统筹考虑，以推动土地再开发从经济导向向获得综合效益提升。

三是多种方式组合。综合运用土地确权、规划调整、资金补偿、等价值置换等多种手段加大利益共享力度，通过制定补偿规则以及空间腾挪、容积率换空间等规划手段，破解整备和更新项目落实中的各种问题，同时需要统筹利用土地整备、违法用地和无证建筑查处、生态工程建设等资金，做好经费保障工作。

3.3.3 土地再开发的案例剖析

近年来，为推进城市高质量发展、焕发广州"老城市新活力"，结合广州市城市更新政策和实际情况，通过市区联动、综合运用"规划+土地+资金"等手段，推动了一系列旧城、旧厂、旧村的更新项目的实施，尤其是近两年，土地整备成为广州市土地再开发的新热点。经梳理，土地再开发涉及的土地整备经验主要包括以下类型：一是权益统筹，主要包括权益转移、异地平衡等；二是土地整理，主要包括以资产划转的土地收购、以地块合并为主的土地整合及以土地置换等；三是开发协同，主要包括联动改造、储改结合、混合改造等探索。

3.3.3.1 权益统筹的方式

1）权益转移

2013年，广州市便开始鼓励有条件的省属、市属国有企业，对自有的存量地块进行盘活（如东圃立交、华美牛奶厂地块盘活），但由于缺少统一的更新机制，国有企业存量土地的盘活，一直以来处于"冰火两重天"的困境。一方面，有关国有企业积极推进区位较好、再开发价值高的旧厂地块再开发，尽可能提高地块的容积率并改为居住功能为主；另一方面，对开发价值低、拟被收储的土地，又往往持保留态度。基于此，为兼顾城市功能提升、产业升级与国有资产增值保值的要求，避免出现"改造动力不足、城市品质难以提升"等问题，2020年，广州市探索了以权益转移的方式，统筹推进同一国企集团存量土地盘活[70]。

广州的"权益转移"，指的是以等价值为原则，按照"建筑容量调整"的城市更新要求和围绕公共要素制定的规划，结合土地激励机制，通过"权益转移"的方式进行收储补偿或自主改造，设定"转出地块"（政府收储地块）和"承接地块"（自主改造地块）。其中，"转出地块"的权益可参照城市更新政策标准补偿，优先按等价值原则将容积率转移至适宜经营性开发地块的"承接地块"进行建设落实（图3-9）。

如根据《广物集团在穗多宗用地统筹利用打包实施方案》（2020年7月通过广州市政府常务会议审议）[①]，广物集团在广州的地块共计20宗，分布在荔湾区、天河区、白云区、番禺区以及黄埔区，遵循"权益转移""统筹台账""分步实施"的路径，结合"待签订转出地块的收储补偿协议后，启动承接地块的控制性详细规划调整工作"等要求，确定10宗为"转出地块"，10宗为"承接地块"，同时确保在不超出空间承载力范围、符合区域产业导向、满足国土空间规划整体管控要求的基础上，合理提高开发强度，开展控制性详细规划调整工作，据初步估算，"权益转移"面积约80万m²，建成后物业价值可达350亿～550亿元，年租金收入可达10亿元。

2）异地平衡

自2015年起，广州开启了新一轮城中村改造。越秀区的农林村、黄埔区下沙村有用地局限，越秀区的西坑村、登峰村，花都区的山下村、七庄村

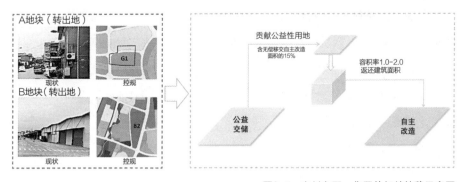

图3-9 广州市同一集团的权益转移示意图

---

① 相关数据及材料来源于http://www.gdwz.com/html/2020/yaowen_0729/2831.html。

等受白云国际机场、白云山、历史文化保护等特殊控制区影响出现了"部分重点工程难以有效实施、城市品质难以提升"等问题。因此，为破解这一问题，2020年广州探索了"异地平衡"的方式，出台的《广州市旧村全面改造项目涉及成片连片整合土地及异地平衡工作指引》中，明确提出"对于受白云国际机场、白云山、生态与水源保护、军事用地、历史文化保护等特殊控制区影响，且无法通过整合土地实现盈亏平衡的旧村全面改造项目，可采取联动改造、储备用地支持等方式进行异地平衡"。

广州的"异地平衡"，指的是"盈亏难以平衡"的改造项目可通过与不同项目联动，或者通过政府提供储备用地支持的方式，促进改造项目实施，以区内平衡为主。越秀区可以跨区平衡，其他行政区的国家、省重点项目，全市重大项目和两区毗邻片区需要同步改造类的项目确实无法平衡的，可提请跨区平衡。

如越秀区的西坑村更新改造[①]，改造范围23km^2，早在2009年就纳入了越秀区"三旧"改造范围，但一直以来由于受白云山限高的限制难以进行改造。2019年，在广州启动白云山"还绿于民"工程的背景下，根据《白云山、麓湖、越秀山及周边还绿于民工程三年环境整治行动计划（2019—2021年）》，涉及西坑村下辖包括金贵村在内7条自然村的更新改造，而受规划条件限制（图3-10），西坑村难以实现"盈亏平衡"。于是，为助推该重点项目实施，广州市提出采取"异地平衡"的方式，对西坑村进行更新改造，拟采取"异地复建、异地融资"方式来实现"异地平衡"，目前，初步确定异地复建地块为白云区的两个地块。

---

① 相关数据和材料来源于《广州市西坑村片区控制性详细规划修改必要性论证征询意见公示》。

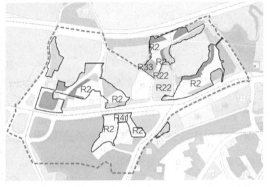

图3-10 广州市西坑村所在区位与土地利用规划图

3.3.3.2 土地整理的方式

1）土地收购

随着城市更新的深入，单纯依靠由政府主导的土地征收、收储方式，已难以满足多方产权主体诉求。因此，为促进成片连片改造，整合破碎化的土地，需要采取协商收购、合作入股等多种模式进行土地归宗。早在2017年，《广州市关于提升城市更新水平促进节约集约用地的实施意见》便提出"经批准由改造主体自行改造的项目，涉及多个土地权属人需整合归宗的，可按以下方式之一实施：①由改造主体以协商收购、合作入股等方式实施整备；②由政府作为协商的组织者和监督者，组织改造主体与其他土地权属人进行三方协商，意见达成一致后，由改造主体实施整备；③由政府收回土地使用权实施整备"。

广州的"土地收购"，更多的是以改造主体为主导，采取市场手段，将相应土地整合到统一的改造主体下，在成片连片的改造范围内，对于需要整合的土地，采取协商收购、合作入股、作价入资等多种模式，实现土地规整并进行再开发。

如荔湾区聚龙湾片区更新改造[1]，于2021年1月经第三届广州市城市更新

---

[1] 相关数据和材料来源于《广州市白鹅潭聚龙湾片区城市更新单元启动区子单元（AF0212规划管理单元）详细规划》。

专业委员会会议审议通过，该项目规划范围占地约1.56km²，涉及旧村、旧厂、旧城等各类土地，拟结合旧厂更新的契机，带动地块周边旧城、旧村更新，实现成片连片开发，打造形成2000亿元产业基地。项目采用"市收储+混合改造"的方式进行土地归宗，其中，混合改造是指以改造项目挂牌的方式确定改造主体。具体流程为：片区范围内改造地块，通过招标1～2家企业成立平台公司作为改造主体，开展归宗工作，按"等值折算成物业补偿"的思路，参照《广州市深入推进城市更新工作实施细则》，按土地资产整合时点计算土地补偿款，折算应补偿的物业建筑量。

2）土地整合

广州的"土地整合"，是成片连片改造经常用到的手段，更多的是以政府为主体或者以政府为主导，采取行政征收、收回等多种措施，结合相关补偿方式，对相应土地进行收储，或者整合到统一改造主体下。

如荔湾区塞坝口片区，地处"一江两岸三带"的珠江经济带白鹅潭经济圈内，是荔湾区近年来重点推进的改造片区，目前项目规划方案已通过荔湾区政府审查，上报市政府审议。据了解该片区主要涉及13个地块、13家权属人，用地面积约26万m²。项目按"统一整备、灵活补偿与安置"的思路，采取多种改造模式实施连片更新改造。具体包括：一是货币补偿、不回迁安置。根据现行控规，被征收的旧厂房、仓库地块权属人可按照相应的征收补偿模式获得货币补偿，不作回迁安置。二是货币补偿、回购安置。被征收的旧厂房、仓库地块权属人通过"弃产再回购安置"的模式，在该片区内获得商业办公安置面积，满足企业置业的需求，减轻政府征收资金的压力。三是自行改造、统筹安置。根据企业的发展需求，打破原有产权边界，允许该片区旧厂房、仓库地块权属人在政府按整体规划和建设运营需要划定的安置区域内选择自行改造模式进行统筹自改。

3）土地置换

广州的"土地置换"，指的是通过改造主体整合收购邻近的国有建设用地或政府将储备用地与村集体建设用地置换，实现节约集约用地。该模式经常与土地整合的方式相结合，但更多的是以政府为主导，将原有的权属注销后，办理用地结案，并签订补偿协议，返还等面积或者等价值的土地。

如白云区的田心村改造，范围内涉及国有地块6宗，目前首期复建安置房已于2020年11月5日完成验收并移交给村集体，复建住宅地块、复建物业已取得划拨决定书和规划许可证，融资住宅地块已协议出让，正在办理国有土地使用证。本项目的土地置换，主要以政府为主导，通过收购和物业置换等方式，补偿给国有地块原土地权属人后，签订拆迁补偿协议，再将原有的权属文件（不动产证、建设用地批准书等）注销并办理用地结案手续，供地时一并供给改造主体。

3.3.3.3 开发协同的方式

1）联动改造

广州的"联动改造"，主要是针对"盈亏难以平衡"或"难以自行改造"的旧村项目，可通过与临近的不同旧村、其他"三旧"改造项目或建设用地联动，优先选择同一改造主体，同时按照"统一规划、联动改造"的原则，统一编制片区更新改造实施方案并统一报批，公开表决选择合作企业、统一改造，而涉及容积率转移或土地置换的，则按照"等价值交换"的原则进行权益转移。

如广州市番禺区的石壁街石壁村（一、二、三、四村）全面改造项目[1]，更新改造范围总用地面积约为104.8hm²，紧邻铁路客运枢纽广州南站，未来

---

[1] 相关数据和材料来源于《石壁片区（一二三四村）更新改造策划方案》。

是南站商务区重要的居住与商业物流发展集聚地。因此，为更好地提升地区的综合价值，更快地落实公共服务设施建设及项目的实施，拟采取"联动改造"的方式进行改造。具体工作过程中，石壁一、二、三、四村村集体经济组织成员代表举行了联动会议，公开表决选择石壁村全面改造项目合作企业，并于2020年8月公开招标，选取了项目合作企业；2020年10月，统一公示了调查数据，并进行了统一规划，统一配套公共服务设施，保障规划路网的建设等（图3-11）。

2）储改结合

广州的"储改结合"，指的是对于难以进行自主改造或者需要政府给予储备用地支持的改造项目，可结合项目改造诉求，区分需要收储或自主改造的地块，同时约定相关补偿方式、土地处置方式，以通过"储改结合"进行改造，最终，拟收储的地块，再按照约定出让后的收入分成。

如吉山村，采取的就是"储改结合"的方式，由于改造范围东北侧与市土地开发中心已收储地块（广州市煤气公司地块）相邻，且用地被现状规

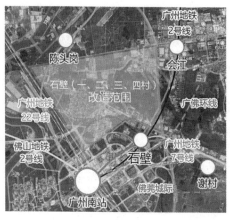

图3-11　广州市石壁村多旧村联动改造示意图

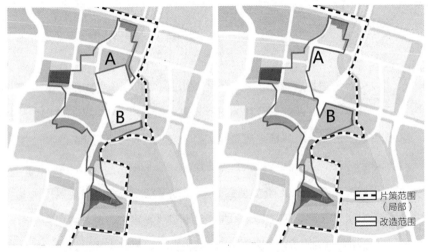

图3-12 广州市吉山村用地整合方案

划路分割，吉山村和已收储的煤气公司用地均较零散，对双方地块的使用都造成了较大影响，因此提出将吉山村地块与相邻的政府已收储地块进行置换（图3-12）。具体做法包括：一是在用地面积上，保障政府收储地块价值不降低。收储吉山林地块（A地块），并实物返还等价值政府已收储的储备地块（B地块）；二是通过第三方评估机构评估两个地块的市场价值，估算拟征地补偿款和留用地等，并微调用地范围，确保收储地块价值不低于返还村地块价值。

3）混合改造

一直以来，由于旧城改造涉及多个产权主体，且现状建筑量较大，改造难度极高，因此，城市政府、社会资本方等都较少涉足，项目难以有效推进。如2008年启动的广纸新城片区，截至目前，旧厂片区已基本改造完成，而涉及的"广纸宿舍区"改造历经十年也难以有效推进。而为实现"老城市新活力"、释放空间用于产业转型升级、促进城市环境品质改善、推动高质量发展，广州将难以避免地面临越来越多的旧城改造，因此亟须探索对该类模式的创新，2020年，广州将越秀区的南洋电器厂及周边片区列为混合改造①试点项目。

---

① 混合改造以合作企业投资为主，微改造和全面改造相结合。

广州的"混合改造",主要针对旧城,探索以微改造和全面改造相结合,具体以老城区的综合片区更新改造为主,其中各区政府是旧城更新的责任主体,负责组织遴选改造项目、编制控规调整方案、审定实施方案、公开选择合作改造主体及项目监管等工作。

如南洋电器厂及周边地区改造[①],改造范围包括南洋电器厂及北侧红胜街公安宿舍、黄华塘社区,2020年已通过规划审批。越秀区南洋电器厂及周边地区的更新改造,一是按照旧厂收储+旧城改造模式,提出"整体规划、分期实施、分开招标、分开供地"的总体思路;二是落实城市更新规划建设管理第一圈层的管控要求,即融资产业面积占融资总建筑面积的比例为74%,进一步吸引高端产业向中心城区聚集,助推环市路智力创新带建设(图3-13);三是探索了市区多方联动模式与实施路径,通过"以改造项目

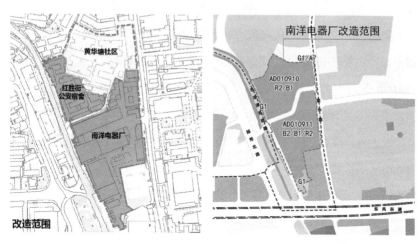

图3-13 广州市南洋电器厂及周边地块的现状权属及改造方案图

---

① 相关数据和材料来源于《南洋电器厂及周边连片改造项目(越秀区AD0109、AY0114规划管理单元)控制性详细规划(公示稿)》,公示网址见http://www.panyu.gov.cn/gkmlpt/content/6/6945/post_6945443.html#7533。

挂牌，确定改造主体"的方式，按"前期工作—控规调整—实施方案—确定改造主体及征拆—土地出让与开发建设"5个阶段开展旧城更新，同时具体明晰了相关改造实施路径：由竞得人（改造主体）与区人民政府签订《更新改造项目开发协议》，按照区人民政府发布的征收补偿文件配合开展房屋征收工作，同时在完成征收补偿后，由广州市规划和自然资源局按开发协议约定与竞得人（改造主体）签订土地使用权出让合同，由竞得人（改造主体）进行开发建设。

第 4 章

整备与赋权

2021年第39届央视春晚《大扫除》这一节目中，有个很有意思的说法：鸡蛋为什么能孵出小鸡，因为有温度，相反，如果是个石头，给它再高的温度，它还是个石头。土地整备的关键在于赋权，赋权的过程就像"给温度"的过程。土地也存在"能孵出小鸡"的土地和"只能是石头"的土地，不是所有的土地都可以整备，"给谁温度"需要有选择性，将能整备的土地"化零为整"。保障粮食安全的基本农田，就像是一个"石头"，给了温度，它还是一个"石头"，整备是不好触碰它的。对于"能孵出小鸡"的土地，要给适合的温度，赋权太高可能会过头，低了可能"孵不出小鸡"，权要赋得恰到好处。

土地"化零为整"的核心，在于重构土地发展权。城市再开发，不只是使土地从较低利用效益向较高利用效益转变，更是以产权关系为基础重塑土地发展权。目前，随着城市更新的深入，再开发普遍面临产权关系复杂、产权边界不清晰乃至产权破碎化等问题，为提升城市竞争力，兼顾公平和效率，各城市往往通过探索土地整备的方式来破解城市再开发难以推进的产权困境。广州的土地整备，强调积极调动多方参与的积极性，形成以政府为主导、各方共同推进的良性模式。广州东圃立交的改造，正是通过土地整备，实现边界重划、权益统筹的典型实践。

4.1 面向存量用地的土地整备

4.1.1 存量用地的土地审批

4.1.1.1 我国的土地审批制度

我国的土地审批制度，总体经历了"分级限额审批—分级分类限额审批"的改革进程。我国从1987年开始实施的《土地管理法》，经历了1998年的修订、2004年的部分修订、2019年的修订。随着土地用途管制制度逐步完善，作为其重要形式的土地审批制度，审批权限也从分权、集权演进到目前的有限放权。其中，对于新增建设用地，"规划—审批—许可"的流程与路径已经清晰，权限在国家政府，主要实施在省级，同时具体事项可授权审批；对于存量建设用地，随着涉及的土地征收的审批权限由省逐步下放到各地级以上市，加之规划、建设管理的权限均在城市政府，可见，存量建设用地的土地审批权限与实施主体主要为城市政府。

在对土地再开发审批的探索中，广东省的尤其具有代表性。广东省是我国最先开展土地再开发的试点示范省，随着"三旧"改造深入，逐步将涉及省级权限的土地征收审批权限下放到各地级以上市。以历史遗留建设用地的完善审批制度为例，随着2018年广东省发布《广东省人民政府关于将一批省级行政职权事项调整由各地级以上市实施的决定》（粤府令第248号）、《广东省人民政府委托"三旧"改造涉及土地征收审批职权实施方案的通知》（粤国土资三旧发〔2018〕13号），"三旧"改造涉及的土地征收的审批权限，由省逐步下放到各地级以上市。在广东省的"三旧"改造中，授权地级以上市政府来开展这一土地审批工作，一方面，是考虑到地级市政府作为省、区（县）政府的中间层级，既有统筹市域的职权，又较省政府拥有处理地方发展诉求的权力和信息，便于建立上下联动协同机制，在全域优化资源

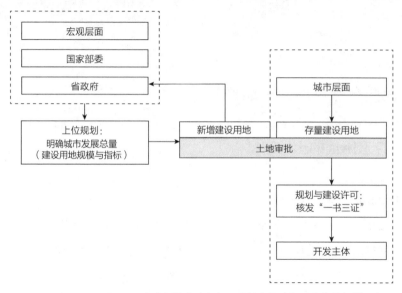

图4-1　与我国地方事权相匹配的存量建设用地审批机制示意图

配置管理；另一方面，地级市拥有控制性详细规划、"三旧"改造实施方案等的审批权限等，有助于建立"规划—审批—许可"过程中事权统一的政府（图4-1）。

4.1.1.2　再开发的土地审批探索

土地再开发的核心，是对现有土地的产权处置以及规划赋权。而再开发的土地的审批流程，是城市政府基于"规划—审批—许可"过程，赋予土地发展权。

广州再开发的土地审批制度，自2009年开展"三旧"改造以来，主管部门也经历了"市'三旧'办—市城市更新局—市住建局+市规划和自然资源局"的机构演变，土地再开发涉及的土地管理事务，主要包括规划、审批、许可，其中"三旧"改造的用地审批以及对土地产权的处置标准，主要是基于对规划条件与建设条件的审批。规划条件的审批，主要包括"三旧"改造方案、控制性详细规划，这属于指导"建什么"的规划；对建设情况的校核，包括地类权属是否清楚、上盖物基底面积是否达到改造项目总面积30%

以上等，均属于对个体建设行为的判断。可见，存量土地再开发的管理工作，更多聚焦在土地的处置与规划的符合性上，因此，该类土地管理需要在匹配规划编制的同时，做好土地政策支持与产权处置工作。

4.1.2 土地整备的定义、内涵

为成为具有竞争力的城市，各大城市亟须通过城市再开发，促进空间格局优化重构与空间资源利用率提升，包括提升城市品质、支撑重大产业项目、解决历史遗留问题并补足公共服务设施短板等。而传统城市更新方式难以有效满足新时期的城市发展要求。因此，各个城市积极开展了土地整备探索，希望通过土地整备，以城市整体利益与公共利益为出发点，为城市竞争力提升赢取空间（表4-1）。各城市对土地整备的定义或内涵如下：

国内相关城市的城市更新土地整备概念及主要内容对比　　　　　表4-1

城市	整备目标	整备主体	整备对象	土地整备主要方式
广州	为区域发展和品质提升提供用地保障，使国有资产保值增值	市区两级政府主导、市场参与改造和运营	集体+国有土地：主要为具有成片连片改造条件的"三旧"图斑及周边可整合用地	重点片区全面改造：成片连片改造片区，以土地储备改造为主。国有存量土地整备：属于同一企业集团、涉及多宗国有土地，整体策划改造，并保障公共利益
深圳	服务重点地区建设和重大项目，解决历史遗留土地问题	政府主导，市场参与改造	集体土地为主：未完善征转历史手续用地的土地	利益统筹、整村统筹：政府与社区算大账，社区内部算小账；综合采取资金安排、土地确权、用地规划等手段
佛山市南海区	推进新型城镇化建设，促进产业转型升级，提高土地节约集约利用水平	区镇两级政府主导，引导市场统一运营	集体土地：集体经营性建设用地、村集体建设用地	托管模式：在不改变集体土地属性的前提下，对低效用地进行托管。片区统筹整备：改造面积100亩或以上的集体土地，整备后分为村（居）集体建设用地，公益性用地，交由区、镇（街道）收储的用地三部分

根据《深圳市人民政府关于推进土地整备工作的若干意见》（深府〔2011〕102号），土地整备的概念为：立足于实现公共利益和城市整体利益的需要，综合运用收回土地使用权、房屋征收、土地收购、征转地历史遗留问题处理、填海（填江）造地等多种方式，对零散用地进行整合，并进行土地清理及土地前期开发，统一纳入全市土地储备的活动。

广州2017年出台的《广州市人民政府关于提升城市更新水平促进节约集约用地的实施意见》（穗府办规〔2017〕6号），是广州首次提出土地整备工作要求的正式文件，明确指出由城市更新部门负责纳入更新范围、适用于城市更新政策的低效存量建设用地的土地的整备工作，统筹组织成片连片用地的整备开发。随后，逐步完善了土地整备的内涵，包括用地报批、成片连片改造、权益转移等，特别是2020年以来出台的系列城市更新政策，进一步明确了"储改结合，成片整备"的要求，即兼顾城市发展与各方利益，以土地整备为抓手，在满足城中村改造需求的同时，协同推进土地储备工作，为区域发展和品质提升提供用地保障。

根据《佛山市南海区农村集体经营性建设用地整备管理试行办法》，南海区首次给出了集体土地整备的定义，即农村集体经营性建设用地整备是指依据土地利用总体规划和城乡规划，区、镇两级集体土地整备中心通过托管的方式，对存量农村集体经营性建设用地进行整合和土地前期整理开发，统一招商、统一入市的行为。农村集体经营性建设用地托管则是在不改变集体土地所有权的前提下，将一定期限内的土地使用权委托给集体土地整备中心。

综上所述，目前，土地整备仍是我国正在探索的创新领域，国家、相关省市的政策对其还没有明确定义，学术定义也仍未统一。基于各大城市的实践，以及众多学者的相关研究[69],[71],[72]，可将土地整备的相关内涵总结为：以政府为主导，为保障公共利益和城市整体利益，基于规划管理、土地管理等公共政策，综合运用多种手段，对城市零散用地进行边界整理和产权重构，以实现规整土地、成片连片再开发，强调土地规整、历史用地处置及发展权重构等。

4.1.3　土地整备的分类模式

土地整备的对象主要包括"三旧"图斑及其他可整合土地，具体类型涉及破碎化土地、历史遗留建设用地、旧村留用地指标等，结合不同土地类型，可综合采取整合、置换、收购、发展权转移等产权处置方式，赋予或重新赋予土地发展权，再通过土地重划整理出经营性用地、公共设施用地及其他用地等，以此进行成片连片改造，促进地区整体效益提升。进一步比较研究不同城市的更新土地整备的情况，可以看出，土地整备最明显的特点，是强调"公益保障、责任共担、利益共享"，即城市政府通过行政干预并适度"放权"，统筹发展权；社会资本方通过"投钱"向土地注入资本，分享发展权；原土地权属人则通过"让地"，换取部分发展权（图4-2）。而基于城市政府、社会资本方、原土地权属人的角色定位与主导属性，土地装备进一步可细分为"市场推动、政府主导、多方协同"三种模式。

4.1.3.1　市场推动

城市更新有市场推动、政府主导、多方协同等多种模式。市场推动的土地整备，指的是政府引导、市场推动，即原土地权属人与社会资本方合作，采取土地归宗等方式，整合周边零碎产权，统一进行开发的行为。

目前，市场主导的城市更新存在"房地产化"的问题，如广州的实践中，旧村改造，尤其是早期的改造，对片区整体统筹的考虑可以说是欠缺的，多基于单个旧村本身，"就村论村"讨论单个旧村改造的经济可行性。

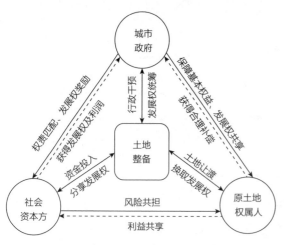

图4-2　土地整备的多方协同与利益共享示意图

由于社会资本的本质是"逐利"，社会资本方多基于自身的经济可行性，追求超额利润，导致部分居住地块改造方案的净容积率达到6.0、7.0，对城市整体效益的提升产生了一定的影响。而同时，政府则作为规划编制的审批方，由于考虑到高容积率对城市的影响以及给公共服务设施带来的压力，一般对该类项目的审批也较为谨慎，审批不通过的现象比比皆是。

从发达国家的经验来看，法、德、日、英、美五国基层政府的更新管理大多采用"政府更新管理机构+授权"的市场化合作主体形式[73]。因此，市场推动型的土地整备，可借鉴上述经验，采取"政府授权"、市场运作的模式。就广州而言，对市场推动的土地整备项目，可适当放权，允许由市场主导，但审批过程中，应保障公共利益。

4.1.3.2　政府主导

与传统拆除重建式土地征收不同，政府主导的土地整备，更多考虑原土地权属人的权益，更关注城市发展的可持续性。政府主导型的土地整备模式，以重点发展平台更新改造为主。具体运行机制为：由市、区进行整体规划与全面统筹，由市级土地开发中心牵头，开展土地收储与更新工作。以"规划控制"等为重要手段，进行土地产权重整与土地增值利益再分配。政府除整体统筹外，主要进行土地整理与出让。土地整理以政府收储为主，进行就地安置或跨区域统筹安置，对集体土地征收和集体土地上的房屋给予安置补偿。

实践过程中，由于土地再开发涉及的拆除重建补偿费用过高，政府财政难以支持，因此往往采取政府主导、政府与市场合作共同推进的方式。社会资本方投入资金，分享一部分土地发展权，城市政府则制定规则，与社会资本方分享土地发展权的同时，也让其承担复建安置、配套公共设施等责任。

然而，土地整备由于涉及的产权主体较为复杂，单靠政府一方，或者靠政府与市场两方，都难以达到令大家都满意的效果，从而影响土地再开发的进度。因此，近年来广东的"三旧"改造，尤其是广州的土地整备，越来越关注多方协同式规划。

4.1.3.3 多方协同

近年来，政府一元主导的规划编制与更新改造模式，逐步转变了"政府牵头，社会资本方、原土地权属人、公众等共同参与"的协同编制模式。为促进多方共赢，多方协同式土地整备更加关注多方利益的统筹，以及土地整备过程中对阳光机制的应用（图4-3）。

城市政府作为规则制定者与规划编制、审批者，通过土地整备过程中的赋权，确保公共利益与工程协同，激励项目有序推进，为项目更新启动创造条件，并有效协同各个主体的利益分成，强调事前评估、事中统筹。开展土地整备前，预估相关环节的风险，明晰相关重点管控点，明晰相关责任主体的分工，建立风险共担机制。土地整备过程中，在尊重现状与权属的基础上，建立利益共享机制，通过阳光谈判，努力实现帕累托最优。

其余各方全流程协同参与，并进行全流程监督。可由政府主导，成立由

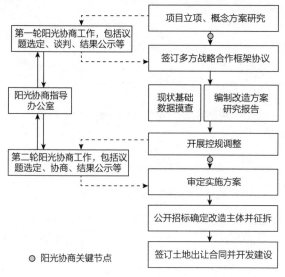

图4-3 多方协同的土地整备阳光协商机制建议

原土地权属人代表、社会资本方、专家、公众代表等组成的阳光协商指导委员会，委员会组织开展阳光议事厅、民主听证会、共同缔造工作坊、民主咨询会等阳光议事与谈判活动。在多方协同、协商过程中，使土地整备规划成为令大家满意的、有竞争力的规划。

4.2 土地的处置与赋权

目前，各个城市探索的土地整备，就是以发展权重构为核心、以政府公权力为保障，开展整备范围内土地的发展权赋予、统一归置或重构的过程（图4-4），具体包括：一是现实土地用途确权，通过完善历史用地手续①，对

---

① 完善历史用地手续是广东"三旧"改造过程中，将历史问题用地合法化的重要手段，在满足一定的条件时，可直接确认建设用地使用权或完善征收手续。具体详见《关于办理"三旧"改造项目涉及完善历史用地手续的工作计划》（穗旧改函〔2011〕13号）。

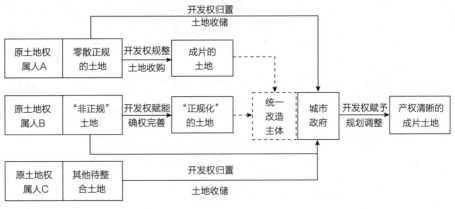

图4-4　土地整备的发展权重构过程

历史遗留土地按相关规定处理确权，提升地区开发价值，保障公共服务设施落地；二是新土地用途的给定，基于规划引领，通过规划调整、用途调整等方式，结合发展权转移、资产交易、资金补偿等方式，实现规划的落地实施与多方利益共赢；三是零散土地的规整，通过整合土地、异地平衡、拆旧复垦等方式，对原有破碎、权益分散的土地进行合并，将土地发展权整合到单一改造主体或城市政府手中。

4.2.1　现实土地用途的确权

1）历史用地的处置

集体土地涉及的利益群体主要是村集体和村民，虽然他们对土地有一定的自主处置权，但在组织管理上相对较为松散、自由，导致违法建设问题较为普遍。为解决这些历史遗留问题，《关于深入推进城镇低效用地再开发的指导意见（试行）》（国土资发〔2016〕147号）明确"在城镇低效用地再开发专项规划范围内、符合土地利用总体规划、经第二次全国土地调查确定为建设用地但没有合法用地手续的历史遗留建设用地，按照依法依规、尊重历史的原则进行分类处理"。

广州在"三旧"改造中，也结合自身土地特点，重点针对集体土地，探索历史用地手续的完善。根据广州市《关于加强"三旧"改造项目涉及用地报批工作的函》(穗更新函〔2018〕849号),重点完善历史用地手续,包括完善土地征收手续、旧村庄集体建设用地转为国有建设用地手续、"三地"农用地转用和土地征收手续、集体建设用地手续;在符合相关规划的前提下,原土地权属人可通过缴纳罚款等,对该类用地进行手续完善,形成合法化的产权。广州第一批(2018年)纳入标图建库的"三旧"用地中,可完善手续的历史用地约217km²,占"三旧"总用地的40%左右[74],占全市现状建设总用地的16%左右。

2)留用地指标的落地

留用地,指的是政府在征地过程中,为保障村集体的利益,将征地按一定比例留给村集体经济组织,用于发展二、三产业。留用地指标,则是历史原因导致较多留用地没有落地,形成的"未兑现"的指标。而随着各大城市逐步进入存量时代,城市面临空间受限、建设用地指标紧缺等问题,通过传统留用地指标进行留地返还的模式已难以为继。

广东是最先探索留用地指标落地的地区之一,目前,通过探索,已可以采取"物业安置、货币补偿以及提高地块容积率"等方式进行指标兑现,即通过物业面积等价折算、货币等价折算以及对已有留用地进行赋权,提高开发容积率等。

4.2.2 新土地用途的赋予

新土地用途的赋予,指的是结合规划方案进行土地重划与发展权重构,通过规划调整与管制手段,统筹落实再开发土地的发展权。该项工作的政策工具主要包括:总体规划调整(包括建设规模调整、新增建设用地指标)、获得土地开发的权利,详细规划调整(包括规划土地用途改变、开发强度的调整以及获得公共服务设施配套等）、提升土地开发的权利，最后是通过异地统筹、发展权转移，调整优化土地发展的权利。

土地再开发项目，大多都需要进行控规调整。2017—2019年，广州市批复了46条旧村改造实施方案（其中，南沙区7条），南沙区旧村改造规划总建筑量为263.9万m^2，其中复建安置总建筑量为140.7万m^2，融资总建筑量为104.9万m^2，公共服务设施配套总建筑量为11.5万m^2。

4.2.3 零散土地的规整

为促进成片连片改造，对于零散土地，采取不同的整合收购、置换方式以及供应模式，以此统筹整合不同产权主体的开发权益。该项工作的政策工具主要包括：对改造主体主导的土地进行整合收购与置换，可以采取土地面积置换、物业等价值折算的方式进行置换；对于公益性的项目，则采取公益性项目征收的方式或"一口价"的补偿标准；此外，针对不同用途的土地，可以结合相关政策，进行土地招拍挂、带设计方案出让等（表4-2）。

现实土地用途[①]、规划土地用途[②]以及土地处置赋权的政策工具和处理方式对比　　表4-2

	赋权思路	政策工具	处理方式
现实用途确权	通过行政审批手续，赋予现有土地用途的合法性、相关政策的适用性并解决历史遗留问题	完善历史用地手续	完善"三旧"改造涉及的各类历史用地手续（完善土地征收手续、旧村庄集体建设用地转为国有建设用地、完善集体建设用地手续）
			完善集体建设用地手续
		留用地指标兑换	抵扣留用地指标
			预支留用地

---

① 现实土地用途指现实存在的一种土地使用的状态，这种用途可能通过正式许可获得，也可能由原土地权属人等相关土地使用者自行变更而未经许可获得。

② 规划土地用途一般指土地利用总体规划、城乡规划等规定的土地用途。

赋权思路		政策工具	处理方式
规划用途的赋予	通过规划调整与管制手段，统筹落实再开发土地的发展控制要求，包括建设指标、开发强度、公共服务配套等	总体规划（土地利用总体规划）调整	建设用地规模调整
			新增建设用地指标
		详细规划（控制性详细规划、"三旧"改造规划）调整	规划土地用途调整
			开发强度调整
			公共服务配套设置
土地处置与赋权	通过土地收储、整合、供地等方式，统筹整合开发权益，赋予各方相应的土地开发权益	土地收购	整合收购国有用地
		土地置换	土地等价值、等面积置换
			物业等价值折算置换
		政府征收	公益性项目征收
		土地供应	土地无偿划拨
			土地协议出让
			土地招拍挂
			土地组合与带设计方案出让

4.3 边界的整合与重划

土地整备的边界整合、重划，主要是为明晰产权边界、融合相关界面、保障规划实施。根据不同的整备分区与土地权属情况，综合采取土地征收、土地置换等多方式，依据规划条件重新划分规划的产权，保证土地产权边界和规划地块边界高度一致，进行土地的平面、立体的协同对接，促进片区的成片连片改造与价值提升。一般可归纳为两种模式，一是平面的整合与重划，主要是面向现有土地的用途调整与边界整合，在摸清相关土地权属的前提下，整合分散破碎化的土地；二是立体复合与分层，主要是面对规划调整后的工程界面与功能协同，在落实相关规划的前提下，通过土地分层确权、工作界面切分等方式，明晰立体复合化的空间。

4.3.1 平面整合

平面整合与重划是土地整备的基础。一方面，通过土地整合、归宗、收储等，整合破碎零散的土地，结合规划进一步明晰各方的产权边界，以促进规划落地实施；另一方面，结合规划实施的要求，在保障城市战略空间落实的前提下，结合相关的标准规范，根据不同的土地整备类型，腾出一定规模的产业用地与公共服务设施空间、复建安置用地、投融资用地等（图4-5）。

如涉及村级工业园的土地整备，可鼓励以自改与收储结合的方式推进，支持用于发展工业及新业态，"村园"的改造要与整村统筹考虑，为后期村庄改造预留安置用地；涉及完善集体建设用地手续的，需按规定抵扣留用地指标，经公开交易或以协议的方式确定使用权人，在"国有+集体、住宅+产业、出让+租赁"三个层面实施联动改造、混合开发。

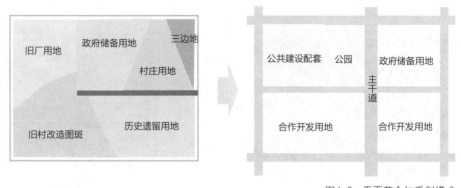

图4-5 平面整合与重划模式

4.3.2 立体整合

立体整合，主要是面向基础设施的进行综合上盖开发的立体整备方式（图4-6），涉及地铁车辆段上盖开发、交通基础设施上盖开发、净水厂上盖开发等。该类工程一方面涉及现状的多产权主体，需要做好平面整合与重划；另一方面涉及规划多产权主体的工程协同，需要做好立体空间的工程协同与分层确权出让。基于规划方案与工程协同方案，明晰相关公共设施配套、公共界面、工程衔接界面、合作开发主体和分工等。

如地铁存量车辆段片区的土地整备，一方面，需要在地铁工程协同的基础上，做好平面的土地整合与重划，并明晰工程协同范围与相关权益主体，促进成片连片开发，全面提升片区的价值；另一方面，需要进一步结合精细化的方案设计与工程设计，确定地铁车辆段、交通枢纽等不同高度的工程衔接界面，分层确定主导功能、公共服务设施配套、合作开发界面等，以打造高品质的城市环境。

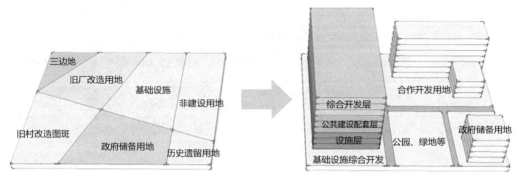

图4-6　立体整合与重划模式

4.4 边界重划的土地整备：广州东圃立交改造案例

在"盘活国有资产、降低债务风险"的背景下，2013年，为进一步探索"以路养路"的交通设施投融资模式，广州市对广州交投集团的存量土地进行了全面摸查，研究存量土地再开发的可行性与具体实施路径，广州市城市规划勘测设计研究院为编制单位。通过摸查，初步筛选了6个具有较好再开发条件、可于短时间内盘活的地块，包括东圃立交、三滘立交、广氮收费站等，根据开发条件的成熟度，先行启动了东圃立交地块。

东圃立交再开发项目是我国首个将存量立交盘活并取得成功的实践案例，被人民网誉为广州高速公路上方的"最美空中花园"。项目采取"政府主导、多部门协同、立体整备"的整体思路，于2013年启动规划研究、2014年通过规划调整并完成土地收储、2015年启动改造并完成首期工程建设，在节约集约用地、盘活国有资产、反哺城市交通建设等方面有良好的示范作用。根据项目经验形成的"大型交通工程关键节点多功能综合社区开发模式"及应用案例获得2019年度全国国企管理创新成果一等奖。

该项目探索了一种新的土地集约利用方式：结合综合开发的一体化设计与规划协同机制方法，建立了由规划部门牵头，规划、国土、交通、发改、国资等多个部门紧密配合的协同机制，"缝合"了交通基础设施规划与城市规划，促进了同步规划、同步选址、同步设计、一体化建设；为满足城市发展的诉求，再结合土地整备与规划赋权，通过投入城市公路建设资金与社会资金，整体优化立交匝道，腾挪建设用地，通过投资8300万元建设盖板公园，提供了约6万m²的上盖绿化，创造了约45亿元的土地一级收益，在改善了城市环境的同时，保障了一定的公共利益[①]。

---

① 相关数据及材料整理自《东圃立交控制性详细规划调整》（2014年），以及2020年对广州交投集团进行访谈的资料。

4.4.1 项目概况

4.4.1.1 基本情况

东圃立交地块用地面积约27.75hm²，位于天河区东南部、广州金融城东北侧、黄埔大道与广州环城高速交会处，南临黄埔大道，东临前进村，位于金融城及"员村—琶洲"重点功能片区周边，区位条件优越，是广州东进的主要节点之一。改造前，项目地块为东南西环高速路的东圃立交用地，东侧为广州交投集团东圃小区宿舍、办公楼，西北侧为少量的临时厂房，其他为防护绿地、道路用地，周边用地主要以村庄及居住用地为主、包含部分旧厂的国有土地及前进村、车陂村的村庄集体建设用地（图4-7）。

由于2007年9月1日起广州市东南西环高速公路停止收费，东南西环由高速公路变更为城市快速路，但行经东圃立交的车辆仍按照原有立交匝道进行交通转换，导致高速公路与市政道路立交匝道曲折，绕行严重，通行能力低下。因此，为优化城市交通，广州市提出对现状东南西环高速公路沿线与市

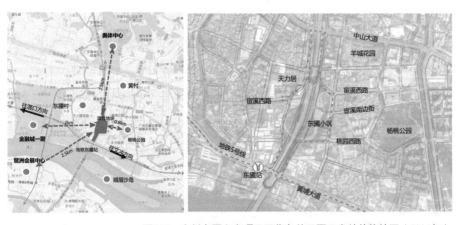

图4-7 广州东圃立交项目区位条件及再开发前的航拍图（2014年）

政道路转换的立交匝道进行改造，在尽量不增加工程征地的条件下进行市政化调整改造，使东南西环高速公路与沿线市政路网的交通转换直接、便捷，提高路网服务水平，东圃立交由此启动了市政化改造工程。

该项目于2014年通过规划调整批复后，由广州市土地开发中心以"公开出让，收益支持"的方式进行收储。根据广州市发改委的批复，该地块面积约13.4万m²，收储总投资据估算约29.3亿元，其中拆迁安置费约28.5亿元。

4.4.1.2 再开发过程

2013年10月，广州市召开的广州市国有资产管理联席会议审议了《广州交投集团东圃、仑头等六个地块优化规划稿》，原则同意东圃立交地块优化规划方案，并提出在符合规划的前提下，落实东圃立交市政化改造方案、盘活立交改造后释放出来的存量土地、解决政府性年票制项目债务，按尽可能提高土地使用效益的思路修改规划。

2014年2月，经过规划主管部门的指导和审查、设计单位的多轮沟通论证，在保障相关公共服务设施的前提下，对地块立交改造方案和项目规划设计方案进行反复优化，尽可能提升地区的价值。最终，东圃立交的控制性详细规划调整方案获市规委会全票审议通过。规划中，用地性质由交通设施用地调整为城乡建设用地，调整为居住用地的净用地约12.33万m²，计容建筑面积约35.6万m²，并设置了约6万m²的公园绿地。

为快速推进项目，在相关规划调整期间，广州交投集团同步加快推进地块的产权分割与土地交储的前期工作。2014年5月，便与市土地开发中心签订《收回国有土地使用权补偿协议》；至8月底，地块收储工作基本完成；同年11月，东圃立交地块成功挂牌出让，创广州市"当年收储、当年出让"的新纪录。

2014年11月，地块公开挂牌出让，广州交投置业有限公司与广电地产

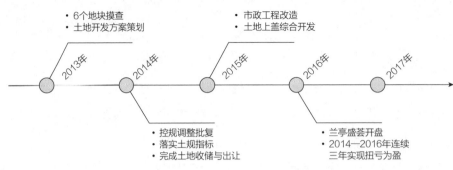

図4-8　广州东圃立交项目再开发历程示意图

集团合作成立项目公司，竞得地块使用权，实施地块二级开发[①]，并于2015年进行市政工程改造与土地上盖综合开发，正式开始了兰亭盛荟项目的销售工作。

总的来说，兰亭盛荟项目的成功开发，实现了道路周边用地优化、交通改善、土地增值等多项目标，为高、快速路建设提供了有力的资金支持。该项目的收益使广州交投集团于2014年扭亏为盈，并连续三年持续盈利，企业信誉评级从AA提升至AAA，国际评级达A⁻，大大降低了企业融资成本，实现了国有资产的保值增值（图4-8）。

4.4.2 存在的问题

4.4.2.1 再开发的政策及路径极不明晰

根据我国现行的产权制度、财税制度及广东省"三旧"政策，建设交通设施属于公益性工程，用地为划拨土地，不具有完整可开发产权，与"三旧"改造对象认定标准存在偏差，而物业开发用地则属于经营性土地，需要招拍挂，具有完整可开发产权。东圃立交的土地再开发项目，是广州乃至全

---

① 土地二级开发指土地使用者将符合规定、可以转让的土地通过流通领域进行交易的过程，包括土地使用权的转让、租赁、抵押等。

国对存量交通基础设施再开发的首次尝试，因此，前期工作就面临着产权处置、实施主体及相关补偿标准、政策与实施路径不明晰等问题。如产权处置的问题，按照标准，交通设施用地不符合"三旧"图斑现状建筑量占比超过30%的标准，能否参照"三旧"改造标准执行？实施主体的问题，典型的如交通综合开发能否进行协议出让？同时涉及多个现状产权主体的土地整合，以及未来交通建设主体与开发主体如何协同？

4.4.2.2 涉及多个权利主体与产权破碎化

东圃立交改造前匝道众多，线形复杂，占地规模较大，工程改造与成片开发涉及住建、发改、国土规划等多个管理部门以及历史征地问题和周边土地权属人。一方面，多个管理部门交叉管理；另一方面，有多个产权主体在博弈。而多部门的交叉管理与多个产权主体的利益博弈，极易造成存量土地使用权破碎化，导致土地再开发项目推进缓慢、难以实施。如东圃立交改造项目在推进的过程中，前进村的村民便提出由于之前交通设施项目曾征用前进村较多用地，现项目调整为居住区用地，要求进行二次征地补偿，同时由于历史征地红线手续不完善，导致现有产权主体边界模糊、复杂。

4.4.2.3 工程建设与土地开发的协同困境

东圃立交的土地再开发，难以避免会涉及工程建设与土地开发的协同问题。一方面是方案设计问题，以及交通优化方案与土地开发方案匹配的问题，如根据东圃立交的不同的工程优化方案，可减少占地7万~10万m^2，是否能匹配好土地开发与工程方案，将直接影响交通通行能力与土地开发价值；另一方面，在土地再开发阶段，改造已有交通路网时，会影响现有交通通行能力，工程施工与土地开发建设的匹配程度，对项目能否有效推进与实施有直接影响；此外，历史征地手续不完善，缺少前置精细化设计统筹，土地储备与规划协同、工程建设不匹配等问题，造成现有产权边界交叉，工程协同的范围不清晰，导致规划难以落地实施。

4.4.2.4 工程资金缺口与开发盈利的错配

东圃立交的土地再开发，一方面，具有为城市提供公共交通的公益属性，政府主导与资金支持诉求明显；另一方面，具有土地开发的经营性属性，且立交综合开发后交通设施优化带来的土地增值获利明显。可见，虽然交通设施用地是基础设施用地，但依托其进行综合开发，是否也符合公共利益尚无明确规定。而根据《物权法》及招拍挂制度，上盖物业如不符合公共利益应进行招拍挂，同时我国尚未有明确的增值还原的匹配制度。因此，对于如何补上工程建设资金缺口与返还开发盈利，以及如何优先保障交通设施通行能力，是交通设施再开发亟须解决的问题。

4.4.3 整备的路径

东圃立交改造与土地再开发由于有"更新政策不适应、产权界面不清晰、工程协同复杂化、项目准公益化"等问题或特征，传统的城市更新方式难以应对，也没有政策支持，因此，亟须通过土地整备方式，实现边界重划、权益整合。

4.4.3.1 确定整备主体

存量土地与周边用地的整合、再开发，会涉及城市政府、交通建设主体、社会资本方及周边整合土地的权属人等多个主体。为减少各自博弈产生的交易成本、促进项目落地实施，开展了两方面的工作（图4-9）：一是确定土地整备主体。考虑到本项目的拆迁、建设、规划等都与东圃立交的原土

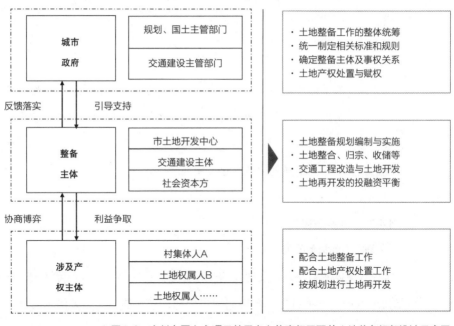

图4-9　广州东圃立交项目基于多主体事权匹配的土地整备框架设计示意图

地权属人（同时也是交通建设运营主体）息息相关，同时为减少此次的项目资金投入，通过公开招标引入社会资本方合作，作为项目的土地整备主体；而项目由于涉及规划、国土、发改、住建等部门，因此探索采取联席会的组织方式，促进相关部门紧密联系。二是确定各自的事权关系。如城市政府，以联席会的审查方式，负责土地整体统筹整备工作、统一制定相关标准和规则，并进行土地产权处置与赋权；土地整备主体则由城市政府委托的企业组成，由这些企业负责规划编制与具体实施工作，包括土地整合、收储，交通工程改造与土地开发等。三是建立沟通协同机制与平台。通过"多方协同、紧密协作"的方式，"缝合"交通基础设施规划与城市规划，以及部门的割裂，达成从政府到部门、从行政到技术的整体共识，促进综合开发目标实现。

经过联合会审，由广州市土地开发中心负责前期研究等具体工作，东圃立交的项目形成了良好的土地整备框架，为工程改造与地块开发提供了基本条件。如作为土地整备主体的市土地开发中心，在东圃立交改造项目策划阶段，便分别开展了控规调整、城市设计、交通规划、环境评估等可行性专项论证。在设计阶段，城市政府通过规划局牵头，联合多部门开展联合会审，落实策划意图和项目设想。同时以广州市实施功能片区土地利用总体规划调整为契机，落实了土地规划的城乡建设用地规模。

4.4.3.2 明晰产权关系

1）划定土地整备范围

为提升整体效益、确保交通设施工程实施，在立交工程改造范围内，东圃立交土地再开发项目进一步协同周边用地，并评估与其整合的可行性，梳理了相关产权主体，划定了土地整备范围，以此作为片区功能协同与利益统筹范围。通过摸查，东圃立交周边的土地权属涉及市土地开发中心收储地块、天力地产公司及前进村、车陂村等村集体土地，基于工程改造涉及的土地范围，以及周边可整合的部分用地（图4-10），划定了整备范围，约15hm²。

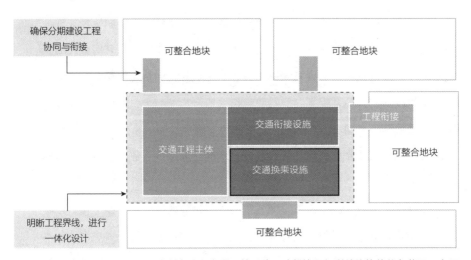

图4-10 广州东圃立交项目基于片区功能协同与利益统筹的整备范围示意图

其中，确定以广州交投集团为主导，联合相关社会资本方，组成土地整备实施主体，负责项目前期的方案设计、工程方案与规划方案的协同、上盖综合开发与交通改造建设的协同，并结合例会制度，及时做好与相关部门的规划协同以及与相关原土地权属人的谈判协商工作，同时结合土地收储需要，开展相关拆迁、安置工作。

2）统筹各方权益诉求

存量交通设施改造及周边土地整合，具体包括交通工程项目改造、周边土地收购整合以及工程改造后腾挪土地的综合开发建设。再开发的过程涉及市区城市政府各相关部门、交通建设主体、合作开发的社会资本方、村集体、村民及周边产权主体，涉及的利益主体复杂，协同难度高。因此，需要提前摸清各个产权主体的诉求，匹配各方的成本投入，确定各方的利益分配。

东圃立交再开发涉及多个权益主体，各方诉求具体有（表4-3）：市政府层面，更多是希望通过项目改造，在优化城市交通的同时，也能腾挪出更多可开发的土地，进行高强度开发，以促进国有企业转型升级，解决国有企业的债务问题；区政府层面，则希望项目能提升城市价值、优化环境景观并尽可能增加公共服务设施配套、满足地区发展诉求，不希望只是进行高强度的居住开发；市交通建设主体，希望能在保持交通能力的前提下，创新"以地养路"的模式，尽可能获得土地收储的补偿款，同时分享土地的二级开发收益；前进村则要求尽可能获得更多的补偿收益，譬如认为原东圃立交曾征用村里较多用地，现项目从高速公路建设用地调整为居住区用地，村民要求进行二次征地补偿。

涉及权益主体		权益诉求	承担工作要求
地方政府	市政府	• 优化城市交通 • 土地集约节约利用 • 获取土地出让金	• 保障交通、规划、国土、发改等多部门协同 • 做好顶层设计与政策支持
	区政府	• 提升城市价值 • 优化环境景观 • 增加公共服务设施配套 • 获得可持续的税收	• 做好相关部门的上下协同工作 • 落实相关具体实施工作
交通建设主体		• 保障交通通行能力 • 尽可能获得补偿款，分享土地的二级开发收益 • 创新"以地养路"投融资模式	• 做好交通市政工程改造 • 做好多方主体的工作协同 • 做好相关权利主体的利益谈判
社会资本方		• 减少交易成本，增加二级开发收益	• 提供社会资金，促进项目推进 • 开展二级开发，保障公共服务设施配套
原土地权属人	村集体、村民	• 获得更多补偿、地区租金提升	• 配套开展相关再开发工作
	私企	• 获得更多补偿、物业尽可能增值	• 配套开展相关再开发工作

4.4.3.3 土地整合与规划许可

1）多模式整合零散土地

为促进成片连片改造、提高片区的土地开发价值，项目在摸清相关产权主体诉求的前提下，进一步结合涉及的土地类型，综合了土地收储、收购、整合和物业置换等方式，整合相关的零散土地。主要包括：一是土地确权，对与原有交通设施边界重叠、不清晰、存在争议的土地，进行土地确权，明晰各自的产权边界；二是土地整合收购，整合"三地"、国有用地，基于相关政策给予物业补偿或者货币补偿；三是土地收储，对周边的未建设用地、可进行土地整合的用地，基于工程改造建设的要求进行土地收储，一并纳入土地整备范围。

2）规划统筹的赋权与开发

土地发展权重构，是进行土地再开发的核心，也是土地增值的重要赋权方式。东圃立交再开发项目结合多次沟通协调与对改造方案的多次优化，实现了土地建设指标的落实、规划土地用途的调整、容积率的提高以及产权的正规化。

自2013年5月准备前期概念方案开始，到2014年4月批复，主要结合规划控制，赋予了土地发展权，提升了土地开发价值。规划赋权过程包括三个阶段。第一阶段是规划协同阶段，在规划层面给予地块发展权。在该阶段，主要结合立交市政化改造方案编制和报审，同步开展了土规、城规修改，并在控规调整中将拟开发地块调整为经营性用地。第二阶段是规划优化阶段，多次优化方案，提升土地发展权。在该阶段，为了尽量避免开发与工程交叉影响，采取东侧开发、西侧为绿化的方式，将性质为防护绿地、立交用地的规划用地调整为二类居住用地，总建筑量为23.05万㎡，为优化城市环境，项目组进一步提出上盖绿化的工程方案，优化后地块计容建筑面积调整为约37万㎡，增加了约2万㎡，同时落实了约6万㎡上盖绿化的规划（图4-11）。第三阶段是规划实施阶段，结合土地收储，再进行招拍挂与再开发，使原有划拨用地"不完整"的产权转换为完整的正式产权，通过资本的引入与基础设施的建设，进一步提升土地发展权与价值。

3）工程协同的分层确权

为促进项目的规划实施与土地再开发，需要结合土地出让，明晰相关产

图4-11 广州东圃立交的两次控调对比
（左：原规划，中：无盖板方案调整，右：有上盖方案调整）

权界面与工程协同界面；同时，基于交通设施用地的公益属性与综合开发的经营性用途，项目探索创新了"分层确权、立交上盖公园组合出让"的土地供应方式（图4-12）。具体流程为：结合工程的初步设计，基于不同的功能和使用界面，确定横向、纵向的土地出让方式。横向平面上，结合道路工程建设与物业开发的界面，进行产权分割与出让；纵向立体上，则分割确定10m以下为交通建设主体所有，同时立交改造与10m以上的公园绿地建设组合共同出让，由物业开发主体改造或建设后移交，并要求做好与重要工程的协同开发建设。

4）产权界面的再划分

基于工程协同的土地分层出让，项目进一步开展了精细化的方案设计，以明确工程分工界面及时序，同时需要综合考虑工程界面预留与多方利益统筹，充分协调城市政府、周边土地及物业权属人、社会资本方等多元主体，统筹公共服务设施配套与工作界面，促进交通改造（城市政府支持）、物业开发（社会资本投资）、一体化方案（公共服务设施保障）融合。

东圃立交再开发项目基于工程协同的土地使用权分层，提出了相应的土地供应要求（图4-13）。而考虑到东圃立交工程相关的土地再开发项目与交

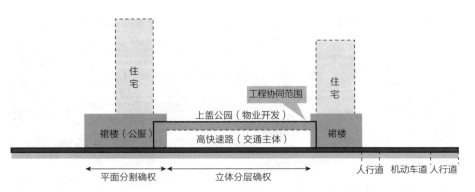

图4-12 广州东圃立交的分层确权土地出让与工程协同示意图

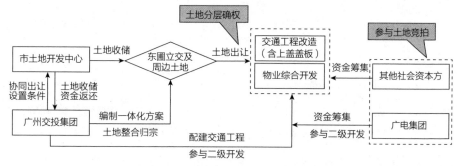

图4-13 广州东圃立交产权边界的融合与划分示意图

通建设主体息息相关，为保障工程建设能"同步设计、同步施工、同步开发"，确定了相关改造主体，基于一体化的规划管控，结合分期建设，协同好交通工程拆建与公共服务设施配套的落实，促进一体化综合开发建设。

4.4.3.4 开发权益统筹

1）建立利益统筹框架

东圃立交土地再开发项目主要探索了两方面工作：一是确定了项目改造的主要目的，项目前期通过多次协调沟通，在市里相关文件中便明确了"优化交通市政工程，支持国有旧厂改造升级发展，确保资产保值增值，统筹解决相关集团的政府性债务"，以此建立了项目的整体利益统筹框架，即要求在改善交通的前提下，尽可能提升地区的开发价值，并尽可能返还给企业以解决政府性债务；二是进一步确定了相关补偿规则，由于东圃立交不符合"三旧"改造的补偿适用条件，但如果直接按照市政征收的标准进行收储，则补偿标准太低，将给交通建设主体带来巨大的压力，难以缓解政府性债务的压力，且无法整合周边土地。因此，市政府结合相关政策标准与价格评估，综合确定了参照城市更新政策的补偿标准，采用"政府收储、收益支持"的方式进行收储。通过评估，确定东圃立交挂牌起始价为44.57亿元，收储补偿款估算约29.3亿元。

2）股权转让的增值还原

根据广州市发改委的批复，该地块面积约13.4万m²，收储总投资估算约29.3亿元，综合确定东圃立交挂牌起始价44.57亿元，而为了减少资金的筹措，支持交通建设与改造，广州交投集团引入广电集团（社会资本方）参与东圃立交改造项目，由广电集团通过投资资金在土地交易市场参与公开招标，获取地块发展权，并将土地登记在两者的全资子公司名下（广州佳郡置业有限公司），再通过交易平台转让项目子公司的股份，引进品牌房地产公司进行合作开发。总的来说，广州交投集团通过金融手段，在减少了资金投入的同时，分享了土地的开发收益，一定程度上对土地增值收益进行了公共还原（图4-14）。

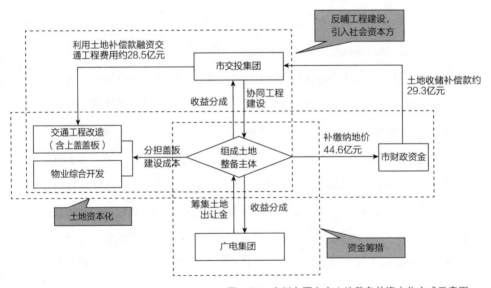

图4-14　广州东圃立交土地整备的资本化方式示意图

3）一二级联动的增值捕获

由于涉及土地性质的公益性、经营性共存的问题，且受现有政策限制，东圃立交再开发项目需要采取招拍挂的方式进行土地出让。而为促进交通建设主体统筹与协同，实现交通改造与物业开发一体化，应尽可能反哺交通设施建设资金需求。项目探索了一二级联动的开发模式，即借助项目中需要重点协同交通设施建设的要求，采取组合招拍挂的方式（如立交改造与上盖绿化建设组合出让），凸显广州交投集团在竞拍地块中的优势地位，引入社会资本方，并借此参与土地的二级开发，取得了巨大的经济收益。

东圃立交的出让条件具体为：一是由受让人负责东圃立交改造工程，并出资建设上盖绿地工程，相关规划设计方案及完工验收需经政府相关部门审核同意。二是东圃立交改造完成后须无偿移交给政府或道路原权属人。三是在土地出让成交后两个月内与原土地权属人广州交投集团就立交改造工程及上盖绿化工程的设计与建设、安全保障、交通疏导、施工组织等签订建设管理合作协议，受让人逾期未签订协议的，出让人可单方解除土地出让合同。

第5章

空间与协同

纽约市的布鲁克林大桥被誉为工业革命时代7个划时代的建筑工程奇迹之一，优美的大桥场景常常出现在各类电影中，如《唐人街探案》2、《碟中谍》3等。在大桥的南侧桥脚，有一个由棕地改造而成的布鲁克林大桥公园，公园面积34hm²，与曼哈顿岛隔水相望，是纽约市深受游客和本地居民喜爱的滨水公共空间。20世纪80年代，那里还只是一片破败的废旧工业区。1998年，非营利组织布鲁克林水岸开发集团成立后，在十余年间组织了70多场公共讨论与设计会，充分听取全市居民意见[75]，提出将滨水工业区改造为布鲁克林大桥公园，并于2000年发布了《布鲁克林大桥公园初步规划》，推动滨水地区逐步实现从旧工业区到公共空间的华丽蜕变。公园的成功，依靠的是多方协同与财务自持。通过对布鲁克林大桥公园附属的7块房地产用地进行开发，将地产项目收益投入公园运营，公园可以实现财务自给自足，运营不花政府一分钱。布鲁克林水岸边，公园与房地产用地建立了友好相邻的关系，通过成片连片再开发，重构土地空间，提供了公共产品，满足了城市公共产品运营的资金需求，两者相互买单、相互成就，政府省钱了，市场也获利了，这正是土地再开发的空间协同。

进入存量时代，做大空间蛋糕背后的逻辑发生了巨大变化。与过往的城市更新不同，广州这一轮的存量用地再开发，不再是短期经济利益驱动下的"留改拆"，而是以"去房地产化"为特征，注重提升城市竞争力、公共服务能力、产业吸引力。再开发规划成为政府行使公共权力、调配各类资源和提升城市竞争力的重要手段，也更需要注重规划引领和管制，定好再开发的规则，实现政府、社会、企业、原业主在功能和空间重构中的利益平衡。再开发的管制，是面向相邻关系管控、增值利益分配、多方协同实施的工具。在管制的基础上，通过分层许可，明确对"地"和"量"的许可，并完成对半正规化历史事实的认定，使再开发的土地实现产权正规化。其实，布鲁克林大桥公园这样不花钱的友好相邻关系重构，在实践中我们也在不断地探索，广州的海珠三滘枢纽地区正是探索花更少的钱创造新友好相邻关系的典型代表。

5.1 导向高质量发展的再开发管制

5.1.1 再开发与空间品质

5.1.1.1 公共利益的保障

与过往的城市更新不同，广州这一轮的存量土地再开发，不再只关注短期利益，而是聚焦城市长期发展战略的实现，在土地再开发的过程中叠加对城市竞争力、公共服务能力、产业吸引力的综合提升。通过引入优质产业、教育和医疗资源，完善城市功能和空间布局，实现经济发展、城市活力、文化延续等全方位的赋能。

因此，再开发规划也成为政府行使公共权力、调配各类资源和提升城市竞争力的重要手段，更需要注重规划引领和政策设计，为再开发定好"规矩""底线"和"准则"。从单一地块改造到成片连片土地整备，可视为公共利益和历史文化保护优先的协同过程，可以实现空间增量的公平分配、公共利益的"肥瘦搭配"、产业的提效和升级，以及对历史文化的保护与活化。

例如，在《广州市城市更新单元设施配建指引》中，明确了再开发的公共服务设施配套标准，不仅包含了居住片区的公共服务要求，还包括产业片区的公共服务设施配套要求，包括对洽谈交往型、便民生活型、休闲娱乐型、商务服务型和市政公用型设施的要求，极大提升了再开发中的设施保障水平（表5-1）。

保障内容	保障政策	要求	主要内容
公共服务的捆绑	《广州市城市更新单元设施配建指引》	居住片区按不低于11%的建筑面积配套公共服务设施，产业（商业商务服务业）片区6%～11%的建筑面积配套产业公共服务设施	居住片区的公共服务设施包括教育设施、行政管理与社区服务设施、医疗卫生设施、文化体育设施、公园设施、福利设施、市政公用设施、商业服务设施、数字和通信基础设施，按三级配置；新建优质中学用地面积原则上不低于10hm^2，新建三级医院用地面积原则上不低于7hm^2。 产业片区的公共服务设施包括洽谈交往型设施、便民生活型设施、休闲娱乐型设施、商务服务型设施、市政公用型设施，如展示厅、共享会客厅、咖啡厅、创客空间、日托中心、母婴室、中西药店、物流配送站、快递送达设施、洗衣店、电影院、健身中心、艺术课堂等
产业升级的推动	《广州市城市更新实现产城融合职住平衡的操作指引》	分三个圈层，明确了各圈层城市更新单元中产业建设量（含商业商务服务业、新型产业、产业的公共建设配套）占总建设量的最低比例要求	广州环城高速以内划为第一圈层，共220km^2，产业建设量原则上最低占比为60%。 广州环城高速以外划为第二圈层，东至天河—黄埔、番禺—黄埔界界，南至广明高速，西至广州—佛山市界，北至华南快速，共397km^2，产业建设量原则上最低占比为40%。 第一、二圈层外的其他区域划为第三圈层，已经纳入重点功能片区，按规划控制，其他产业建设量最低占比由所在区结合片区产业发展规划自行制定指引
历史文化的保护	《广州市关于深入推进城市更新促进历史文化名城保护利用的工作指引》	在物质空间层面明确历史城区内严格控制新增建设量、严格控制建筑高度，历史文化街区、历史文化名镇、历史文化名村、历史风貌区、传统村落保护范围内不适用全面改造，原则上以现状保留、"绣花功夫"微改造为主，对各项保护对象进行优先保护、原址保护、整体保护，不破坏地形地貌，不砍老树，着重保护历史风貌和传统格局的完整性、真实性、延续性，禁止没有依据的重建和仿制。 提出历史文化保护利用项目可与更新项目组合实施，实行统一规划、统一实施、统一运营。 在非物质层面，挖掘和保护历史文化遗产的历史、文化、艺术、科学、经济、社会等价值，传承优秀的价值观、传统习俗、传统技艺和文化活动，着重保护非物质文化遗产	全流程严把保护关，保护规划未经批准，不得审批城市更新策划方案、详细规划、实施方案，在城市更新基础数据调查工作中开展历史文化遗产保护对象现场调查评估，在详细规划中编制历史文化遗产保护专章，对历史文化遗产项目周边地区开展城市设计，协调形体、色彩、体量、高度和空间环境等的新旧关系，对涉及文物古迹、古树名木、历史建筑及线索、传统风貌建筑及线索等的历史文化遗产进行严格保护并依法办理报建等审批手续；对农村旧住宅、废弃宅基地、空心村的拆除不可盲目推进，未征得住房城乡建设、文化广电旅游部门同意，不得实施拆除，对连片拆旧的，还应充分论证和评估。 因保护需难以在项目所在地块实现经济平衡的，在总建设量平衡且符合保护要求的前提下，允许优先在地块所在的更新单元内进行容积率转移，确有困难的甚至可在项目所在的行政区范围内统筹，经市政府同意可在全市范围内统筹，历史文化遗产保护成本纳入改造成本核算，拓宽历史文化遗产多功能使用范围，允许合理增加使用面积且所增加部分不计容积，履行历史文化遗产保护责任并用于公益性功能的，可全部不计容积，依法修缮的可进一步享受资金补助

资料来源：根据广州市2020年出台的城市更新相关指引梳理

城市土地再开发规划

5.1.1.2 城市品质的提升

进入存量时代，不再单纯依赖增量土地获得空间，城市发展逻辑有所转变，从获取土地财政作为城市政府财政收入的主要来源，转变为更多地依赖企业及个人的税收以支撑城市发展，因此城市间的竞争转向吸引高附加值的企业及高端人才，存量空间的再开发也必然需要回应城市竞争力提升的诉求。

国际上，再开发也从单纯关注物质环境改造的大规模拆旧建新式的住区重建运动，转向更关注经济和社会发展的"城市再生"（urban regeneration）。20世纪90年代后，旨在提升城市竞争力的综合空间策略"城市复兴"（urban renaissance）开始流行。尤其是2008年金融危机以来，各大城市为了争夺国际资本，关注的焦点从对物质空间的简单重构，转向更有竞争力、更富品质的城市品质提升。伦敦金丝雀码头复兴、纽约中城再区划、东京站地区再开发，这些在GaWC世界城市排名中竞争力排名为Alpha+乃至Alpha++级的国际都市，都在通过提升存量空间的品质，实现城市竞争力的飞跃。

对广州而言，城市竞争力的提升，全球活力城市愿景的达成，都将依赖重大战略平台，而再开发将为打造存量时代城市战略空间打下基础。存量发展时代，广州的重大战略平台，如荔湾区白鹅潭、天河区金融城、海珠创新湾等，都不再是白纸上的创设，而是对存量空间的优化提升。对广州来说，过去，在快速城镇化的过程中，为了规避城中村改造带来的高昂成本，而在战略框架拉开的过程中选择跳过村庄发展，所以，存量空间再开发难免面对插花地、碎片化的难点。然而，面向高质量发展的重大战略平台建设，必然要求改变过去以单一地块重建为主的"三旧"改造模式，转向成片连片再开发的功能和空间重构模式，将零星的地块变为成片连片更新的品质城区。

5.1.1.3 再开发的多方协同

1）多方共赢的路径

存量空间的"蛋糕"一旦做大，无疑会面临两个问题，那就是将来谁来分"蛋糕"，以及如何根据不同口味需求来分"蛋糕"。因此，在存量再开发的土地整备过程中，需要考量原土地权属人、社会资本方、城市政府等各方的利益诉求，需要在追求经济利益时叠加公共理性，寻求经济、社会、文化、生态多赢。同时，也要尽可能降低交易成本，以尽量少的交易成本吸引社会资本进入存量再开发的领域。与单个地块更新受单一经济利益驱动不同，成片连片土地整备使多元利益考虑和诉求叠加具备可能性，从而避免再开发的"破坏性"。

西方战后城市更新的发展历程，"先后经历了20世纪五六十年代的推土机式重建，70年代的福利主义色彩浓厚的政府主导的内城复兴，80年代的市场主导的公私伙伴型再开发，以及90年代开始的公、私、社区三向伙伴的综合更新"[3]。无独有偶，在广州，存量再开发也走过了从政府主导到社会资本进入再到多方利益协同的发展过程。进入多方利益协同阶段，成片连片土地整备需要充分考虑公共利益的满足、经济利益的撬动和社会治理的创新，因此，在管制要求和规划过程中，需要深入剖析原土地权属人、社会资本方、城市政府在"伙伴合作理事会"[76]等新型改造推进组织方式下的行动模式，并配置相应的管制手段（表5-2）。

土地整备中的各方行动路径　　　　　　　　　　表5-2

	原土地权属人	社会资本方	城市政府
角色	积极参与者/ 具体实施者	具体实施者	政策设计者
行动核心	让地	投钱	放权

	原土地权属人	社会资本方	城市政府
驱动力	获取现金和物业补偿等经济收益； 改善居住和生活环境，甚至获得社会保障等社会收益； 共享城市设施投入带来的溢价分成	获得土地发展权，融资并做大企业，获得投资回报	实现依托存量空间的城市战略地区再开发，提高土地利用效率，吸引产业进驻； 补齐公共服务设施配套、基础设施、公共空间的短板，改善城市风貌，提高城市品质； 获得土地出让金、税收等收益
行动路径	村民或其他原土地权属人达成集体行动共识，积极参与城市更新改造； 让渡部分原土地产权或者发展权； 争取物业正规化，获取租差收益； 通过打包更新宅基地、集体经营性用地、留用地，提供旧村安置房、物业，并以土地分成获取溢价收益	协调村集体/其他原土地权属人，参与土地整理，分享集体土地和物业正规化后的租差收益； 参与后续土地再开发，承担物业建设、产业招租、配套设施建设，获取土地再开发的溢价收益； 承担开发周期不确定的融资风险	通过顶层政策设计，促成城市战略空间再开发，平衡经济驱动和公共利益； 放松对"集转国"的限制，通过为原土地权属人提供将物业正规化的渠道，激励各方参与租差收益分成； 通过规划调整和用途管制，改变土地用途、提高容积率、改变公共服务和基础设施配套，积极创造空间租差收益

2）空间增量的分配

按照地租理论，再开发的空间增量通过提升土地价值的物质性来获得更高的空间产出或付出更低的空间使用成本，而公共投入对再开发的作用将影响空间的增值，关键在于如何合理分配这种空间增值，实现政府、社会、企业、原业主在功能重构中的利益平衡。再开发的空间增量表面上产生于政府的规则调整和规划管制，但实际上需要原土地权属人、社会资本方共同完成。空间再开发的"增值蛋糕"分配，会影响城市的经济增长和竞争力，因此，再开发的空间规划和空间增量分配，必须面对真实利益的冲突、长期和短期利益的权衡、开发项目必然的不可预测性，也需要考虑再开发中的动力、激励和救济因素，激发多维度的城市再开发竞争力（图5-1）。

从这种角度出发，空间的增量分配将演变成对增值后的公益空间和利益空间的分配。再开发后所提供的公共服务设施、广场、开敞空间、保障性住房、道路等基础性设施，可以视为再开发对公益空间的贡献，而剩余的空间

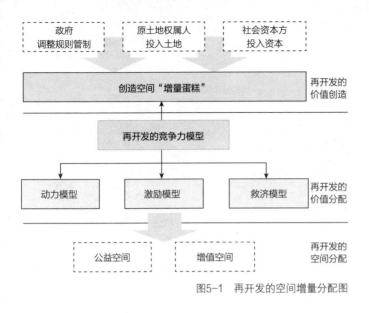

图5-1 再开发的空间增量分配图

则可视为增值的利润空间，这些空间往往以房地产开发、商业物业开发为主，可交于原土地权属人、社会资本方、政府分享。

5.1.2 再开发中的用途管制

5.1.2.1 存量土地再开发管制的特殊性

1）增量土地的用途管制

周剑云认为，对城市土地开发与使用的管制存在多种方式，包括规划、政策和法律[77]。无论是1947年英国通过城乡规划法细分土地权利；还是1961年纽约区划决议案中通过建立区划框架对"用途管理、开发强度及建筑形态"等核心指标进行政策管治，保障城市空间权益；抑或是澳大利亚昆士兰州通过整合规划的形式，协调州、地方两级政府不同部门的行政效能，它们都是将多个规划与各个审批流程等开发项目的决策过程进行整合，从而通过规划影响开发项目。对比这些城市土地开发与使用管制的方式，国内城市以控制性详细规划为主的管制方式大多侧重对增量空间的管制，往往从城市理想蓝图出发，通过约束阳光权、奖励容积率等来加以管控，但实施的过程存在若干问题，比如缺乏对既有产权的考虑，忽视多方利益的协同，忽略对实施流程的有效组织。

2）存量土地的再开发管制

目前，学界对用途管制的研究多侧重于增量空间的用途管制，存量空间的再开发管制相对较少涉及。而存量用地上的再开发管制，实际上是为化解各种利益冲突提供舞台，再开发中的高质量空间需要通过有序的用途管制获得。

因此，存量用地上的再开发管制，并不仅仅控制土地用途和建设管理，还侧重于平衡公共与私人复杂的权利关系。具体而言，包括对相邻关系改变后的管理，空间增值利益的分配方式，面向实施的救济和奖励措施，这些都需要在存量空间的再开发管制中予以明确。

具体而言，城市政府代表国家为土地发展赋权，通过掌握附着在土地之上的增值空间流向，来实现土地资源最优化配置并保障公共利益。因此，在实施管制的时候，需要"肥瘦搭配""国集组合""新旧结合"，运用规划指标、土地指标、出让金、税收等多重管制工具，在存量用地再开发过程中既能激发原土地权属人参与再开发的意愿，又能吸引社会资本进入，同时保障公益空间供给。

5.1.2.2 再开发管制的工具属性

1）面向相邻关系管控的工具

空间再开发会产生即时的邻里效应，这种邻里效应按照影响范围，可分为单一地块或项目对周边地块的影响和整体再开发对城市的整体影响两类。

A地块的再开发改变了相邻的B或C地块的阳光、空气、绿化、交通等环境要素，是再开发中相邻关系影响的狭义表征。我国的《物权法》对相邻关系的要求包括："建造建筑物，不得违反国家有关工程建设标准，妨碍相邻建筑物的通风、采光和日照"，"不动产权利人不得违反国家规定弃置固体废物，排放大气污染物、水污染物、噪声、光、电磁波辐射等有害物质"，"不动产权利人挖掘土地、建造建筑物、铺设管线以及安装设备等，不得危及相邻不动产的安全"，等等（图5-2）。

由无数个单一地块再开发累加起来而产生的整体城市空间再开发效应，将改变城市中心的活力，增加就业岗位，提升公共服务品质和城市的整体竞争力，是相邻关系影响的泛化表现。纽约的中城，以及伦敦的国王十字车站地区、金丝雀码头，都通过再开发成功吸引了"用脚投票"的全球资本。在2008年金融危机之后，再开发后的纽约硅巷地区，甚至创造了比硅谷更高的就业岗位增速。

因此，再开发管制应从对上述两类相邻关系的管控出发，不仅应该从单一地块出发考虑对周边地块阳光权、城市空间形象的影响而约束相邻地块的开发，还应该侧重于从城市全域竞争力提升的角度，从更大的区域范围，考

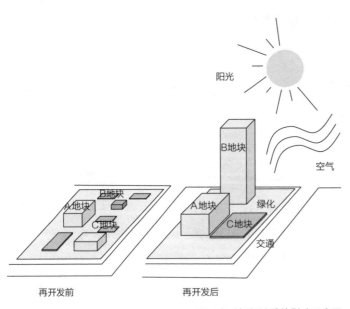

图5-2 再开发对相邻关系的影响示意图

虑城市土地价值的提升和规模化再开发给交通承载力、公共服务设施承载力等带来的影响，再落实到对相邻地块的管控上。

2）面向增值利益分配的工具

再开发过程中，政府通过调整规划和修改规则，改变A地块的发展权，在赋权的过程中，无疑会对周边的B地块、C地块产生影响，而B地块、C地块对其自身合法权益的维护，又会反过来制约A地块的发展权赋权。"任何项目的嵌入都依赖于现实的相邻关系。一旦一个新的建设项目嵌入，就会与周边地块的不动产构成新的相邻关系。城镇的'生长'是基于这种相邻关系的变迁而不断生长的，也就是按照排队原理在'生长'。"[78]如何管理这种"生长"？按"谁先排队谁占有"的原则还是按"社会利益最大化"的原则来构建再开发的管制体系？这将影响增值利益的分配。而这种增值利益分配，不仅仅是算"经济账"的过程，同时也是算"公益账""产业账"的过程，算清楚如何分配，通过管制保障社会效益最优，才是激发城市竞争力的再开发路径（图5-3）。

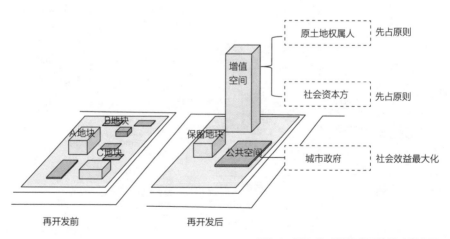

图5-3 再开发对增值分配的影响示意图

广州H区过去是以产业发展为主的开发区，随着城市化进程推进，逐步走向产城融合发展。在工业区周边依托原有工业用地改造新建的住宅小区虽然不多，却存在居民因为周边工厂有环境、噪声污染而频繁投诉的现象。如果按照先占原则来判断的话，工厂出现在居住区之前，无疑应该保留工业用地的用途。然而，就开发区整体的竞争力而言，仅仅依靠低效的工业用地难以吸引高端人才。因此，需要调整原有的工业布局，或者从管制的角度约束高污染型企业进驻，提高企业进入门槛。

3) 面向多方协同实施的工具

对于参与再开发的各方而言，再开发管制中博弈的焦点在于，在同一块土地上如何合理安排增值空间和公益空间。原土地权属人和社会资本方往往青睐可换取增值回报的增值空间，如经营性建设用地和经营性建筑等，却规避承担公共责任的公益空间，如道路、绿地、历史建筑、中小学配套等，而城市政府则需要在存量土地上创设新的公益空间，以增强城市竞争力（图5-4）。

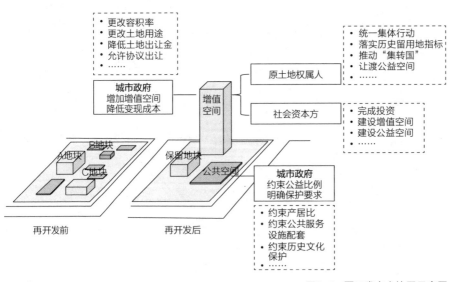

图5-4 再开发多方协同示意图

再开发管制中，面向多方协同实施，需要考虑以下三个方面。一是管制和许可设定中，是否提前预判了公益空间和增值空间的比例，增值空间是否能覆盖各方所付出的成本或者满足收益预期；二是管制调整的过程中，是否增加了多方博弈的过程，在片策、实施方案、控规调整的制定和审批过程中，能否多维度反映各方需求；三是在管制实施中，是否增加激励与救济兼容的规则。

例如，在广州海珠三滘枢纽项目中，因为广州市政府要开通一条从市中心到广州南站的快速通道，需要在更新片区内新建一条隧道，这就需要协调快速路建设、相关权属主体更新意愿和社会资本方进入。而该片区的控规虽已经通过了市规委会的审议，但仍缺乏落地实施的多方协同路径。因此，需要一个能整合多方意愿的协同规划，同时考虑各方需求。一方面，帮助政府修好道路，同时实现城市战略空间落位，这需要在土地整备过程中，在原有控规的指导下，在创造增值空间或降低各方成本上下功夫。另一方面，在既定的增量空间设定的前提下，降低原土地权属人资本变现和社会资本方进入的门槛。这就需要在土地整备规划中，将零散土地整合归宗，分配好增量空间和公益空间，明确实施方，实现空间协同，系统优化项目实施时序，激发各方更新意愿，以最低成本完成市政工程和城市更新，做到时序协同。

5.1.3 再开发许可与规划

5.1.3.1 再开发规划的分层许可

1）再开发中的两类许可

再开发规划的许可方式有两类。一类许可与土地使用审批有关，其实质是使产权不完整的土地正规化的过程，在广东的"三旧"改造中，这个过程主要包括集体土地完善转用、征收审批手续，旧村庄集体建设用地转为国有建设用地审批手续，国有土地完善转用审批手续，"三地"及其他用地办理转用、征收审批手续；在土地产权正规化后，才涉及与规划审批相关的第二类许可，其实质是赋予土地发展权，从而实现土地增值，包括调整非经营性用地的规划用地性质、提高规划开发强度、提升公共服务设施和基础设施等，最终以"一书两证"的方式固化，"一书两证"是指建设项目选址意见书、建设用地规划许可证和建设工程规划许可证。

2）再开发的正规化

广州的再开发政策历经十余年的变迁，通过创新土地管理的许可政策，在存量再开发中使不完整的产权正规化，为集体土地的"同价同权"赋能。具体体现在：一是允许集体建设用地产权正规化，简化了集体建设用地转为国有建设用地的手续，解决了过去以征收为主体的集体建设用地正规化过程程序烦琐、费时长久、改造成本高等问题。二是允许集体建设用地完善手续，并提供正规化途径，对"三旧"图斑周边犬牙交错的零星现状农用地、未利用地的边角地块一并整备，进行再开发利用，鼓励将留用地或未兑现留用地指标纳入城中村改造范围一并改造。三是支持集体建设用地与国有土地"同价同权"，允许将被收购整合的国有用地（不含"三地"）不超过改造范围总面积的10%用于复建安置和公益设施，允许政府储备用地与村集体建设用地置换，依据"面积相等、价值相当、权属清晰、双方自愿"的原则置换后纳入改造范围。四是允许在再开发的过程中，以土地协议出让和合作开发的方式保留原土地权属人的土地发展权，激发各方参与再开发的积极性。

3）半正规化历史事实的认定

贺雪峰认为，在严格执行《土地管理法》之前，在发展乡镇企业的过程中，一些地方客观上将农业用地用于建设，形成了当前全国大约4200万亩集体经营性建设用地。[66] 对于这4200万亩半正规化集体经营性建设用地存在的历史遗留问题，是需要在再开发过程中予以解决的。而广州的再开发，执行广东省的"三旧"改造政策，以2009年12月31日为界限，承认集体建设用地中既定历史事实的存在，允许集体建设用地完善手续，并提供有条件的正规化途径。

4）再开发的增值

再开发的增值，往往与"明重点""定功能"和"控指标"的规划要求密切相关。

从广义来看，再开发的增值化许可，应推动城市重大平台和重大项目的建设，引导社会资本优先向战略地区集聚，这种许可通过更新计划实现。以广州为例，政府通过城市更新工作方案，将资源集中引导到城市未来发展的重点地区，以避免市场动力下城市更新资源投放无序。同时通过更新单元和成片连片土地整备等规划手段，提前将公共服务设施、市政设施、基础设施和公共绿地等在更广的层面上落实。

从狭义来看，再开发的增值化许可，主要集中在改变土地用途和开发强度上，主要通过修改详细规划、片策方案和实施方案来实现。土地用途的改变，主要包括非建设用地变为建设用地、非经营性建设用地变为经营性建设用地、增加公共服务设施用地等；开发强度的改变，主要包括容积率的提高、建筑高度的增加、建筑密度的增加、用地兼容性的提高等（图5-5）。

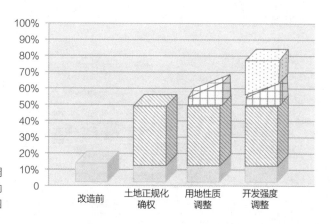

图5-5 再开发管制调整对增值空间的影响示意图

5）再开发许可的有效推进

再开发的快速化许可，主要体现在审批程序的优化和并联审批上：一是允许修改片区策划方案、控制性详细规划，和实施方案同步编制、统一编制。二是强化分层分级管控，优化市区两级审批机制，建立"单元规划+地块详细规划"分层编制和刚弹结合的分级审批管控体系。刚性指标由市政府审批，因项目实施需要，弹性指标优化可由区政府审批。三是分阶段给予施工许可，加快"三旧"用地报批。可在详细规划修改方案批复后，先行办理建筑方案审查、分阶段施工许可等手续（图5-6）。

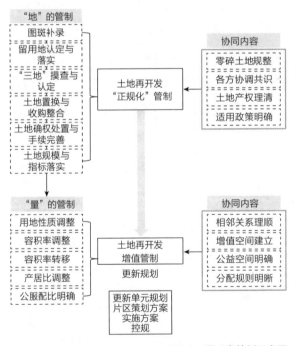

图5-6 再开发管制示意图

5.1.3.2 再开发规划的竞争力模型

1）动力模型

再开发规划不再是一张图，而是一个有竞争力的规划、能吸引资本的规划。因此，对于参与再开发的各方，都应该充分激发其参与动力。从原土地权属人的角度，参与再开发的动力是通过土地用途变更，将手中的资产变现，具体表现为争取集体物业兑现的数量与质量；从社会资本方的角度，参与再开发的动力是以最小资本投入获得最大的产出效应，具体表现为争取最大化的经营性物业量；从城市政府的角度，参与再开发的动力是增加低成本产业空间，提供高质量公共服务设施（图5-7）。上述三方参与动力的来源，构成了再开发的"动力三角"。因此，再开发管制就需要在识别三方动力模型的基础上，提出多方协同的规划，合理设定增值空间和公益空间的配比。

以广州为例，在《广州市城市更新实现产城融合职住平衡的操作指引》中，提出分圈层确定"产居比"的要求，这样一来就明确了不同区域再开发的价值导向。环城高速以内的中心城区成为吸引产业资本的重点区域，产业建设量不低于60%，用高地价撬动高质量产业空间。

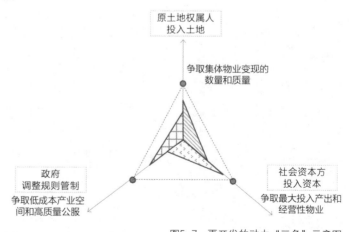

图5-7 再开发的动力"三角"示意图

2）激励模型

在再开发过程中，政府需要激励原土地权属人和社会资本方共同投入，通过再开发为城市提供高水平的公共服务设施、低成本的产业空间、其他市政基础设施、历史文化保护等，这就需要政府通过建立管制规则，激励原土地权属人和社会资本方。激励手段可组合多种奖励措施。以英国为例，其在城市更新中普遍尝试了通过"财政激励、宽松的规划限制和少量的政府干预"来激励企业的做法[79]。

在不突破环境、交通承载力上限的前提下，容积率提升、经营性建设用地增值等可以成为再开发的重要激励手段。而土地出让金的减免、土地取得流程的简化，如以协议出让给原土地权属人的方式，可减少招拍挂过程的不确定性，降低再开发的拿地成本，也可将40%～60%的土地出让金返还给原土地权属人，使再开发"成本—收益"的经济账链条更完备，也是不可忽视的激励手段（图5-8）。

因此，应对不同类别的再开发许可，要改变过去理想蓝图式的控规，做

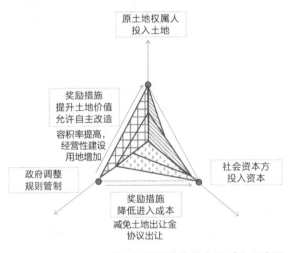

图5-8　再开发的激励"三角"示意图

协同式的土地整备方案，使再开发建立在土地可实施、资本可吸引的基础上，建立有效的管控模式。

3）救济模型

谚语说，"没有救济就没有权利"。因为在考虑相邻关系而对再开发予以管制的同时，原土地权属人难免会损失部分增值空间，如因为保护历史文化资源而无法提高容积率，或者因为公共绿地或城市各类底线管控而无法落实建设用地，就需要政府在再开发管制中提供相应的救济措施。比如对保护历史文化或对公共服务设施建设有贡献的行为免于计容，允许容积率异地转移，允许特定用途变更免于许可，支持将储备用地用于安置或公益设施建设，都可视为再开发过程中的救济（图5-9）。

比如，广州在历史文化名城规划中对历史城区提出12m、18m、30m的控高要求，为了减少对北京路历史文化核心区风貌的影响，2016年5月的市规委会同意将越秀区北京路某个已批未建的建设项目的1.8万m²建设量腾挪转移到天河区东莞庄某项目中，降低了北京路项目的建筑高度。该项目当时

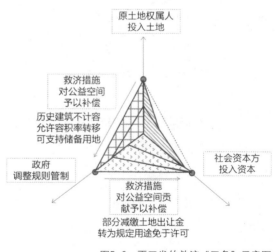

图5-9 再开发的救济"三角"示意图

仅作为探索容积率转移的个例，转移的容积率和建筑量按等价值原则，在同一公司权属的地块中转移。而在2020年发布的《广州市关于深入推进城市更新促进历史文化名城保护利用的工作指引》中，则允许在同一更新单元内、同一区、甚至市域内进行腾挪，而且并未规定必须为同一权属主体，进一步完善了救济的规则。

5.2 再开发的协同规划

再开发的协同规划通过"锁定—谋篇—解锁"的路径，实现对重点片区土地再开发的管控和对权益的重新分配，从而释放存量土地价值，实现土地增值。当多方主体利益冲突时，地方政府就会按下"暂停键"，通过划出"规划待定区"等途径，"锁定"再开发行为；当时机成熟时，确定规划方案谋篇布局并通过规划赋权，对"锁定"的再开发地区进行"解锁"，在保障公共利益的前提下开展土地再开发工作；最后通过产权重构及对土地增值收益的再分配，实现地区资源的优化配置。

5.2.1 再开发的协同规划类型

城乡发展的环境及其内容错综复杂，任何改变都会涉及多方面的协同，因此，为了引导和控制未来发展，需要预先安排未来的行动方向和行为规则[80]。存量土地再开发规划需要改变土地复杂的现有使用状态，既涉及利益格局，又要满足社会资本对经济回报的要求。因此，需要通过编制有竞争力的土地整备方案，串联"愿景—管理—实施"等规划工作环节。可以说，围绕土地再开发行为编制的土地整备规划是一个过程规划，是落实各类相关规划且面

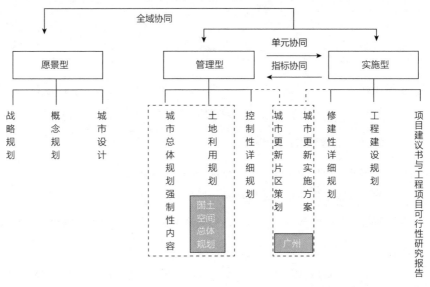

图5-10　再开发规划体系协同模式示意图

向实施的行动规划（图5-10）。针对再开发行动，土地整备规划根据不同层级的管理目标，提出相应的管控要求，以协同各类主体诉求与城市高质量发展目标。

5.2.1.1 基于相邻关系的协同规划

相较于增量规划，存量规划是在现状基础上对开发建设行为的谋划，再开发地块与地块之间已有很多现成的"邻居"，因此，再开发规划即围绕对"邻里关系"的调整展开，并从不同层面提出管控要求。

1）全域管控模式：战略规划/概念规划+规划政策

宏观层面的规划包括战略规划与概念规划等，更多的是体现城市愿景，通过制定规划政策来回应相关利益人的诉求并满足地方政府的管理要求。"战略规划/概念规划+规划政策"的组合搭配，可实现城市愿景从宏观层面到具体地块的传导。

从全域出发对全部更新改造对象统一进行建设规模与设施配套测算，对多类设施之间、设施与再开发项目之间的边界、服务半径、互斥性等进行统筹考虑并开展协同规划，这是广州城市更新对土地再开发的创新探索。

2）片区管控模式：整备单元规划

传统规划体系中，片区级的管控主要通过控制性详细规划实现。因过于追求规划师眼中的理性，所以严格按照规范要求安排用地比例与土地用途，并根据规范与传统规划经验落实设施与产居配比，却往往容易忽视现状使用中的限制条件，如产权关系与利益格局等。

为此，存量地区的再开发行为需充分尊重现状条件与相关利益人诉求，扭转以前"理性综合规划"的思维，转而从"行动规划的角度"研究再开发方案，形成让原土地权属人有动力、对社会资本有吸引力、对城市有贡献的可实施整备方案。因此，划定土地整备单元，将其作为协同编制方案的工作范围，目标是实现单块土地涨价到片区增值共享的转变，并最终反映到控制性详细规划的法定图则当中。

土地整备单元的管控作用，主要依靠两个方面实现：一是搭建平台，进行协同式方案编制。村集体、政府、社会资本方、规划师以及相关公众代表，可共同参与到包括项目可行性研究、基础数据认定、容量测算、土地再分配以及地块规划控制指标设定等在内的全流程之中，并依托集体表决达成共识。二是增值共享，权责共担。单元不仅是绘制空间蓝图的底板，更是共同谋划增值的联盟，协同编制的整备方案，是产权重构后土地边界、权益与社会责任再分配的基础。

3）地块管控模式：核心指标

对单宗地块开发建设行为的管控，主要通过控制性详细规划确定建设用地形态与布局、给定建设用地的规划指标来实现，指标主要包括地块的使用性质、容积率、配建服务设施等，从而明确各相关主体的权益规模与公共责任。

若要协同再开发地区单宗地块与相邻地块，需要满足两类诉求：一是原土地权属人与土地上经济利益相关者的利益诉求。若再开发后出现相邻不友好等问题，可考虑通过转移开发权益的方式使多方主体都满意。二是社会资本的投资回报诉求。社会资本可参与再开发方案的讨论与编制，以确保方案的经济可行性。依靠任意一方单独决策再开发地块的指标，难免有失公允，因此，需要多方协同，给出合理的规划指标。

规划指标中的土地利用性质作为强制性指标，受片区定位与相邻地块使用性质影响，整体协同后才能确定片区用地性质的最优组合。地块的使用性质、强度指标共同决定地块的经济价值。

规划指标中，容积率是反映地块建设强度的刚性指标，也是在同等区位下影响土地经济效益的重要指标，容积率的高低对相邻地块亦会造成不同的影响；同时，容积率也是衡量地区品质与生活环境调控水平的重要指标。再开发方案中，按照规则测算复建与融资建筑面积后，可通过容积率奖励与转移等方式，对权益与责任的分配进行再调剂。

5.2.1.2 基于成片连片的协同规划

1）共同绘制蓝图

土地再开发是以有限的空间资源来实现多元空间价值并提升城市品质的工作，土地再开发规划方案则是以规划技术为基础、以政策为导向，经多方协同后形成的共识性文件，方案本身是各方利益协调和博弈后的结果。对话与博弈围绕空间规划方案展开，规划方案不仅需要从规划技术合理性出发，更重要的是综合考虑如何对产权重构后产生的增值进行公平合理的分配，最终形成一个多方均能"基本满意"的共识性空间方案（图5-11）。

2）协商处置产权

相对于增量规划侧重于表达规划理想，存量规划更侧重于对产权的处置

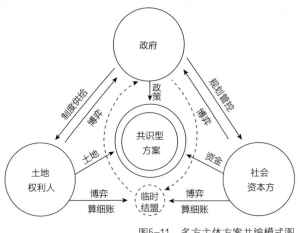

图5-11　多方主体方案共编模式图

与多元主体的协调，在复杂的利益格局下，按照政策与规则，对资源进行重新配置。在存量规划中，整合土地是实现成片连片开发的关键，双方、多方的置换，对各方的收益分配展开协商谈判，对成片连片开发的规模与再开发的成效有很大影响。对不同性质的土地，可通过收回、征收、置换等方式，获得成片连片的可再开发片区。但在面对历史遗留问题时，不仅需要多方协商，更需要厘清产权关系与权益分配准则，从而确定产权处置的方式与主体。

3）协同多元合作

存量再开发的参与主体包括城市政府、原土地权属人与社会资本方，不同主体的开发动力、参与模式与利益诉求不一致时，可通过整备方案，协调各主体的利益边界，从而通过协商绘制空间蓝图。土地再开发规划侧重于处理公共利益与个体利益之间的边界，协调城市品质与土地经济价值的矛盾。

而在多元价值引导下编制土地整备方案，要求技术工作者承担好"联络人"的角色[81]，他们既代表政府确保公共产品落地与公共利益还原，又要确保原土地权属人、社会资本方从物质空间更新中获得"基本令人满意"的预期收益，从而提高整备方案的可实施性。

5.2.2 再开发规划的限制因素

1）碎化的用地制约开发效益

存量土地作为城乡建设用地范围内已发生建设行为的地块，一般主要以旧厂或者旧村为建设形式，从用地形态与边界特征来看，呈现集体建设用地与国有土地插花布局，旧村用地嵌入城市建成区之中，边界畸零，片状分散分布的特征。就单一权属土地进行孤立开发建设，很难符合既有的土地利用与规划要求，存量土地上的规划蓝图难以落地。同时，集体建设用地与相邻用地交错分布，也制约了周边国有土地或者其他权属土地的再开发。

存量土地再开发的低效，不仅反映在存量土地本身上，同时也反映在对地区规划落地的影响上，如交通路网、学校、医疗以及市政等公共设施用地无法落实，导致存量土地较多的地区的整体公共服务水平较低，也制约了片区土地价值提升。

2）模糊的产权影响资源流动

存量土地的产权分散，而且存在集体土地转国有土地过程中留下的未完善手续的用地夹杂、集体土地自行交易过程形成小产权物业、征地留用地指标欠账等问题。这些正规、半正规甚至是还未完全兑现的产权，成为影响存量土地参与市场再配置的障碍。

首先，产权的复杂，表现为项目类型与利益诉求的多元，导致出现利益协调难度大、非经营性土地供给困难等现实问题，降低了推动片区整备方案的可行性。其次，对于有历史遗留问题的土地，原土地权属人在未获得预期权益承诺前，往往不同意再开发。最后，土地再开发也是一次性解决历史问题的契机，包括对历史产权的认定、现实土地用途价值的判定、公共设施欠账的落地等问题，借由再开发进行土地整备，在协同的基础上综合处置多方主体的责任与权益。

3）权责分配不清影响积极性

权益与责任再分配是建立在清晰的产权、合理的增值测算以及分配的规模比例之上的。若依据传统的征收—规划变更—土地出让模式，实际上是将原土地权属人排斥在土地增值的收益之外。土地征收的补偿原则与计算方式对原土地权属人并不具备吸引力，如"政府定价"和按"原用途补偿"这两点原则，即规划变更后，土地用途与建设规模转变产生的增值部分完全归公，原土地权属人参与规划实施的积极性自然不高，所以土地难以实现产权变更。

4）自主改造的逐利性排斥公共产品供给

自主改造或者引入社会资本开展的再开发活动，常陷于对显性土地经济利润的追逐，而忽视公共产品供给带来的隐性价值，将之置于考虑之外，或者是寄希望于由政府与未来的建设主体承担该部分的责任。

5.2.3 协同型规划的技术要点

1）整备范围与整备对象的界定

整备范围是再开发的工作边界，是根据片区土地整备潜力评估、项目关联度、建设时序以及衔接上位规划与相关规划的要求，结合权属边界与行政管理边界划定的边界。在划定的整备范围内，以土地再开发的土地潜力评估为基础，秉持可实施性原则，综合考虑整备对象诉求，在公共价值导向下，综合产权处置的多种方式，谋划范围内的城市战略落实、公共空间落地等。

2）再开发容量与转移权益的测算

整备范围内再开发后的建设总量，一方面需满足对原土地权属人的权益补偿，并对社会资本方在土地再开发中的投入给予合理回报；另一方面需结合片区及相邻地块的资源环境、交通市政等的承载力进行综合评估，才能最终确定。在承担公共责任甚至承担超额公共责任的情况下，还可应用容积率奖励与权益转移等手段调剂增值分配。

其中，重要的测算工作包括物业补偿及回迁安置计算。比如集体回迁复建量计算方式，可参考《广州市旧村庄全面改造成本核算办法》（穗建规字〔2019〕13号）中关于集体土地上房屋补偿安置参照的相关规定，居住建筑按280m²/栋的标准进行核定复建，合法物业按照1∶1的比例进行复建，而违法物业按照2∶1的比例进行安置。再如旧厂物业安置复建计算方式，可借鉴旧村全面改造中对村民住宅以及集体物业复建安置的办法，以产业物业的安置模式对旧厂物业进行补偿。

容积率奖励与容积率转移的应用，主要体现为，对为城市建设作出了额外"公共贡献"的项目，可以采用容积率奖励或是容积率转移的方式保护贡献人利益不受损失。在土地整备中，为地区提供公共性设施或是公共开放空间的，在原有地块建筑总量的基础上，可适当给予奖励，增加经营性建筑面积。容积率转移则是依据价值相等原则，将原有不适宜开发的用地上的建筑量转移至适宜开发的地块上的一种整备模式。

3）增值共享与公共利益的还原

土地再开发增值分配应由原土地权属人、社会资本方、城市政府以及相邻公众共享，从"利益排他"到"利益相容"[82]，实现再开发中的多方共赢与共享。通过再开发对城市原有的土地用途、空间品质、设施配套水平做出的调整与安排，使得城市某一片区的土地价值发生了转变，使土地占有者获益。如果在再开发中获得额外的增值收益，应设定规则进行还原，否则易引发社会公平问题和公共产品成本分担问题。从"公共利益优先、增值收益共享"的原则出发，土地再开发需在前期工作中研究设施统筹布局、发展共识等，然后对再开发后产生的公共职责进行再配给。在编制城市更新实施方案与控制性详细规划时，应公平地分配经营性用地，并确定合理的开发强度，以分担公共服务设施用地与各类公共产品建设。在分期方案中，亦需明确经营性与非经营性用地的配比与实施时序，确保各建设主体在承担了阶段性公共责任后，才进入下一步融资项目的获取流程。通过建立完善的增值收益分配制度，预防土地用途和开发强度不合理改变而影响城市品质的风险。

5.3 成片连片的土地整备：广州海珠三滘枢纽地区 [①]

海珠三滘枢纽地区位于广州市中心城区南部，东临海珠国家湿地公园，西至大干围旧厂地区，北靠工业大道，南临珠江后航道，是珠江后航道与城市新中轴的交点，也是海珠区南部重要的门户区域。2016年，广州市委十届八次全会提出"着力优化提升一江两岸经济带、创新带和生态景观带，建设精品珠江"的工作要求，海珠三滘枢纽地区所在的海珠创新湾作为珠江后航道上产业发展与生态景观建设的重要节点，是将海珠区打造为活力城市核心区、生态型创新发展示范区的重要抓手。

自2010年以来，海珠三滘枢纽地区为了落实地区发展战略，同步解决城中村更新瓶颈问题，由政府主导开展了包括控制性详细规划、城市设计、旧村全面改造在内的多项规划研究工作，并制定了大干围旧厂片区土地收储计划。同时，在城市更新的背景下，海珠三滘枢纽地区的村集体也开始编制旧村全面改造策划与实施方案，旧厂原土地权属人纷纷探索旧厂再开发的可能。然而，无论是由政府还是由权属主体主导的再开发规划，或多或少均受到相邻边界、土地收益以及规划赋权等多种因素的影响，由于缺乏统一平台进行协同，总体进展缓慢，收效甚微。因此，在城市更新再开发过程中，不能再"就地块论地块"，而是要考虑到地块的相邻关系，超越地块的尺度，

---

① 本部分的土地再开发方案为研究方案，最终以政府批复规划及开发实施的结果为准。

成片连片开展土地整备和再开发工作。

2019年，随着海珠创新湾过江隧道建设被提上日程，海珠三滘枢纽地区成片连片整体再开发工作成为地区规划研究工作的焦点。广州市城市规划勘测设计研究院开展了海珠三滘枢纽地区隧道上盖开发研究、土地整备研究工作。目前，广州交投集团已顺利推动海珠创新湾过江隧道开工建设，同时，广州市土地开发中心也正在开展该地区的土地收储工作。

5.3.1 项目概况

5.3.1.1 基本情况

新中国成立后，随着工业大道两侧工业区崛起，海珠区正式走上高速发展的轨道，广州造纸厂、第一棉纺厂、广州造船厂以及太古仓等名字成为一代人的历史记忆。2000年以后，在"退二进三"工作的推动下，很多生产功能外迁，沿江释放出来的工业用地被置换为高档的写字楼与住宅。进入21世纪以后，海珠区南部的珠江后航道地区先期启动了广州造纸厂地区土地再开发，并沿珠江后航道向东扩展，自此进入存量用地再开发的新时代。

广州市战略规划提出加强番禺区与中心城区的联系，预留了多条交通通道。1988年，洛溪大桥全线贯通，成为连接海珠区和番禺区的过江通道，然而，仍然存在一些预留通道等待被打通。随着海珠创新湾过江隧道启动和江南大道南北全线通车工作有序推进，海珠三滘枢纽地区迎来了交通提升的新机遇。海珠三滘枢纽地区位于海珠区东南部、珠江后航道北岸，是海珠创新湾的重要组成部分；同时也位于广州城市传统中轴与城市新中轴交会之处（图5-12），距离广州南站重要交通枢纽仅9分钟车程，拥有长达2.5km的后航道滨江岸线资源。

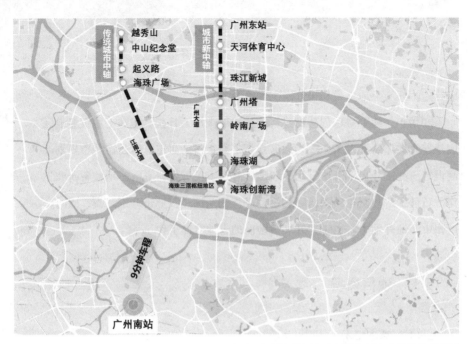

图5-12　海珠三滘枢纽地区与广州两条城市中轴的位置关系

受早期粗放式的土地利用模式影响，海珠三滘枢纽地区呈现"半城半乡半厂"的空间状态。旧村旧厂面积占用地总面积的比例约为42%，形成了村、城镶嵌的土地利用特征，遮挡了滨水景观视线，破坏了珠江岸线的空间连续性。沥滘村等村庄建设用地夹杂在城市南中轴之中，零散分布在海珠岛中间10km的后航道岸线上。

海珠三滘枢纽地区开展的成片连片土地整备工作，综合考虑重大工程项目、用地权属边界等要素，再开发研究范围北至南洲路、南至后航道滨江、东至沥滘涌、西至南华西工业公司权属边界，土地面积共计291hm²（图5-13）。基于利益统筹的原则，根据现状权属、复建安置、基础设施建设、产业落地等要素，划定不同主导模式的整备分区，进行成片连片开发。

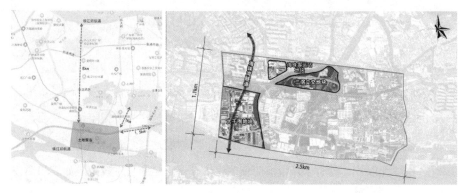

图5-13 海珠三滘枢纽地区及重点再开发地块分布图

5.3.1.2 再开发过程

在不同的发展阶段，海珠三滘枢纽地区的各主体结合自身利益诉求，开展了不同模式的再开发探索，可以划分为三种类型，分别为原土地权属人自主改造模式、区级政府主导更新改造模式、多方主体协同土地整备模式。

1）原土地权属人自主改造模式

原土地权属人自主改造模式主要包括四种类型，分别为旧村的自主改造、国有企业的自主改造、私有厂房的自主改造和政府推动的相关主体自主改造，由于在改造和规划方面有方向性指引，原土地权属人改造积极性较高。

国有企业的自主改造。广州交投集团总部所在的三滘立交地块、广州公交投资集团的海珠客运站地块等属于典型的国有企业自主改造。2015年，广州交投集团启动了三滘立交地块的控规调整工作，通过修改立交形式，将取消收费后的原交通设施用地调整为居住用地。2017年广州公交投资集团在海珠客运站功能逐渐外移并衰落之后，启动了海珠客运站地块的综合再开发概念规划研究，在保障交通功能的前提下，对传统地面客运站进行上盖综合开发，以提高地块的土地价值。

私有厂房的自主改造。自主改造带来的高额土地增值收益，成为私有厂房权属人重要的改造动力。考虑到大干围化工仓库地块的滨江优势，原土地权属人试图通过旧厂房改造提升，获取高额的再开发土地增值，为强化城市更新的话语权，通过广州市政协提案，提出单地块改造规划方案申请。然而，由于未考虑打通沿江通道等片区协同方案，该地块独立改造方案未被采纳。

除此以外，政府也开始推动相关主体开展零星的自主改造。如广州交投集团进行的南环高速下沉工程改造，将极大地推动沿线基础设施建设，促进土地集约利用，但由于涉及南北两侧旧村、旧厂用地，土地征收难，工程实施难以推进。

2）区级政府主导更新改造模式

海珠三滘枢纽地区所在的海珠创新湾是海珠湿地南部的生态协调区，与琶洲互联网创新集聚区、中大国际创新谷共同构成海珠区"一区一谷一湾"三大重点发展片区。早在2013年之前，海珠区已经开始对这个片区与周边进行零星的收储与开发。比如"越秀·天悦江湾"地块，在2013年5月创下了广州当时最贵的地价纪录，政府依托规划赋能和用地出让，有效地促进了土地增值。为了更快地提升海珠创新湾的土地价值，同时为了实现扩造"创新经济地位突出、国际商贸交流活跃、生态发展模式先进、新岭南文化特征显著的活力城市核心区及生态型创新发展示范区"的发展目标，自2016年开始，围绕将海珠区打造成"创新岛、生态岛、安全岛"的理念，区政府组织开展了海珠创新湾地区的控制性详细规划及城市设计编制工作。2017年，海珠创新湾地区的控制性详细规划将其中一宗地块规划为滨江重要的商业商务地区，相对原有的工业用地性质土地价值大大提升，但考虑到多个权属人复杂的利益协调问题，为避免原土地权属人有过高的增值预期，规委会决议前夕将地块调整为规划待定区，暂时保留原状。海珠三滘枢纽地区所在的海珠创新湾初步形成了控制性详细规划和城市设计成果，并于2019年1月获批。

3）多方主体协同土地整备模式

2018年，为加强广州中心城区与广州南站的联系，广州交投集团委托广州市市政工程设计研究总院有限公司，开展"东晓南路—广州南站"快速专用连接线工程研究工作。连接线工程北起东晓南路高架，南至广州南站，纵跨海珠区、番禺区，路线全长约9.5km，在海珠三滘枢纽地区以过江隧道（以下简称海珠湾隧道）的形式下穿珠江后航道，主线隧道段长约4km。截至2021年1月，海珠湾隧道南段已开展建设，而北段却面临着土地征拆难及建设成本高两个难题。因此，工程建设主体尝试通过多方主体协同的方式推进项目开展与落地，包括探索连接线工程沿线土地的综合开发模式，提出结合海珠湾隧道地面部分明挖暗埋段，通过工程协同进行地上部分综合开发；同时，结合工程建设盘活后航道边上的土地，打造具有竞争力的滨水地区。

随着地区改造的需要越来越迫切，海珠湾隧道重大项目处于即将"上马"的关键时刻，需要更高的统筹力度保障土地再开发工作的实施。因此，由市级有关部门组织开展土地整备研究，期望能够通过多方主体协同，指导该地区的土地再开发工作。

5.3.2 存在的问题

回顾十余年的开发历程，不难发现，在快速城镇化的推进下，海珠三滘枢纽地区反映出来的问题，主要表现为复杂权属导致产权处置困难、零星开发导致公共产品缺失、多主体的多维度协同难三个方面。

5.3.2.1 复杂权属导致产权处置困难

产权和交易制度是要素配置的重要内容，明确的产权和清晰的交易制度是土地要素流动与配置的前提[83]，因此，在获得原土地权属人认同的基础上合理处置产权，是再开发工作顺利进行的前提。政府可以通过征地或者合作参与分成的方式实现产权处置，但交易和配置的成本太高。如国有土地征收后可由政府划拨为公益性用地，或者公开出让进入市场，参与开发。但在征收时，原土地权属人往往会高估土地价值，容易出现利益冲突，征收土地的复杂权属导致政府难以统一进行产权处置。

海珠三滘枢纽地区涉及村集体、旧厂、私人等多种权属类型，包括37个产权主体、47宗宗地图斑。其中，海珠湾隧道工程红线范围涉及8个权属主体，包括1宗省属旧厂、5宗市属旧厂、1宗私有旧厂、1宗三滘村旧村地块。三滘村已有旧村改造的意向并编制了改造实施方案，但过江隧道明挖暗埋段的工程红线与现状的1hm²用地重叠，若通过传统的方式进行土地征收以支撑设施建设，那么由此带来的高征迁时间成本和高货币补偿成本可能会影响工程实施。因此，针对复杂的产权情况，需要统一的整备主体与原土地权属人谈判，对转让、补偿、共享等一系列产权处置方式达成共识，让存量土地真正具备再开发的条件。

5.3.2.2 零星开发导致公共产品缺失

在存量土地再开发的多主体博弈过程中，公共利益最容易被忽视。比如，海珠区为广州市中心区内唯一珠水环绕的岛区，其环岛路的建设一直备受关注，但环岛路至今尚未建成通车，其中的"梗塞点"之一就是创新湾枢纽段内的仓库与旧厂房，影响了全线通车。在海珠三滘枢纽地区，交通体系的构建、开敞空间的保障以及配套设施的供给等，均需要打破原有权属边界实现土地规整，并通过多个原土地权属人让渡土地，实现用地保障。

每个地块都有自身的特殊性，包括原土地权属人意见、历史遗留问题、现状使用情况等，如果仅从地块的角度零星开发，则容易出现谬误，导致"1+1<2"，往往也会限制公共产品等重点工程落地。

5.3.2.3 多主体的多维度协同难

在海珠三滘枢纽地区再开发的过程中，权属边界与路网边界的冲突，公共利益与原土地权属人权益的冲突，在原土地权属人自主改造及区级政府主导更新改造两种模式下，都未能得到有效缓解，没有形成达成多方共识的地区再开发方案。如部分自主改造方案由于缺乏统筹，没有考虑连接线工程的用地需求，导致市政路网、教育、医疗等设施落地难，公共利益被挤压。究其原因，在于同一片区的开发项目缺少供多方主体对话与沟通的平台，多主体之间存在多维度的协调困难。

海珠三滘枢纽地区再开发的多维度协同难主要反映在多主体之间、主体内部以及项目时序三个方面。多主体之间协同难体现在城与村、村与厂、厂与城之间，对空间边界与利益分配难以达成共识。当涉及项目之间用地边界调整时，产权置换和利益计算及分配将成为多主体博弈的焦点。比如在旧村全面改造中，利益联盟内部的博弈包括村集体与社会资本方的博弈、村集体内部各村民之间的博弈等。村集体与社会资本在改造的某个阶段是利益联盟关系，共同努力争取更多可建设规模与开发量，然而，到了另一个阶段，就演变成争夺获批利益的竞争关系。同时，在面对全面改造带来的大量增值收益时，村民、村民与村集体，也将在内部争夺利益分配。项目时序协同难体现在不同项目建设缺少一个可实施的方案进行统筹安排。在成片连片改造地区，由于各个零星项目的立项、方案编制、先天条件以及后期资本力量存在差异，项目时序有快有慢。不合理的时序容易造成后期建设行为与前期已建或待建项目的边界出现冲突，甚至导致重复拆建。

5.3.3 成片连片路径

为解决前面提及的问题，落实地区发展战略，保障重大交通设施用地供给，2019年，广州市城市规划勘测设计研究院对海珠三滘枢纽地区约$1.4km^2$范围的用地开展了土地整备方案研究，通过编制有竞争力的规划方案，协调各项目整备时序、增值分配，满足多方主体对土地增值、空间品质提升的要求。

"成片连片"是考虑地块相邻关系，跨越单个地块的尺度，实现多主体权责共担、利益共享的有效手段。一方面，"成片连片"能够推动责任的再分配，通过协同整合，保障公共利益、提升城市品质。另一方面，"成片连片"是综合考虑政府、原土地权属人、社会资本方等多主体需求的结果，通过多主体和多维度协同实现共赢。成片连片路径包括协同规划路径、功能优化路径、产权重构路径。

5.3.3.1 协同规划路径

多方协同是在引导相关权利人对成片连片地区的发展达成共识的基础上，开展的涉及政府、市场、公众、社区等多利益主体的治理行动，渗透到土地整备工作的全流程。协同的土地整备工作，需要平衡短期与长远、效益与公平、局部与综合、个体与群体等各种关系，统筹经济、社会、生态、技术等各方要素，营造各主体全程可参与、诉求可表达、矛盾可协商的阳光环境，逐步构建利益分配规则，让土地整备方案成为集体行动纲领。海珠三滘枢纽地区的土地整备需要关注多个维度与层面的利益关系，做好包括多主体之间协同、主体内部协同、项目时序协同在内的多维度协同工作。

1）多主体之间协同

海珠三滘枢纽地区"城与村、城与厂、厂与村"杂糅交错，村民对土地增值收益的预期、社会资本方对资金回报的预期、政府对地区升级的期望都在不断提高，三方既有博弈也有合作。多主体之间协同的主要工作是量化各主体的权益与责任规模。再开发地区的建设规模由复建规模、融资规模、公共配套设施规模三部分构成，在海珠三溪枢纽地区再开发过程中，针对不同权属类型，采用差异化的测算原则与依据，合理确定建设规模与货币补偿方案，做好"大账"的分配。

对于旧厂权属部分，依据城市更新相关政策进行自主改造或者收储。《广州市深入推进城市更新工作实施细则》（穗府办规〔2019〕5号）第十三条规定，按照商业用地2.5容积率市场评估价的50%进行一口价货币补偿，签订收储协议12个月内交地的给予市场评估价的10%作为奖励，补偿价参考周边基准地价预估（具体以实时评估价格为准）。根据规划后的容积率对原土地权属人进行补偿，若规划后居住用地容积率在2.0以下、商服用地容积率在2.5以下，按市场评估价的60%计算补偿款，居住用地容积率在2.0以上、商服用地容积率在2.5以上，其溢价部分按市场评估价的10%计算补偿款。同时，可创新性地参照城市更新工作中对村民住宅、村集体物业的补偿方式，对旧厂用地上的物业进行集中安置。

对于国有土地部分，办公、商业、住宅等物业的拆迁补偿方案，可包括货币补偿、回迁安置、异地安置等，因用地或规划条件无法实现资金平衡的，鼓励通过公开招标的途径，选择企业组成平台公司进行用地整合，并统筹实施开发。

对于集体建设用地部分，现有村民住宅、村集体物业的拆迁补偿方案，依据城市更新或者土地征收办法制定。保障原土地权属人利益最大化的方式是采用城市更新的办法，做物业复建与货币补偿。在协商过程中，要通过整备方案对城中村全面改造实施方案进行规模与边界的优化调整，以保障拆补方案落地。

2）主体内部协同

再开发工作涉及的内部协同分为两个方面，一方面是原土地权属人内部，另一方面是政府内部。

对于原土地权属人内部协同，以旧村改造为例进行说明。原土地权属人已经通过外部协调做好了"大账"的分配，但是若涉及内部协同，则需要对大账做一进步分解，在深入了解与加强协作的基础上，保障产权边界、土地用途与开发容量可灵活调剂与分配，保障土地权利人的补偿与收益。旧村改造的直接利益主体是村民，村民的意愿最终通过村集体来表达。村民个体最直接的诉求是要求补偿安置加量和优先选择土地区位，甚至是要求切分集体物业收益以及留用地资产，并从中获取长期、稳定的收益，以使个人权益补偿最大化。村集体作为集体土地的产权主体，统筹全村土地开发，拥有分配收益和补偿的权力。村集体需要将权益量化到个人或者户，但由于未来村集体物业以及留用地土地发展权无法量化到个人，则部分权益归集体所有，理论上物业经营收益通过股份分红等方式由全体村民共享。在旧村改造过程中，村集体和村民之间、村民与村民之间的利益分配容易出现矛盾。村集体与村民最初与社会资本、地方政府博弈时显现出来的内部协作已经逐渐停止。

对于政府内部协作，涉及规划、土地、财税、法律甚至是户籍管理等多个政府管理部门。政府通过政策对开发行为进行约束，上层级政府在宏观层面提出指导意见，下层级政府面向各相关主体开展具体协调工作。同一层级的部门通过合作整合资源与权限，统筹存量土地再开发工作。比如，住房和城乡建设部门与规划和自然资源部门分别主管城市更新实施方案与土地整备方案，只有两个部门横向交流并相互校核，才能保证方案具备可行性。在海珠湾隧道所在的整备分区方案中，规划和自然资源部门与交通运输部门就隧道的工程设计方案、征地红线、征拆模式与时序进行了多轮沟通，在互相尊重对方专业意见的基础上，及时交换信息，最终形成了一个既具备交通功能，又具有经济效益且能落地实施的协同方案。

3）项目时序协同

协同项目的建设时序，有助于减少边界冲突与重复拆建工作。编制方案时，结合现状权属、旧厂停产搬迁进度、基础设施建设、复建安置、产业落地等要素，按照连片收储、分片实施的原则，根据工程紧迫性和已有的工作基础，制定由易到难、滚动推进的时序。在本次土地整备范围内，设定了四个实施阶段。

近期：考虑到海珠湾隧道工程的进度，优先启动工程红线的征拆工作。整备过程中，涉及土地开发中心征收与隧道工程建设方征收两种路径，最终，方案建议的时序为，先由土地开发中心统一征收后将土地划拨给隧道工程建设方，待整理好地下工程边界与上盖开发的关系后，由土地开发中心对上盖开发用地进行二次收储，再进行土地公开出让，实现征收成本的盈亏平衡。二次收储一方面可确保隧道工程按时动工，另一方面也可通过隧道工程方案与上盖开发方案的协同，重构隧道上方的立体空间。

中期：完成海珠客运枢纽、三滘立交地块部分旧厂改造工作，用3~5年完成土地整备工作。方案提出土地征收与自主改造同步进行，首先，由土地开发中心采用货币补偿的方式对片区中的旧厂进行征收；其次，三滘村采用全面改造模式，采用权益转移的方式对涉及隧道工程的旧村用地进行异地安置，以预留隧道工程建设用地；最后，将隧道工程用地划拨至建设主体，开展工程建设。

远期：推动整备范围内旧村全面改造及零星遗留项目的自改工作，远期完成土地整备工作。如交储广州大道东侧零碎旧厂地块与旧村全面改造部分的节余用地，以及由各类自改项目供给公共服务设施、市政公用设施土地。

5.3.3.2 功能优化路径

产权决定土地价值的归属，功能决定土地价值是否实现。什么是好的功能，如何实现土地价值，是土地整备方案需要回答的问题。土地整备方案与空间设计相互补充，共同构成城市空间布局与功能配置的框架。土地整备的目标之一是通过功能优化提升土地价值，可在整体谋划、公共优先及重点保障三个方面实现。

1）整体谋划

为提升海珠三滘枢纽地区的土地价值，在着手整理土地产权前，先行启动概念规划，与城市设计进行整体谋划。通过传统规划手法，引导设计城市界面，组织城市功能及交通流线，提升整体开发水平；通过打造高品质的滨水空间，营造通江达城的空间格局以及多样的产业空间。整体谋划提出的核心目标是打造"一江一河一环一核"的珠江后航道高质量片区（图5-14），"一江"是依托珠江打造的海珠三滘枢纽地区的滨江文化带，"一河"是依托北濠涌塑造尺度宜人的滨河景观绿道，"一环"是串联后航道滨江公园、北濠涌滨河景观绿道、三滘立交东侧新增城市公园、儿童公园的海珠创新湾24小时活力环，"一核"是对片区内公交枢纽进行上盖综合开发而形成的海珠

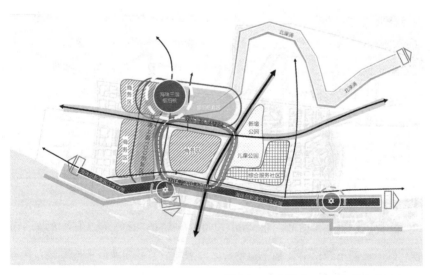

图5-14　广州海珠三滘枢纽地区功能分区图

三滘枢纽核。在这个空间结构里，实现片区关于"地区的活力、产业的竞争力以及交通的运力"等多个方面的功能优化目标。

片区功能的整体优化，拟通过修改优化现行控制性详细规划中的用地结构与开发强度来实现（图5-15）。将原控规中的工业用地调整为商业服务业设施用地，优化后的商业用地占比由1%提升至16%，道路与交通设施用地占比由47%降低至41%，公共管理与公共服务设施用地占比由0%提升至1%，居住用地占比由2%提升至4%，绿地与广场用地占比由24%提升至29%。对绿地景观系统进行优化，提升滨河滨江绿地的完整性，保障滨水岸线的连续性；改造整备范围内的南环高架，将其建设为高线城市公园，以拓展不同维度的城市视野，并通过高架公园联系原三滘立交东侧地块公园、儿童公园、滨水空间，形成24小时城市活力环。

2）公共优先

围绕人对城市寄予的期望，开展兼顾开发者、管理者与使用者需求的方案设计，是实现城市土地增值的捷径。其中，高品质的公共产品、高质量的人性化场所、高竞争力的产业空间以及具有特色的历史文化和城市风貌，是

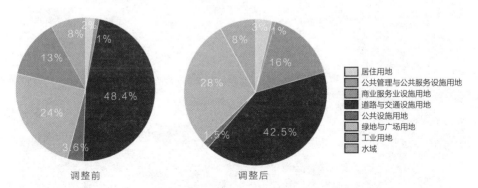

注：调整前，公共管理与服务设施用地占比为0，故不显示；调整后，工业用地占比为0，故不显示。

图5-15 广州海珠三滘枢纽地区控规优化前后用地结构对比图

城市创造综合价值、维持活力的来源。因此，优先保障公共利益是土地整备工作的首要任务。

公共优先的重点之一是通过提供公共开敞空间以及公共产品来激发地区活力，海珠三滘枢纽地区通过营造总体开敞空间和构建24小时城市活力环来实现（图5-16）。总体开敞空间的营造，通过梳理交通工程沿线的现状用地，重点整合广州大道以西、南环下沉工程沿线的用地，以片区立体慢行体系形成海珠创新湾绿环，串接50hm²的连续绿地空间和4.2km滨水绿道，实现多条城市绿脉通江，使原来封闭的滨江岸线成为开放畅达的城市客厅。24小时活力环以片区内现有水道、绿地为基础，串联城市公园、滨江广场、社区公园等开放空间，构建网络化、层级化的步行环道，是展现未来生态渗透的生活场景与城市活力的立体景观通廊，是串联珠江灵气的城市项链。

图5-16 广州海珠三滘枢纽地区功能多样聚合、生态有机渗透示意图

24小时活力环串联了多个活力多样的功能分区，根据不同区位条件以及创新活动的需要，这些功能分区可以划分为五种类型。

隧道上盖TOD创新区：根据广州南站与东晓南路连接线工程需要，将海珠湾隧道上盖区域划为隧道上盖TOD创新区，主要满足高端办公及创新活动的各类商务需求。

商务办公复合发展区：在TOD创新区的东侧打造商务办公复合发展区，通过研发、高端制造、商业等行业的混合发展培育创新动力。

TOD综合商住区：依托海珠客运站的改造升级工作，进行公交站场上盖综合开发，打造海珠三滘枢纽核，并联动枢纽核东西两侧打造TOD综合商住区。

配套居住社区：结合良好的生态本底资源，将片区东侧规划为配套居住社区，主要发展生活配套及岭南民居文化旅游。

生态文化体验区：在片区中部保留原有儿童公园，结合现状水系条件及生态地形规划两处新公园。以交通与景观融合的方式，整合零散用地，打造海珠创新湾的24小时活力环，串接后航道边上的滨江公园、北濠涌绿道、儿童公园等总计5km^{2}的绿色空间。

公共优先的另一个重点是打造有竞争力的产业平台。在经历了大兴工业以及"退二进三"等潮起潮落之后，科技创新、总部经济成为下一个时代海珠区想要谋划的竞争平台。从规划命名就可以看出海珠创新湾所承载的产业责任，存量土地再开发将承接包括高端商务办公、酒店、商业零售、创新产业孵化基地等在内的新土地用途。

3）重点保障

土地整备工作得以启动的重要原因，在于保障土地有效供给，促进近期重点项目实施。粤港澳大湾区海珠湾隧道工程和原海珠客运站改造项目是本整备区内的两项近期重点项目，通过建设这两大重点项目，可将整备区整体打造为集交通枢纽、商务办公、文化娱乐、商业服务功能于一体的综合性城市滨水空间。其中，粤港澳大湾区海珠湾隧道建成通车，将极大地缩短从广州南站到中心城区的时间；而原海珠客运站得到立体复合功能升级后，将成为高效复合的"公交+客运"的智慧交通枢纽，链接到城市24小时活力环之中。

5.3.3.3 产权重构路径

与增量规划主要做空间用途研究有别，存量规划需要在分散的产权主体之间重新配置资源，这容易造成权属复杂的用地被再次分割，重划后的产权边界会对空间使用产生较大影响。在本案例中，以"公共设施总量不减少、绿地总量不减少、性质不改变、布局更优化"为原则，以保障代表公共利益的项目用地供给为目标，以保障近期项目的实施为前提，开展产权重构路径设计。

1）整备分区划定

产权重构的关键是结合产权的差异与再开发的改造方式来调整产权边界，在土地整备总体方案中，依托空间方案，结合建设时序，将产权处置工作关联度较高的用地划分至同一分区中，以便开展更为细致的协同工作。基于以上原则，海珠三滘枢纽地区被划分为3个分区（图5-17），分别为政府收储与工程项目征收的组合整备区、政府收储与企业自主改造的组合整备区、市政工程改造与旧村全面改造的组合整备区以及旧厂房自主改造（表5-3）。

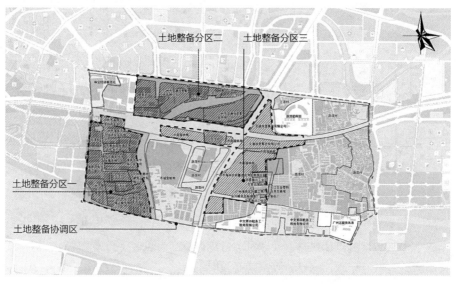

图5-17 广州海珠三滘枢纽地区土地整备分区图

土地整备分区一览表

表5-3

整备分区	分区特征	分区范围	整备路径
分区一 （38.8hm²，其中可整备 用地27.2hm²）	政府收储与工程 项目征收的组合 整备区	南环以南、北濠涌以 西的大干围片区	工程建设方征收工程红线内用 地，市或区级土地开发部门征 收零散用地
分区二 （34.1hm²，其中可整备 用地29.8hm²）	政府收储与企业 自主改造的组合 整备区	南环以南、北濠涌两 侧、广州大道南以西 的海珠客运枢纽及三 滘口立交地块	海珠客运站混合改造， 三滘立交改造与土地再开发
分区三 （53.9hm²，其中可整备 用地33.0hm²）	市政工程改造与 旧村全面改造的 组合整备区	南环工程改造、广州 大道两侧地块	旧村改造中预留市政道路用地

2）产权处置

通过优化修改法定规划，保障土地整备方案的产权重构。根据空间边
界、土地用途以及容量调整后的价值，通过法定规划重新确定土地用途与开
发强度。唯有"做大蛋糕"，才能激发主体改造的积极性，甚至在部分产权
主体用地规模减小的情况下也能继续推动产权调整。

以海珠湾隧道所在的土地整备分区一为例，为推动重大隧道工程实施、减少社会总成本，基于同地同权的原则，采用"政府收储+自主改造+合作改造"的方式推进产权重构，以各产权主体的权属用地面积为参照，计算物业比例、补偿现金，或者安置物业，并选择总体效益最优的方案分类处置产权。

具体做法有：政府收储方式，是指按照广州市"市区联动、共同开发、共享收益"的总体思路，开展对项目规划范围内的地块的收储工作，市、区土地出让收入按照85：15的比例分成。市土地开发中心作为储备主体，委托海珠区政府开展用地收储工作，所需资金由市区财政承担。自主改造方式，是由国资平台公司按照自主改造模式，开展市属国有企业旧厂用地的土地再开发工作，通过自主改造变更土地用途，并在自主改造方案中做好与相邻地块方案的协同。合作改造方式，是指片区内具备全面改造条件的土地，在征集村集体经济组织意愿的基础上，根据批复的项目实施方案和拆迁补偿安置方案，由村集体经济组织委托市公共资源交易中心公开招标，引进开发企业合作参与改造的模式。村集体经济组织可申请将融资地块协议出让给原农村集体经济组织与由市场主体组成的合作企业，或通过公开出让融资地块引入合作企业进行改造。

3）权益分配

产权得以重构的原因，在于相关利益主体对再开发过程中的土地增值收益再分配方案感到"基本满意"，其中，分配的总量、分配的内容、分配的比例以及分配的形式，均需在盈亏平衡的前提下，通过经济测算的方式推导，多主体达成共识后，纳入土地整备方案予以明确。

以土地整备分区一为例，在整备方案中，结合各权属主体改造意向、产权处置方式，更新改造方式可分为政府收储、旧厂房自主改造、旧村庄全面改造（合作改造）三类。其中，旧村庄全面改造1宗，为三滘村旧厂房地块，涉及用地面积约2.5万m²。根据城市更新政策对旧村庄全面改造的拆补规定测算复建建筑面积并制定资金补偿方案，复建建筑面积的权益转移至三滘村集中建新范围内实现总体平衡，并提前预留与海珠湾隧道工程线位冲突的用地，以保障公共性市政工程的用地供给。政府收储分为现金补偿与物业集中安置两种形式。拟采用物业安置的用地，其面积需在与原土地权属人进行回迁意愿沟通后最终确定，由公开招标的主体开展与原土地权属人的统筹协调工作，并在方案中划定一宗商业用地作为物业的拆迁安置地块，以满足原土地权属人对物业补偿的诉求。

第 6 章
增值与共享

城市的生命力与活力，离不开资本的注入。互联网上有过一个段子上了热搜，网民们把财富自由分为菜场自由、饭店自由、旅游自由、汽车自由、学校自由、工作自由、看病自由、房子自由八个级别。其中，涉及土地的房子自由"段位"最高，这种自由最让人向往，但往往大家都不太容易上到这个段位。段位高，是因为土地很贵，很少有人、有机构可以完全掌控。其实，昂贵的土地还有一种魅力，是能产生增值。土地的增值魅力，让城市主角们对城市土地开发与城市土地再开发有很高的热情，甚至很多社会资本方在土地开发与再开发的实践过程中多为四两拨千斤。土地再开发的增值，是有无限魅力的，这份增值，可以用杠杆去撬动，就像古希腊科学家阿基米德所说："假如给我一个支点，我就能把地球撬动。"土地再开发的增值管理，关键是找好这个"支点"。

这个支点，离不开有竞争力的土地再开发规划。一个好的土地再开发项目，是在做大"空间蛋糕"的同时，也提前预设好蛋糕的分配规则并进行合理切分。土地增值共享需要做好两方面工作：一是增值分配及测度，不能一味对"涨价归公""涨价归私"一刀切，而是应聚焦再开发的目的以及相关权利主体的博弈焦点，以此明晰增值分配的模式和手段；二是增值管理，提倡"民生保障、责任与风险共担、利益共享"的管理模式。广州市越秀区瑶台北片区的土地整备，正是一个再开发过程中原土地权属人、社会资本方与地方政府之间利益平衡与增值共享的鲜活案例。

6.1 土地再开发的增值

6.1.1 增值的形成

土地再开发，是通过重构存量土地的发展权，促进土地的集约化利用与功能优化，进一步推动城市品质提升与土地增值，其中，土地发展权是城市政府管制土地用途的工具，并非再开发的增值来源[84]。土地再开发的增值来源，本质上是地租的增加，是基于土地社会属性参与城市化（土地资本化过程），最终分享了城市化产生的社会财富，体现为流通增值而非效率增值[85]。

根据城市化及土地资本化的过程（图6-1），再开发的增值可划分为投资土地、发展权重构以及供求变化产生的增值，其中发展权重构是再开发增值的主要来源[86]。

具体过程及增值的变化情况包括：通过"三通一平""五通一平"等直接的投资，或通过政府对城市基础设施的投资提升土地价值，产生的增值为

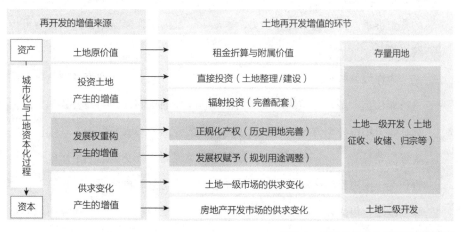

图6-1 再开发的土地增值来源示意图

投资土地产生的增值；通过完善历史用地手续，对不完整、不明晰的土地赋予土地发展权，并通过规划调整、提高土地的开发强度、改变土地使用性质，提升土地价值；而同时，土地作为特殊的商品，土地再开发及其物业也自然受市场供求变化的影响，产生增值或者贬值。

6.1.2 增值分配的博弈

土地增值的分配，不是增加财富值，是改变财富分配。在一定的城市发展阶段，土地再开发项目的增值空间是相对固定的。因此，各相关权利主体往往基于不同的出发点，进行土地增值的利益博弈，如城市政府更多地倾向于保障公共利益，社会资本方则追求更高的市场利润，而原土地权属人则希望尽可能争取到最大的自身利益。

6.1.2.1 城市政府：公共利益

城市政府作为土地市场的规则制定者，开展土地再开发，主要是为了促进城市品质提升、产业发展或取得一定的经济效益，以此满足城市发展建设的资金诉求、提升城市的竞争力，本质上，是为了保障城市公共利益与可持续发展。

为保障公共利益，城市政府一般通过三种方式对土地增值的利益再分配进行调控：一是设计整体规则与增值利益还原的机制，如明确公共利益的土地征收、用地补偿方案或者改造主体需要配套的公共服务设施、基础设施、安置房建设等；二是规划管制，如通过调整规划，改变土地利用性质或调整容积率，促进整体区域的功能配给，影响土地增值的再分配；三是给予相关政策激励，包括允许改造项目土地协议出让、税费减免、给予建设用地的指标支持等。

6.1.2.2 社会资本方：市场利益

社会资本方多参与的是土地二级市场，一般是按照市场的规则，获取正常的市场利润与增值收益。而由于土地再开发面向多产权主体的存量用地，涉及大量的协商沟通以及大额资金的前期投入，因此，为有效推进再开发、吸引社会资本方参与，政府往往委托社会资本方对土地做前期整理，并以融资地块平衡改造成本。

社会资本方通过获取更多土地并对其进行再开发来获得增值收益，而影响土地再开发收益最为明显的因素是土地的楼面地价、用地性质、可开发建筑量以及前期需要投入的资金数量等。因此，社会资本方为尽可能提升土地增值收益，一般采取两种方式：一是争取更多的土地发展权，如联合原土地权属人，争取地块上更高的建筑量、更多的经营性开发用地，并尽快回收资金；二是减少交易成本及支出，如以争取相关政策支持的方式获得地块的二级开发权，同时尽可能压低获得地块的楼面地价、减少前期资金投入等。

6.1.2.3 原土地权属人：自身利益

原土地权属人作为土地的实际占有者、使用者，一方面，尽可能争取在不变更自身已有的土地使用权的基础上，通过调整土地用途、容积率，助推土地增值，获得土地增值收益；另一方面，如需交储土地或变更土地使用权的，则希望尽可能获得更多的经济收益，分享土地增值。

土地再开发中，原土地权属人由于受资金、规划干预等条件的约束，往往凭借自身拥有土地使用权的优势，进一步寻找社会资本方，参与协商等工作，以争取更高的土地增值收益。因此，一方面，原土地权属人往往与社会资本方合作，结成利益联盟，自下而上表达诉求，推动土地增值效益最大化；另一方面，尽可能要求社会资本方承担相关资金支出，进一步保障自身已有的利益不受损，并规避尽可能多的风险。

6.1.3 增值分配的模式

土地增值收益的分配归属，一直以来都是众多学者争论的焦点，如2014年经济学家周其仁、华生等有关土地流转的争论，其核心也是在于思考涨价归公还是归私[87]。总的来说，目前理论界主要有三种主导的观点：涨价归公、涨价归私以及增值共享。

6.1.3.1 涨价归公

涨价归公，国内最早起源于孙中山提出的口号[88]，顾名思义，认为土地产生的土地增值，是城市化发展的结果，是社会发展的共同财富，应该归国家所有；也正如华生所说，城市化快速发展，因人口集聚和社会公共品投入，城市与城郊土地的增值成为全国民众家庭财产积累的主要载体，应该为社会所共享。

从土地增值的形成过程来看，土地再开发增值"涨价归公"，则是指除了原土地权属人对土地进行直接投资产生的增值外，其他如城市化发展、土地用途调整等土地再开发过程中产生的土地增值，是社会发展的共同财富，应该归国家所有，回归为社会共享。

6.1.3.2 涨价归私

涨价归私，认为土地是原土地权属人的财产，土地增值部分也应当归原土地权属人所有。正如周其仁认为的"现有的土地产权制度妨碍了运用市场机制配置土地资源，农民如果没有放弃土地使用权，增值就无从谈起，所以放弃了土地使用权，应该获得补偿"[89]，之后周其仁与华生的论证又进一步提出"城市化土地涨价可分成"的观点。

从土地增值的形成来看，土地再开发增值"涨价归私"，则认为原土地权属人对土地进行直接投资产生的增值，以及由于城市化发展、土地用途调整等土地再开发过程中产生的土地增值，是基于土地"位置""财产权"的增值，因此，增值应归原土地权属人所有。

6.1.3.3 增值共享

目前，增值共享，或者说"公私兼顾"，更多地为各位学者所认可，同时部分学者也认为"公私兼顾"实质上与"涨价归公"的主张并没有本质差别，都是主张应该在充分考虑给予原土地权属人合理补偿的基础上，将土地增值的部分尽可能收归政府，并为社会所共享。

土地再开发"增值共享"，应该结合经济与社会的发展，在兼顾公平与效率的基础上，根据城市政府、原土地权属人、社会资本方等的贡献比例进行分享，部分学者做了进一步研究，认为[90]：原土地权属人应获得原有土地发展权的权益，政府应获得城市化发展及规划后的土地发展权的收益，社会资本方则应获得市场平均利润率的开发资本的收益；譬如从土地征收到房地产出售的全过程中，如果不考虑土地出让后的土地自然增值，分享土地增值收益的理想比例是原土地权属人（农民）为25%～30%，社会资本方为15%～20%，城市政府为50%～55%[90]。

6.2 增值共享的管理

6.2.1 土地再开发的增值共享

早在20世纪90年代，为缓解资金压力，广州便尝试引入市场机制参与旧城再开发，该阶段以自主协商为主；2009年广州市全面开展"三旧改造"工作以来，进一步探索政府与市场合作的模式，各方增值利益博弈的情况较为明显；如今，为实现高质量发展与多方共赢，广州的土地再开发逐步转向多方协同、利益共享。在新时期，土地整备工作面对的是多个产权主体，建议采取"民生保障、责任共担、利益共享"的增值共享模式。

1）民生保障

民生保障，主要指的是再开发过程中，社会资本方需要结合城市政府的相关管控要求，提前保障原土地权属人的"衣食住行"等基本权益并满足城市发展的基础公共设施配套要求。如旧村改造中，要坚持"先安置后拆迁"的原则，以保障村民的合法权利与基本生活，同时要求社会资本方结合分期的建设需求，缴纳土地出让金，并满足复建的相关资金需求；公共设施配套则要求再开发的项目按相关标准贡献不少于15%的公服用地等。

2）责任共担

责任共担，主要指的是再开发过程中，城市政府、社会资本方及原土地权属人共同承担地区、区域的公共服务设施配套、优化城市产业发展与环境品质、共同做好相关的风险防控，合理配置产业、居住功能的比例，使建设阶段和运营阶段的资金平衡，并减少给城市带来的负外部性影响与压力，同时结合税收手段，平衡收益较高、收益较低乃至负收益的项目，以促进各方合法权益与权责匹配。

3）利益共享

利益共享，主要指的是城市政府通过建立顶层机制，通过差异化的土地增值还原措施，保障土地增值收益为社会所共享，提升原土地权属人的主动性、提升城市竞争力。其中，差异化的土地增值还原措施，指的是结合项目的特性，综合运用"三旧"用地报批、统筹留用地、整合土地、异地平衡、拆旧复垦等方式，推进成片连片的土地整备工作，提升城市整体效益。

6.2.2 广州土地增值共享的方式

随着城市发展理念的变化，土地增值分配逐步呈现出从经济导向的项目改造，到城市资产的增值改造，再到城市品质的激励的转变。特别是近年来提倡的"民生保障、责任共担、利益共享"的增值分配原则，为减少交易成本、促进多方共赢，逐步探索出"储改结合"的成片统筹、对基准土地用途①给予"一次性补偿"以及提倡国有企业参与的多方合作方式（表6-1）。

广州市的再开发方式及增值分配　　　　　　　　　　　　　表6-1

目标	主要方式	增值分配计算标准	增值分配测度		
			城市政府	原土地权属人	社会资本方
经济导向的改造	留用地的兑现	以旧村改造为例 方式：采取货币补偿、物业置换等多种方式兑现 标准：①指标抵扣，容积率提高部分按80%折算，增加20%的奖励；②等价折算成物业；③货币补偿，不低于工业用地基准地价2倍	+++	++	○
	历史用地处置	以旧村改造为例 方式：采取权益面积折算土地及其附属建筑量 标准：①2009年12月31日前建成的合法建筑按建筑量1：1核定，无合法证明的建筑，按照现有建筑面积2：1核定；②社会资本方仅需要缴纳融资地块的土地评估价的20%作为土地出让金	+	+++	++

---

① 基准土地用途指过去不存在、以后也未必存在的一种土地用途，只是用于确定增值分配的基准，是基于平均数值虚拟出来的一种土地用途。例如，广州"一口价"征收承认的平均土地用途，"一口价"征收指收储地块按照商业用地2.5容积率市场评估价的50%给予"一口价"货币补偿，签订收储协议12个月内交地的给予市场评估价的10%作为奖励。具体详见《广州市深入推进城市更新工作实施细则》（穗府办规〔2019〕5号）第十三条。本书将这种"一口价"征收模式定义为对承认土地"虚拟"用途的补偿，是一种平均补偿的模式。

目标	主要方式	增值分配计算标准	增值分配测度		
			城市政府	原土地权属人	社会资本方
城市资产的增值改造	土地征收	以集体土地征收为例 方式：参照土地评估价，采取货币补偿的方式 标准：按征收标准，荔湾区（中心城区）土地征收补偿标准约为64万元/亩，增城（外围郊区）为30万元/亩，若按20年土地（农地）地均产值标准约为3万元/亩	+++	+	○
	土地收回、收购	以旧厂改造为例 方式：对规划为居住用地的进行收储和招拍挂 标准：①"一口价"补偿：按照商业用地2.5容积率市场评估价的50%进行货币补偿，满足条件则再给予10%的奖励；②收益分成：按照土地公开出让成交价款（居住用地容积率2.0以下、商服用地2.5以下）的50%计算	+++	++	○
	土地二次收储	以车辆段二次收储为例 方式：采取货币补偿、带设计方案出让招拍挂的方式 标准：参照土地收储标准，未纳入"三旧"改造范围的用地，按照"同地段毛容积率2.0、申请收储补偿时点的商业市场评估价的40%予以补偿"	+++	++	○
城市品质的激励转变	特定用途的自主改造	以旧厂改造为例 方式：采取补缴地价、保障公共服务配套等方式的自主改造 标准："工业改商业"项目，需要配套不少于15%的公益设施，按商业用途市场评估价格补缴40%的土地出让金，而改为"教育、医疗、体育"用途的按照办公用途市场评估地价的20%计收，"工业改工业"项目无需补缴	+	++	+
	开发权益转移	以国有企业旧厂改造为例 方式：通过转移容积率、提高发展权给予支持 标准：①公益性地块（转出地块）收储收回，优先根据等价值原则进行容积率转移补偿，并给予5%的奖励；②工业地块容积率可突破4.0；③按照建设容量上限调整容积率	+	++	+
	产业配套要求及支持	以《广州市城市更新实现产城融合职住平衡的操作指引》中的城市更新为例 方式：采取规划控制、提高土地发展权的方式给予支持 标准：明晰了"一二三"圈层①，并要求一圈层的产居比需高于6：4，重大产业项目的工业用地供应可从不超过20年放宽至50年	+	++	+

注：+++表示大部分增值倾斜，++表示部分倾斜，+表示少量倾斜，○表示较少涉及。

---

① 2020年，广州结合城市更新划定了3个管理圈层，明确了不同圈层产业建设量（含商业商务服务业、新型产业、产业的公共建设配套）占总建设量的最低比例要求。

6.2.2.1 成片统筹的方式

土地收储的增值捕获方式，是以城市政府为主导，通过土地收回、收购、征用或其他方式取得土地，在前期投入较多的资金，以捕获更多的增值利益，并反哺城市建设。城市更新增值的捕获方式，特别是自主改造、合作改造模式，主要是以经济效益为导向，社会资本方通过投入资金，与原土地权属人合作，共同捕获较多的土地增值。

而随着城市更新深入，单独的土地收储或城市更新模式已难以应对多产权主体与城市高质量的发展，如广州广纸片区（海珠区广州造纸厂旧厂区）的改造工作，自2007年至今，仅仅依靠收储模式，难以有效推进"广纸宿舍"片区收储与区域公共服务设施落实。为有效推动成片连片改造、统筹多方利益，广州探索了"储改结合、综合整备"的方式。

"储改结合"的成片统筹，强调土地收储与"三旧"改造相结合，一是要求从片区统筹考虑，同地同权，设置统一的补偿标准。二是强调"市区联动、权责匹配"的原则，激发各区参与的积极性。如2020年《广州市改革优化土地整备市区联动机制方案》中明确，土地收储工作，以市为主体投入资金的，土地出让收入按照市和区85∶15分成；由区主导投入资金的，则按市和区15∶85分成。三是允许以"土地收储+自主改造"的混合方式推进，在满足片区相关规划需求的前提下，具备自主改造条件的可进行自主改造，而对于需要统筹考虑的，则确定由同一改造主体配合开展土地整理工作。综上所述，"储改结合"的成片统筹方式，较好地促进了增值利益的多方共享，城市政府推动了片区整体效益提升，并获得部分土地增值，原土地权属人获得了相应补偿并共享了改造增值，社会资本方在投入相应资金的同时，也极大降低了获取土地的交易成本，获得了土地的部分增值（图6-2）。

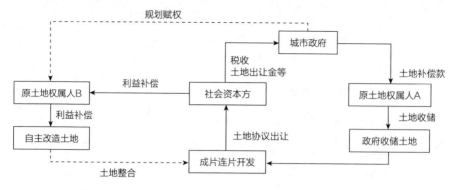

图6-2 广州成片统筹的增值共享示意图

6.2.2.2 补偿激励的方式

土地再开发产生的增值，与规划的用途管制有较大的关系，而由于规划并不是均好的，一个片区内可能有增值也有贬值，位置相近的两块地，补偿标准不能差异过大。因此，为减少谈判产生的交易成本，同时更好地统筹多方的利益，广州创新了基准土地用途一次性补偿的激励方式。

基准土地用途是增值分配的标准，是虚拟出来的。给予基准土地用途一次性补偿这种方式，简化了谈判流程与程序，减少了交易成本，按照相应的市场评估价格（一般选取商业）给予合理的补偿。综上所述，通过给予基准土地用途一次性补偿，城市政府获得土地使用权和处置权，可以更好地促进地区产生综合效益，并获得后续新增土地增值，原土地权属人则按照同地区商业的楼面地价获得了相应的补偿，提前分享了土地增值收益，社会资本方主要通过二级开发获取市场利润（图6-3）。

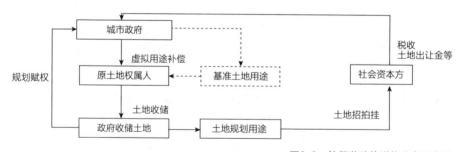

图6-3 补偿激励的增值共享示意图

城市土地再开发规划

6.2.2.3 多方合作的方式

目前，针对旧城改造难度高、增值空间低乃至负盈利以及国有资产保值增值难等问题，为提升地区整体综合效益、规避改造风险、尽可能捕获增值收益并反哺城市建设，广州探索了引入合作企业参与旧城改造、对重点片区开展土地整备的前期研究与土地整理工作的模式。

合作企业参与的增值还原模式，更多的是应用于旧城改造或重点片区的土地整备，具体做法包括：一是通过公开招标，引入合作企业进行项目改造，在保障规划实施与相关工程建设的前提下，由合作企业按照政府发布的征收补偿文件配合政府开展房屋征收工作，并按相关协议约定取得土地使用权进行二级开发；二是城市政府通过产权处置、规划调整提升土地发展权，城市政府与合作企业共同分享土地增值收益，并反哺相关设施建设；三是对于难度极高的旧城改造项目，由政府主导进行补贴与让利，进行统一改造、开发与运营。综上所述，合作企业参与的增值还原模式中，城市政府更加关注综合效益提升、获得较少的增值收益乃至需要补贴，合作企业获得较多增值收益，并主要反哺城市建设（图6-4）。

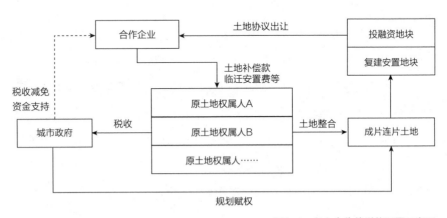

图6-4　多方合作的增值还原示意图

6.2.3 增值共享的规划管理

增值是指在土地再开发过程中，在保障原土地权属人与社会资本方利益的前提下，地方政府通过规划赋权而产生的土地新生价值。增值的"起点"是现实土地用途，增值管理的对象是现实土地用途与规划土地用途价值的差额部分。对增值的规模与分配形式应予以明确，并得到公平公正的管理与许可。增值分配应该运用共享思维，在土地再开发过程中制定多方认可的规划并给予新的许可。增值共享规划管理的内容包括对现实使用情况与补偿标准的认定、产权的处置方式、改造模式的选择以及土地供应路径的设计等。

6.2.3.1 合理认定现实土地用途

历史上，西欧、北美以及日本的土地制度都是清楚的私人所有、自由买卖、按值成交[89]。按照周其仁的说法，存量土地要按照各方都觉得"值"的原则成交，才能实现资源配置最优。其中，"值"是指达到现实土地用途价值的预期，通过规划赋权落实到法定规划中，并最后共享至相关利益人。

现实土地用途是计算增值的起点，是指存量土地上既成事实的一种土地用途，可能得到过正规许可，也可能尚未获得许可而只是在社会经济发展现实中被默许存在的土地使用现实情况，如在集体性质建设用地上的"无证用地"与"无证建筑"，是存量土地再开发中要面对的历史遗留问题。广州市的城市更新政策，对全面改造的旧村、集体经济组织物业的合法建筑与"无证建筑"，均有明确的复建总量认定标准。

对于旧村全面改造，2015年颁布的《广州市城市更新办法》中明确规定复建安置总量不得突破以"栋"或者"户"两种方式进行的核定。如按照每栋村民住宅280m²的标准，乘以"合法"的村民住宅总栋数，并以不超过总量10%的比例上浮后核定复建总量。其中，"合法"是指有房屋产权证、村镇建房许可证、宅基地证、2007年6月30日前的批准使用房屋宅基地的证明或区政府对村民建房进行登记管理的证明、确认属于一户一宅的建设证明等材料。其他现实存在甚至规模颇大的无证栋数，所需的复建量则在"合法"建筑复建总量上浮的10%中平衡。

对于集体经济组织物业，其复建总量也有明确的认定标准。对于拥有房屋产权证或合法报建手续的合法建筑，复建量按现状建筑面积1∶1核定；对于2007年6月30日之前建设的无证建筑，复建量按现状建筑面积的1/2核定；对于2007年6月30日之后建设的无证建筑，不予核定。

2019年，《广州市旧村庄全面改造成本核算办法》（穗建规字〔2019〕13号）印发，明确规定2009年12月31日前建成的三层半以下的无合法证明的建筑可纳入合法复建的范畴。2007—2009年，合法复建范畴扩大，这意味着更新政策承认了更多的现实土地用途有利于做大土地增值"总盘子"，提高原土地权属人改造的积极性，并保障公众利益。通过合理认定现实土地用途，促进存量土地再开发。

6.2.3.2 土地增值的规划许可

土地作为一种具有保值性的独特商品，其增值更是具有特殊性，原土地权属人通过拥有不同性质、不同权能完整性的产权，获得不同的增值收益。因此，界定原土地权属人的产权并给予土地增值规划许可，是土地增值再分配的前提。

国有土地一般持有国有土地使用证，在转让使用权或者再开发时，拥有完整权能；而集体土地在产权办理过程中，往往存在手续不完善、使用不规范、历史产权复杂等问题，形成了不完整产权和无产权的集体建设用地。无产权集体建设用地是指不能合法进入土地市场流转，但村民实际上占有并使用的土地。不完整产权集体建设用地是指由于农村集体土地产权模糊，村集体与村民保有使用土地的权利，却不可自由交易，导致出现在市场诱惑下扩建宅基地，私下进行土地买卖、租赁等市场交易所造成的不完整权能用地。

无产权的集体建设用地通过土地再开发进行资源重新配置，转为合法国有土地并获得土地发展权的过程，是农村集体土地转化成可以在市场上自由流转的资本的过程。但也有学者指出，承认非法建设用地的既成事实，是迫于现实环境和发展压力的无奈之举，却从根本上违背了城市规划依法而为的基本准则，对规划的法制性建设造成了难以预计的影响[91]。若简单按照现行的法律政策对相关历史遗留问题进行逐一破解的话，将面临耗时长、成本高、分歧大以及引发利益纠纷等问题，将会对再开发工作形成制约。

因此，需要对无产权与不完整产权集体建设用地进行现状认定的原则、对象、路径做好合理的规划引导。在土地整备工作中，需要在公共利益优先的前提下，以增值共享为底线，对历史用地问题进行标准处理，通过对相关更新类与土地类政策完善确权后，一并参与增值分配（图6-5）。

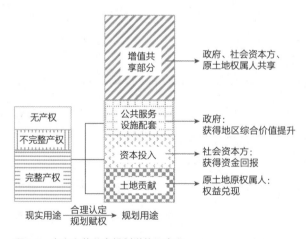

图6-5 多方主体共享规划增值示意图

6.2.3.3 共享式增值分配的规划模式

1）传统详细规划：面向收储出让

广州的土地储备工作，优先储备闲置、空闲和低效利用的国有存量建设用地，以及重大基础设施周边、重点功能区的用地等。

政府组织编制的控制性详细规划对土地储备工作有重要影响，是政府确定土地有偿使用与土地出让的主要依据。土地储备的主要环节有：根据城市规划中明确的未来发展重点，提前制定土地储备计划；根据城市规划与市场供需关系，制定土地供应计划；根据城市规划确定的土地用途与强度，确定出让土地的价格；根据土地的规划土地用途，原土地权属人谋划对土地收益的预期。

大于收储成本的土地出让金即政府获取的土地增值收益，一部分继续作为下一轮土地储备资金，一部分用于城市建设等财政支出。面向收储出让的传统详细规划，通过政府对城市建设以及其他公共管理事务的支出，实现了面向更多主体与受众的土地增值共享。

2）"三旧"改造规划：自主改造模式

征地为工业化和城市化提供了大量的低成本土地[92]，征地的公益属性决定了低补偿标准，致使原土地权属人（村集体）在无社会资本介入时，更倾向于通过自行投资来组织再开发。根据广州市的城市更新政策，自主改造工作可由村集体经济组织根据批复的项目实施方案自行进行拆迁补偿安置，由村集体经济组织或其全资子公司申请以协议出让的方式获得融资地块进行开发融资①。

原土地权属人作为理性经济人，会尽量将现实土地用途的权益最大化，并落实到实施方案当中，而权益的界定则是由政府通过制定政策与规则来控制。因此，在原土地权属人牵头编制更新实施方案时，政府需要对成本测算、资金使用与监管、土地供应以及激励与救济原则等方案的关键性内容进

---

① 《广州市人民政府办公厅关于印发广州市城市更新办法配套文件的通知》（穗府办〔2015〕56号）。

行严格的技术把关与审批，以"守夜人"的身份，落实地区公共利益与产业发展的用地需求，保障地区品质提升。原土地权属人主导的实施型规划，在实现集体建设用地增值的同时，也为城市公共服务设施、产业空间以及开敞空间作出了土地贡献。

3）土地整备规划：合作改造模式

在广州的实践工作中，城市更新与存量土地盘活始终围绕增值分配与土地供给两个难点开展研究探索，土地整备是破解两大难点的主要切入点。土地整备规划是通过多方协同，将控制性详细规划、城市更新片区策划与实施方案等多种规划思路融于一体的规划研究工作，最终通过控制性详细规划进行法定化。

虽然土地整备概念的界定及学术定义尚未统一，但工作对象、工作内容与实施路径已基本明确。土地整备规划的重点是面向复杂多元的原土地权属人与社会资本方，对破碎的产权边界进行整合，以更好地落实城市发展战略、提升总体价值，并对产生的增值收益进行公平分配。

6.3 增值共享的土地整备：广州瑶台北片区 [①]

瑶台北片区位于广州市老城区越秀区与白云区交界处，西有许广高速广清立交口，东邻三元里大道，自西向东有沈海高速广州支线（北环）横穿而过。瑶台北片区作为广州火车站提升片区的重要构成部分，面临着既有利益重组、利益博弈及产权处置等问题。例如，集体与国有两类建设用地严重混杂，产权复杂，单位宿舍再改造面临冗长的谈判过程，利益相关者对土地利

---

① 本部分的土地再开发方案为研究方案，最终以政府批复规划及开发实施的结果为准。

用价值的期许过高，交通疏解困难及产业空间与公共性设施缺失，等等。

瑶台北片区再开发面临的各种问题，导致依靠原土地权属人自主改造或由社会资本推动改造的路径不可行，难以实现再开发中众多主体利益的平衡。为形成合理的建设边界，解决历史遗留问题，在瑶台村下辖的自然村沙涌南村域范围基础上，整合周边国有用地以及沙涌北村部分亟待改造的存量用地，划定102hm²的整备范围，编制土地整备方案。

6.3.1 项目概况

6.3.1.1 基本情况

广州火车站商圈是华南最大的"三现"（现金、现货、现场）服装与皮具等的批发市场，是广州"中调"战略的主要地区，2020年以来，广州市政府开启了广州火车站地区整体升级改造工作，瑶台北片区正处在广州火车站地区（图6-6）。2020年，地处老城中心、广州火车站以北地区的瑶台村，被列入城市更新三年实施计划，作为瑶台村下辖的3个自然村之一，沙涌南

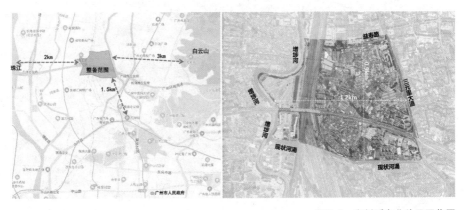

图6-6　广州瑶台北片区区位图

村的再开发工作迫在眉睫。

　　瑶台北片区用地产权分散，国有用地与集体用地交错，增加了再开发难度。第一，片区内土地破碎度较高。单宗地块最小面积仅278m²，面积小于1hm²的图斑数量占比达66.7%，而面积占比却仅为22.3%，零散破碎的图斑肌理加大了城市建设的难度。第二，国有用地与集体用地整备路径各异，整合与土地供应路径差异大、连片开发难。根据权属调查，在整备片区内，沙涌南村经济联合社与沙涌北村经济联合社共占50hm²用地；国有建设用地共计39hm²，涉及国有厂房、国有住宅等不同权属。国有建设用地上分散的原土地权属人，是片区土地再开发博弈过程中最难统一共识的对象。第三，权属边界割裂形成夹角地。项目范围纵跨白云、越秀两区，由于区界划分，形成了狭长夹角地块，不利于开发建设（图6-7）。

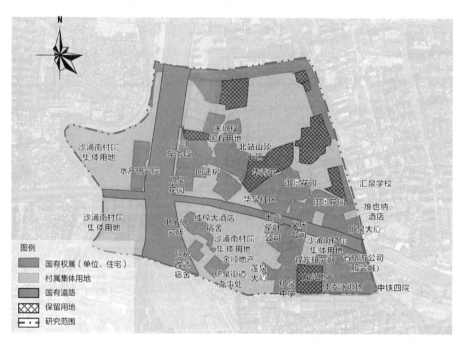

图6-7　广州瑶台北片区权属情况示意图

瑶台北片区现状容积率大，可拓展用地少，通过提高容积率实现经济平衡的路径不可行。瑶台北片区土地面积100hm²，现状建筑面积140万m²，容积率约为1.4，若扣除整备范围内的京广铁路和韩城高速，容积率约为1.8，整备土地增值部分难以满足就地需求，需要探寻实现利益平衡的新路径。

6.3.1.2 发展设想

面对分散的产权、高强度的现状建设、有限的可开发用地以及超高的心理预期，在着手进行土地整备之前，需要对地区发展进行总体谋划，开展空间结构与用地布局研究，以相对合理的空间方案来落实土地用途并进行产权调整，实现对有限资源的高效配置。基于相关主体利益诉求、成本收益、政策路径等，通过认定现状权益并计算土地增值收益，重新明晰权益分配规则，重构利益格局与产权边界，以期将瑶台北片区逐步建设为生活舒适、空间成本可负担的地区。

在空间谋划方面，通过疏解过境交通的负面影响，保障各类设施和产业空间供给，提高服务品质，实现土地增值，保障地区活力。首先，消解过境交通对地块的分割，通过建设地下隧道，减少绕行距离，构建小街区密路网，提升路网使用效率。其次，以改善地区生活品质与实现盈亏平衡为目标，安排好居住、商业、商务等城市功能与强度，根据建设容量测算，按照高质量配置教育设施的要求，在越秀区沙涌南旧改片区规划1处小学和1处九年一贯制学校，在白云区沙涌北片区规划1处中学与1处小学。再次，根据城市更新产居平衡要求，做好产业空间供给，为产业升级提供空间载体，延续老城区千年的商贸基因，激发产业活力。

在空间发展方面，设想构筑"两核两轴，一带多片"的空间结构（图6-8）。具体为：沿三元里大道西侧打造城市产业发展轴，重点建设AI创新产业核；沿绿色休闲步行轴带南侧打造特色风貌商业核心区，提升越秀北门

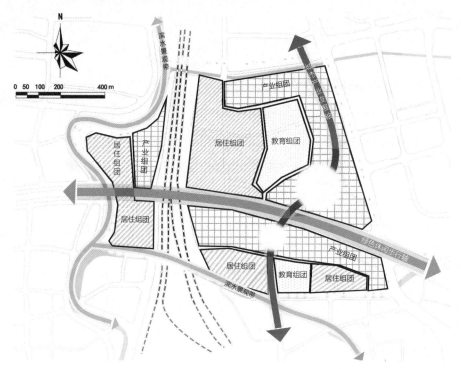

图6-8 广州瑶台北片区规划结构图

户形象；围绕产业组团，多点均衡布置居住产品，全面提升配套服务设施数量与质量，以打造产城融合、安居乐业的高品质地区。

6.3.2 存在的问题

6.3.2.1 不完整产权土地引发权益矛盾

对于快速城市化的地区，不可回避的问题是"城中村"对再开发形成的阻力，尤其是中心城区周边的村，既与城市交融，又与城市格格不入。瑶台北片区村民在经济利益的驱动下自行占地建房，这些占地建房并非建立在完全合法的土地使用许可之上。然而，原土地权属人却将该部分不完整产权视作合法收益，并对该部分权益持有过高收益预期，希望再开发时，在获得补偿的同时完成合法化认定。改造以前，原土地权属人依托半正规化物业长期获利，却无视基础设施建设的长期滞后或缺失，导致其对土地价值的判断产生偏差。而在改造过程中可合法兑现的价值却低于原土地权属人的获利预期，往往会引发原土地权属人与合作改造主体或政府之间的博弈甚至产生矛盾。

瑶台北片区形成的不完整产权土地用途并非个案，2020年1～10月广州"城中村"改造项目基础数据调查统计结果（图6-9）显示，在69份数据中，平均无证建筑的比例约为48%，这些无证建筑不能上市自由交易。

6.3.2.2 被高估的土地价值引发多方争夺

多方主体高估地区现实土地用途价值，是其积极参与再开发工作的主因。在有较大增值空间的再开发项目中，原产权主体跃跃欲试，社会资本蠢蠢欲动，但常因各自对收益的预期过高，不断挑战政府规划的上限，导致部分改造项目难以推进。瑶台北片区即充分体现了核心区边缘地带再开发的尴尬，不同主体对土地有不同维度的价值高估，堆积成显见的再开发成本。多

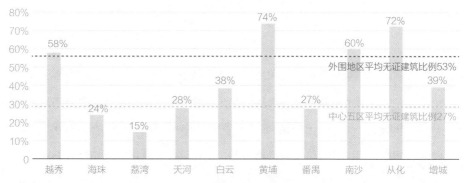

图6-9　广州市各区公示的69条旧村改造的无证建筑占比
数据来源：根据各区政府公布的各村数据整理

方主体对土地用途价值的期盼与争夺，束缚着地区再开发的脚步。

原土地权属人追求完整产权和不完整产权的获益，对于完整产权部分，可通过"现状+奖励"获得补偿；而对于不完整产权部分或者模糊产权部分，则需经过博弈后获得不同标准或形式的补偿，这在一定程度上刺激了违建行为滋生。而传统拆迁补偿模式的货币补偿标准偏低，原土地权属人在横向比较城市更新的补偿标准后，心理预期会提高，相当于变相提高了补偿成本。

从社会资本角度，为获取最大化资金回报，社会资本方在与地方政府博弈的过程中，和原土地权属人结成"临时同盟"，共同对已被高估的现实土地用途价值再次高估后，向政府申请符合经济收益目标的规划许可，但一般会超过政府对地方发展实际所需的容量预期。

从地方政府角度，政府在再开发过程中可充当开发主体的角色，通过财政投资解决拆迁安置问题，但往往因为难以承受巨大的财政负担，导致再开发工作效率低且可实施性差。而且，政府作为公共利益代言人，一方面需统筹包括教育、医疗、市政以及交通等各类非营利性建设用地的供给；另一方面需保障产业项目进驻，提供可负担的产业空间，为提升城市整体竞争力做好制胜要素的储备。

6.3.2.3 期待不同导致多方主体利益平衡难

结合《广州站交通枢纽地区综合改造提升规划》，广州火车站将引入高铁、城际等功能，并对周边用地进行地上地下、产业与空间的综合再开发，促进枢纽与城市融合互动。与瑶台北片区相邻的白云新城以及火车站地区已逐步开展良性再开发，为瑶台北片区带来了更好的外部环境与辐射带动效应。

然而，即使在新的发展机遇面前，平衡瑶台北片区多方主体的利益仍然十分困难。不同主体对土地增值收益的期待不同。如原土地权属人希望通过土地经济价值提升与建构筑物规模扩容获得收益，表现为货币补偿或者等量

（等价）的物业补偿，同时还希望通过对无产权部分进行再开发实现合法化认定的途径获得收益；社会资本希望通过资本注入获得可出售物业或可运营物业，获得经济回报；地方政府希望获得公共服务产品投资收益、土地出让金收益或者实现产业升级，为城市作出持续贡献。多元的主体关系、破碎的产权边界、多方主体对原有权益兑现与增值收益有不同的期盼等，导致多方主体利益平衡难，这也成为影响瑶台北片区再开发实施的核心问题。

6.3.3 增值共享的路径

再开发是重构土地产权的过程，是通过规划赋权做大土地增值收益这块"蛋糕"，并在最后进行切分的过程，本质上是对产权关系进行解构，并对增值收益进行再分配。在做大"蛋糕"、切分"蛋糕"之前，应首先由相关利益人共同承担公共责任，以保障民生设施建设，多维度促进土地增值。同时，通过创新利益兑现的方式，实现增值共享。①

6.3.3.1 共担责任，重构共赢的利益格局

传统"三旧"改造模式难以为继的根本原因是，在追逐利润的机制下"吃肉吐骨头"现象突出，付出的代价往往由政府和公众买单。瑶台北片区由于产权复杂、空间交错、产业升级压力大、国有住宅占比较高等，若由政府负责国有土地上盖建构筑物征拆工作，或由村集体负责村建设用地上盖建构筑物的拆旧建新工作，都难以发挥要素配置合力，难以达到成片连片改造

---

① 为了探讨增值共享路径的可行性，以下内容以广州市城市规划勘测设计研究院编制的《沙涌南旧村改造片区策划方案》（过程稿）作为参照。至本书出版时，瑶台村旧改方案仍在编制过程中，最终以政府批复的方案为准。

的目的。例如，由于瑶台北片区建设规划跨铁路隧道，临近道路两侧的用地将被建设为道路防护绿地，若这部分用地由政府征收，将与村内其他全面改造的用地产生较大的获利差距，难以撬动原土地权属人的改造意愿。

因此，在整备范围内，进行3个整备模式的比选，寻求责任与利益平衡的共赢格局，通过联动沙涌南村、沙涌北村以及夹杂在其中的国有土地的整备路径，采取用地置换与异地平衡手段，促进责任共担与利益共享。

模式一：就村论村、就城论城，分类改造（图6-10）。根据现状权属，分成沙涌南旧村改造、沙涌北旧村改造、旧城镇改造3个独立改造项目。然而，改造后不论是住宅建设用地还是物业建设用地，容积率均过高。且旧城镇改造在保障道路退线后，项目范围内几乎无可开发用地。因此，改造若过于独

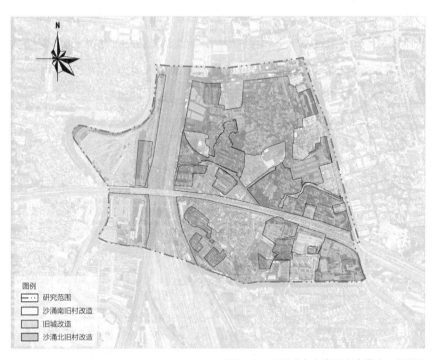

图6-10　广州瑶台北片区改造模式一示意图

立，将产生容积率过高、用地碎化等建设难题，研究认为不应采用该方案。

模式二：以路为界，划分2组"旧村+旧城"进行分区改造（图6-11）。根据现状交通情况，分成沙涌南"旧村+旧城"混合改造、沙涌北"旧村+旧城"混合改造2个改造项目。在该模式下，对沙涌北村与环城高速以北的旧城镇进行混合改造，形成较为规则连片的土地，并且由于其位于城市更新规划建设管理的第二圈层，要求产业建筑面积比例达到40%，因此，整体毛容积率相对合理。但沙涌北片区南侧的旧城镇与部分沙涌南村土地插花混杂，再加上受交通疏解工程成本以及城市更新规划建设管理第一圈层要求产业建筑面积比例达到60%的制约，改造后整体容积率仍然较高，与沙涌北"旧村+旧城"改造项目的容积率差异较大。故模式二无法解决沙涌南村容积率

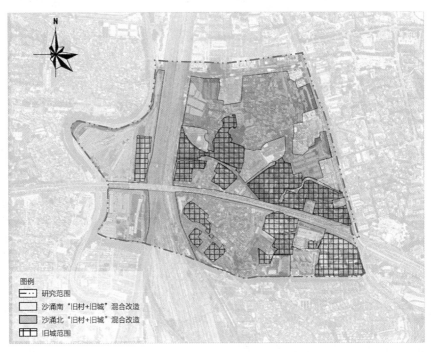

图6-11　广州瑶台北片区改造模式二示意图

过高、可开发用地较少的问题。研究认为，不应采用该方案。

模式三：以权属为界，越秀区沙涌南村与白云区沙涌北村联动改造，实现跨村的用地置换和跨区的异地平衡，同时强调优先保障公共利益，并将容积率控制在合理范围（图6-12）。在该模式下，将广铁地块（0.5hm²）的权益转移至白云区集团内部的其他地块，完成国有土地交储；置换沙涌北村与沙涌南村用地，并同步补交土地出让金。

因此，为了实现沙涌南旧改片区盈亏平衡，并避免出现改造后片区容积率过高的问题，出于成片连片改造的目的，选择模式三"异地平衡"作为沙涌南旧改片区的改造方式，通过联动改造和储备用地支持，探索跨区平衡和企业内部平衡两种途径，风险较低，且可实施性较强（表6-2）。

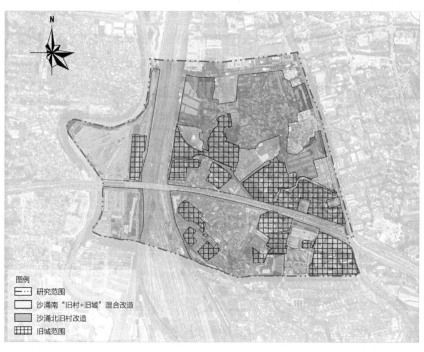

图6-12 广州瑶台北片区改造模式三示意图

改造方式	模式一：分类改造	模式二：分区改造	模式三：异地平衡
改造周期	慢，旧城涉及的土地权属复杂	较慢，沙涌南村容积率较高，难以自主改造，协商难	较慢，涉及跨村的用地置换、异地平衡
开发难度	旧村部分征拆较快，国有土地部分因改造后安置地块可选用地不多，有一定难度	由社会资本配合进行土地前期整理	由社会资本方及涉及的国企配合进行土地前期整理
改造后用地连片情况	碎片化，互相混杂，利用率低	沙涌南片区土地较为成片；沙涌北片区南侧有部分用地依然部分互相嵌合，难以利用	沙涌南、沙涌北片区各自土地成片连片，地块完整
协调重点	不存在跨行政区或村域，各自独立改造	环城高速以北行政区边界两侧地块全部跨区，需要重点协调	涉及1个地块跨村的用地置换、1个地块跨区的异地平衡，需要重点协调

6.3.3.2 共保民生，多维度促进土地增值

2013年，十八届三中全会通过了《中共中央关于全面深化改革若干重大问题的决定》，其中明确提到"建立兼顾国家、集体、个人土地增值收益分配机制"，通过调整布局与功能置换，增加开发强度，改善环境，获得土地增值，并在相关利益者之间进行合理分配。所谓的城市土地增值是指城市经济发展到一定阶段，通过资本投资改良以及对土地进行规划赋权而产生的综合结果，逐渐由单一的经济维度向文化、社会、生态等多个维度拓展。大城市是公共财政投入公共设施、公共服务和公共产品最多最集中的地方，而城市地租正是由公共产品投入决定的[93]。因此，公共产品的投入是实现城市土地增值的重要途径。对于处于"半城市化"发展形态的瑶台北片区，再开发应从共保民生的角度出发，不仅要释放土地经济价值，更应该拓展至城市功能、产业能级、现代化社区治理等多个维度，促进土地增值。

1）从区域层面统筹非营利性设施用地

土地经济价值增值带来的外部溢出效应包括交通、供电供水、教育医疗、环境保护等各种非经营性公共服务需求增加，配建非经营性设施是提高地区服务民生能力的重要举措。在2018年，沙涌南村就开展了关于旧村全面改造工作的前期研究工作，但在经过系列经济测算与空间布局谋划后，发现"就村论村"的改造模式，难以在平衡经济盈亏的同时，提升地区品质，因此改造工作停滞。2020年，为进一步推动项目进程，广州市市政集团开展了对环城高速与广铁交通疏解工程方案的研究。工程方案提出采用隧道形式联系棠溪站东、西两侧地块，并下穿环城高速南、北两侧地块之间的联系道路，在地块内部形成"井"字形立体交通主干网络，使地块内"东—西"向交通和"南—北"向交通并行不悖。工程方案的实施需结合土地整备工作，协同多地块用地边界与相关利益方诉求，从区域层面统筹非营利性设施成本分配。因此，对沙涌南村周边国有土地、沙涌北村集体建设用地进行整合，实现整备片区内的权益转移，这样可有效保障设施用地供给。

2）分梯度提供可负担成本的产业空间

产业空间是市民真正实现自给自足的可能性空间，城中村地区常常凭借其方便联系中心城区的条件，为城市提供低成本的产业空间，灵活地嵌入城市产业体系。从空间分布上看，城中村产业空间一般呈按点式圈层扩展或沿交通干道轴线延伸的特征，其本质上是产业空间载体从家庭作坊、集中工业区到新兴产业空间的转变过程[94]。瑶台北片区受火车站商圈批发行业影响，形成了现有的仓库、堆场等产业空间，同时，旧村住宅为外来从事贸易、批发及搬运服务的人口提供了低成本的生活空间。

随着城市产业能级提升，多类型的产业空间成为推动存量地区再开发的动力之一。为引导瑶台北片区做好产业谋划与空间供给保障：首先，在整备方案中明确瑶台北片区的功能定位，确定其商贸办公与时尚设计的职能分工。其次，明确产业空间的规模与分配，规定在原土地权属人、社会资本获得的可开发用地上，均需按广州城市更新政策体系中产居平衡的要求，分别贡献不低于40%的产业建筑，作为再开发后的重要空间构成。再次，从区域统筹角度，结合交通条件、土地整理成本、周边配套设施等各种要素，对产业空间的定价与市场定位进行梯度划分，以保证不同负担能力的经营者都有可选择的空间。如瑶台北片区受限于用地面积，不适宜提供制造类的产业空间，但可根据社会资本方获取的融资物业与村集体获取的集体物业的成本差异，分别提供对空间品质需求高、可负担成本高的商务办公空间以及面向设计类的多样化、可负担的成本低的灵活产业空间。其中，可负担的成本低的产业空间可由村集体的复建物业来提供，以面向资金相对紧张的初创企业。

6.3.3.3 共享增值，创新利益兑现的方式

土地增值收益并非平均分配，而是在尽量让每个主体基本满意的基础上，进行合理的分配与共享，促使要素配置最优化，实现土地价值最大化。针对不同主体，土地的增值收益表现为不同的形式，因此，在面对不同的利益诉求和产权处置方式时，将制定不同的收益分配方案。从广州的实践经验来看，一般通过土地开发分配、资金补偿及权益转移三种手段进行土地增值收益部分的再分配，而不同模式的有机联动与不同手段的协同组合，则需要结合具体情境判断。

1）沙涌南村：以更新政策获得显性增值收益

瑶台北片区内面积最大的沙涌南村，总面积约65hm²，其中村属集体土地约30hm²，均已纳入标图建库范围，国有单位及住宅用地约25hm²。根据《广州市规划和自然资源局关于印发广州市旧村全面改造项目涉及成片连片整合土地及异地平衡工作指引的通知》中"已纳入旧村全面改造范围，因用

地和规划条件限制无法实现盈亏平衡，或涉及重点区域、重要地段、重要节点，或需要成片连片统筹的项目，可通过改造主体整合收购邻近的国有建设用地（闲置土地除外）或将政府储备用地与村集体用地（国有性质、有建设用地合法来源文件）置换，实现节约集约用地"的规定，提出将周边25hm²国有建设用地同步纳入整备范围。

25hm²的国有建设用地，约3hm²的用地采用收购形式，用于旧村改造村居安置及公共服务设施建设，约22hm²的用地采取公开招标出让的形式，用于原国有住宅与物业的复建安置、旧村改造范围内的异地平衡以及融资建筑建设，改造后根据协议办理权属变更手续。其中，公开出让的整备模式，是根据改造方案确定的用地性质，将融资部分建设用地公开出让给市场改造主体，并由改造主体配合参与土地前期整理。原国有住宅可选择货币补偿或者参照旧村居回迁的标准进行原址安置，产生的费用纳入改造成本进行整体平衡；融资地块协议出让的地价与流程可参照旧村全面改造融资地块的出让方式。通过此种模式可充分激发市场活力，以增值共享的方式发挥资本的力量、分享工作经验。

2）沙涌北村：以外部正效应获得隐性增值收益

沙涌北村总面积约为17hm²，包括村属集体建用地15hm²和国有建设用地2hm²，其中，村属集体建用地均已纳入标图建库范围。对于国有建设用地，拟探索将其中约1.5hm²的用地通过收购的形式纳入改造范围，用于复建村民住宅与集体物业；将其中约0.5hm²的用地采用公开出让的形式纳入再开发。完成拆迁安置后，根据改造方案确定安置地块、融资地块以及公益设施用地，并以协议出让的方式由改造主体获取融资地块。沙涌北村片区再开发获得的收益，不仅来源于增加的建设用地或建筑量，还包括整体生活环境改善带来的物业升值以及幸福感提升等增值收益。

3）旧厂：以改造机遇与政策支持促进再开发

瑶台北片区内包括国有单位、国有住宅等多宗国有用地，总面积约37hm²，其中8hm²国有用地现状建设条件较好，予以保留，其余用地建成环境较为破旧，人居环境亟待改善。如建成于20世纪70年代的广州车务段单位宿舍，虽然占地面积不大，但由于缺少责任主体，产权关系复杂，人居环境恶劣。瑶台北片区的整体再开发，给旧厂地块重生提供了机会。按照现行土地再开发制度，旧厂地块有两条再开发路径：一是由旧厂原土地权属人对土地进行交储，获得货币补偿；二是经由自主改造获取增值。而自主改造需解决用地零碎、与周边项目协同、土地置换等一系列问题，因此，即使是拥有政策支持与资金保障的旧厂原土地权属人，也难以轻易开展零星存量土地的再开发。

因此，在瑶台北片区的整备方案中，提出"夹杂在旧村用地中的国有土地参与土地增值共享"的思路，以使用地形态成片连片，保障道路、设施与各主体均有可分配的物业。建议以公开出让的形式，由沙涌南旧村改造主体对邻近国有用地进行收购整合，改造主体凭签定的收购协议、项目实施方案及方案批复等文件，在完成土地前期整理后，同步负责该部分国有土地的整合与更新改造工作，按照证载建筑面积1：1的要求，复建安置其上住宅及物业。

4）工程建设方：以减少成本与征拆阻力促进项目启动

征拆成本过高与周期过长是困扰工程建设主体的主要难点。在交通方案研究中，按照房屋征收的路径进行了成本测算模拟，其中，道路建设费用需约15亿元，安置费需约25亿元，包括安置国有用地上7万m²的建设量以及村集体建设用地上19万m²的建设量。然而，工程征收的补偿标准与村集体、村民个体以及居民对土地增值的预期差距较大，导致征拆工作面对较大阻力，项目无法真正启动。

因此，在瑶台北片区整备方案中，创新土地征收模式，将交通疏解方案中涉及的房屋征拆部分统一纳入沙涌南旧村全面改造中，采用统一的补偿标准，保障同地同权，激发原土地权属人配合工作的积极性。同时，将交通设施建设成本也一并纳入旧村全面改造成本，以减轻政府与建设主体资金筹措压力。

5）社会资本方：通过投入资本参与土地再开发的合理增值

社会资本方参与存量土地再开发的主要动因是对利润的追逐。社会资本方根据优惠政策，以低于同等区位的价格获取新增土地，从存量土地中释放新的土地进行再开发，从而获取回报。尤其在基本没有增量空间的广州，旧村、旧厂等低效用地无疑成为社会资本主要的挖掘对象。因此，在瑶台北片区整备过程中，社会资本方将直接面对村集体与村民，政府则扮演协商和监管的角色，做好整备方案审查与监督落地工作。社会资本在走相应法定程序的基础上，按照整备方案对土地进行再开发。在瑶台北片区，社会资本方持有改造后的物业，并长期经营。

6）地方政府：以品质提升获取可持续性税收

地方政府在整备全过程中，通过规划赋权或制度供给，对土地用途、建设强度、土地置换和权益转移等指标与路径进行安排，以做好主体之间与项目之间的协同，并保证项目可实施，统筹实现城市健康发展的综合效益。地方政府在再开发过程中的主要收益是公共产品、产业空间以及土地出让金，其中，公共产品和部分产业用地的收储是政府推动存量土地再开发的内在动因。

瑶台北片区通过整合旧村、旧城等用地，规划约43hm²的公益性用地，作为地区品质提升的空间保障。由于有交通用地存在供需矛盾，以及配套设施落后等现实问题，在权责共担与收益共享的双重原则下，分别由沙涌南村、沙涌北村以及国有土地上的原土地权属人，提供道路、学校、防护绿带和口袋公园等非营利性设施用地。在公共服务设施配套建设方面，方案提出可新增18班初中1所、30班小学1所。同时，从城市运营的角度，整备方案构想增加可分梯度供给的产业空间，由具有不同成本负担能力的对象使用，包括村集体复建物业、国有复建物业以及融资产业用地。

第 7 章

创新与思考

有活力的城市，土地是能吸引资本的，空间是能吸引人的。资本是敏感的，以资本的眼光看土地，可以判断土地价值的高低，有些土地是会被资本抛弃的。女性是敏感的，以女性的眼光看空间，可以识别空间的好坏。怀特在《城市：重新发现市中心》中[95]，通过案例观察，发现了"人气最旺的地方一般会有高于平均数的女性，究竟坐在哪里，女性比男性想法更多些，她们会花更多的时间去观察一个地方。如果一个广场的女性数量明显低，那一定是有什么问题"。在21世纪的中国，城市更新正加速推进，有竞争力的城市更新要能让土地吸引资本，也能让人们愿意来，并且愿意留下持续创造价值。

站在城市更新的列车道上，眺望远方，我们看到，美好融入了旧时光，活力注入了旧土地，也看到了城市再生与土地重构提升了城市的竞争力。新旧碰撞、文化演进、活力再现，未来的城市，将告别"老破小"，与"脏乱差"说再见。有竞争力的再开发规划，分梯队提供了可负担的产业空间，保障了高品质的公共服务产品，创造了新的"流量"，迎来了新的活力人口，也获得了大的"留量"——留下了共创美好城市的人们。

7.1 面向美好的城市

7.1.1 未来城市

想象，可能恰恰是对未来的预见。不论是在哲学界、建筑规划还是电影中，都曾出现过对未来城市的经典畅想。从柏拉图的《理想国》构造的理想王国"大洋西城"，到莫尔的《乌托邦》认为私有制是罪恶的根源，描绘了"财产公有""社会互助"的公有制场景，这些是作品对幻想的未来城市细致入微的描写。莫尔未必会想到，自己想象出来的乌托邦400年后会被俄罗斯人所实践。建筑大师柯布西耶在《明日之城市》中，设想了未来城市的发展模式——大尺度、高层建筑和立体交叉。1926年，德国电影导演弗里茨·朗格游历美国，受摩天大楼启发后，拍摄了无声电影《大都会》，这是第一部以城市与建筑为"主角"的著名电影，摩天大楼、立体交通复杂而有序，展现了柯布西耶的理念。

我们发现，这些畅想，都围绕着科技与制度这两套体系展开。

30年前，难以想象如今深圳的巨变。如果当时宝安的渔民对广州人说，深圳以后会成为超越广州的超大城市，广州人可能会嗤之以鼻。深圳巨变的背后，是无数个偶然积累而成的必然。偶然，在于一个个无法预料的机会，或是难以预测的小失误。必然，则是科技与制度推动的结果，尤其是深圳不断率先探索的先进制度，不论是1987年深圳开创中国"第一拍"①[96]，还是2020年的先行示范区改革②，都是重要的土地制度改革与创新。远在2万km

---

① 中国"第一拍"指中国首次以拍卖的方式出让土地。
② 中共中央办公厅、国务院办公厅印发的《深圳建设中国特色社会主义先行示范区综合改革试点实施方案（2020－2025年）》中，提出要完善要素市场化配置体制机制，支持在土地管理制度上深化探索。

之外、发展了300年的纽约，也是如此。纽约的几版规划，从"Greener"到"Resilient"，从"Just"到"Fair"①，都是在时代背景下，在科技变革的过程中，对制度进行的一次次优化与设计。

不断创新的科技是点缀。科技给城市带来空间的变化，改变人们认知空间的方式，几次科技变革促进了人类社会的发展和跃迁。新冠疫情暴发之后，我们依靠腾讯会议、钉钉、Zoom等软件，实现了居家远程办公。近年来，在颠覆性科技的影响下，城市正在发生更加深刻的变革[97]，技术也将在未来深刻影响世界。

不断优化的制度是根本。科技虽带来空间的变革，但技术并不是万能的。清朝的洋务派，提倡"师夷长技"，学习西方的先进技术，但却维持封建传统体制，并没有救国家于水火[98]。科技进步的速度也是不确定的，城市的未来取决于人们的选择，尤其是对城市制度，即城市运营逻辑的选择。在土地、税收、法律和户籍等城市制度中，土地制度是影响未来空间变革与城市再生最显著的因素之一。城市运营得好还是不好，取决于制度设计者的理性与能力。

未来是不确定的，城市的衰败不可避免、无时无刻存在，所以城市更新也将永续不断。未来，有竞争力的城市更新，将是在不断创新的科技环境下，基于不断完善的城市运行制度的可持续的城市更新。

---

① 2007年，*A Greener, Greater New York* 强调绿色发展。2013年，经历了飓风"桑迪"后，纽约市发布了新的规划：*A Stronger, More Resilient New York*，吸取"桑迪"的教训，颁布了一系列政策来支持城市灾后重建。2015年版的纽约规划*One New York: the Plan for a Strong and Just City*，强调增长、平等、可持续和弹性，2019年则发布了*Building a Strong and Fair City*。

7.1.2 以市民的眼光看空间

市民是城市活动的参与主体，人与空间相互塑造，城市空间终究是面向人群需求的，只有这样的空间才最具吸引力。未来，在城市再生与土地重构下，新的城市活力场景是什么样的？我们难以给出准确的答案，也无法想象它确切的样子，但它应该有人性化的制度设计，有以人为本的城市投资建设与运营，并借助有温度的技术手段，在再生与重构的过程中，不断满足多样化的人群与企业发展需求，持续提高居民的幸福感。

城市的运营模式是影响城市活力的重要因素。文艺复兴时期，教会回迁罗马，重新规划了罗马的城市空间结构，带动了当时罗马的城市改造建设[99]。21世纪的当代，千年商都广州，以实现"老城市，新活力"为目标，通过城市再生与土地重构，打造30km精品珠江，新的优质沿江空间有效提升了城市形象，但不少"三旧"改造项目中也出现了一定的地产化倾向。未来，地产化的旧改注定是不可持续的，面向多样化人群需求的改造，才能保障城市的活力永续。

7.1.3 以资本的眼光看土地

资本对土地的青睐程度，反映了土地的价值。如果一块土地被资本冷落，一定是土地发展权的配置出了什么问题；相反，如果一块土地被资本所青睐，那么这块土地可能用途管制妥当，已经被社会接受。

城市的发展，离不开资本的高效流动与增值。好的土地与城市，能够得到优质资本的青睐，有些土地则是被资本抛弃的。那些缺少持续增加的人口，甚至人口收缩的土地，即便容积率给到10.0，也没有资本愿意投资。但只吸引资本还不够，资本也有误判的时候，资本来了，人没来，就成了"鬼城"。好的土地与城市，是具有包容性的，能让每一类人都在这片土地上找到舒适的状态。因此，如何运营城市，使之可持续运转，成为值得思考的问题。

在新冠疫情危机下，许多社会问题都被急剧放大，"内卷"是各类社会问题的代表之一。内卷的本质，其实不是内耗，而是有的人的水平上了一个台阶，是竞争的白热化，可以说是社会的进步。在规划师来看，20世纪做规划的人，中专生就很牛了，2000年以后，规划院才开始渐渐招研究生，现如今，大院有研究生学历的规划师比例早已过半，南方某大院2021年校招的300个新人中仅有寥寥几个本科生。

韩国是内卷至内耗的代表，最"卷"在教育，韩国超过80%的学生参加补习班。学业、就业和养娃等社会压力越来越大，成为很多韩国青年不想结婚生子的主要原因。2018年，韩国成为全球首个生育率跌破1的国家。俄罗斯的生育率也总体呈下降趋势，人口已经负增长。

其实，不仅韩国、俄罗斯，在中国，人口增长拐点与老龄化的态势也无法逆转。第六次人口普查与第五次人口普查相比，中国有180个城市出现了人口收缩[100]，在这180个城市中收集了64个城市的总体规划，其未来的人口目标都处于上升状态[101]。不言而喻，城市人口定是不会无限增长的，但随着多年来中国对教育的重视与普及，未来城市中的人，人口素质的整体水平是会提高的。

人的整体素质与水平提高，需求往往也随之提高。如今的"90后""00后"，个性化与多样化需求更高，根据第一财经商业数据中心发布的《2017年中国互联网消费生态大数据报告》，"00后"更加极端地追求多样化，"90后"对专业垂直和多样个性偏好度更高。消费的个性偏好透视了空间的个性偏好，未来对空间的需求也将更加多样化与个性化。因此，可持续运营的土地，也将是考虑多样化需求的土地。

7.2 土地再开发的创新

城市再生与土地重构，避不开对土地资本化的参与方、土地的价与权、土地再开发与高质量发展等方面的思考。近年来，广州的探索在这些方面做了较好的示范，也因此取得一定的成效，但也仍有提升的空间。本节从以下方面进行思考与展望，探索对未来土地再开发的创新：土地的再开发是否一定为三方协同？有没有一种专业化的路径清晰可行？同价同权，同的是什么权？同地一定可以同价吗？通过城市再开发，如何提供成本可负担的产业空间？如何提供高质量的公共服务产品？

7.2.1 土地的正义

7.2.1.1 参与方的变化

正因为土地要吸引资本，在资本化的过程中，参与方可以更开放、更包容，是多元化的，只要评估结果有助于实现帕累托最优，都可以用开放包容的心态接纳。

城市土地再开发，由最初的政府主导、一方垄断，到政府引导的政企联盟，到如今的三方协同[①]。

未来，未必三方协同才是最优的，在治理能力现代化、地方政府财政较为稳定的情况下，能持续投入与运营城市基础设施、公共服务设施，那有没有可能回到政府与原土地权属人两方协同？或者有没有可能四方协同？比如社会资本进一步分化下，出现的一些中介方、平台公司，或者地方政府委托的第四方。又或是以周边居民与公众作为第五方？未来的参与方可以是多元

---

① 成片连片改造中，原土地权属人也许不止一个，这里均将其归为原土地权属人这一方。

的，只要最终的结果是促进土地可持续发展，促进人、资本或者说社会财富更加健康地流动。

未来的城市更新模式，也无需一定是由掌控发展权的政府主导推进的。城市更新项目，也可以由原土地权属人自下而上自发推动，这样的模式或许更能减少原土地权属人对政府不信任带来的交易成本。城市政府设定一定的条件，满足条件的改造项目，可由原土地权属人自主申报，或与社会资本方协商，达成一致后，以原土地权属人的名义进行申报。

7.2.1.2 "经理人"的出现

规划，尤其是传统规划的门槛逐渐降低，甚至AI也已经可以胜任规划工作，因为传统规划是物质形态的规划，或是基于数理分析的规划研究，这些都可以被科技替代——已经有规划团队设计了可以用于旧改算账、"排房子"的APP。未来城市规划的竞争力，路在何方？

土地再开发与规划有相同之处，也有所不同。相同之处，在于二者都需要有物质形态和数理分析。不同之处，在于土地再开发涉及对多方利益的管理，这种管理是要建立一种协同关系。协同关系的建立，是制度化的，难以用图纸和表格简单列明，需要依托一种专业化的协同机制。

广州的土地储备主体尽管是政府部门，但是往往通过公开招标选取更加专业的第三方，竞标企业以广州的市属七大投资集团等最为活跃。此外，广州的城中村改造，明面上是以原土地权属人（比如村集体）为主体，但实际上是由公开招标的社会资本方作为合作改造主体，在背后提供技术支持，甚至也会出现第三方的资本平台公司，用专业知识与政府审批部门对碰。

未来，从公平的角度，是否可以成就真正的"经理人"专业之路？土地再开发过程是否能让各参与方都放心，各得其所？无论参与方是什么样的，作为政府方，必须有一套专业化的运行机制，保证公平和公正。未来，随着参与主体更加多元化，专业化的路径管理更加重要。如深圳留仙洞再开发过程中设立的城市设计促进中心，就是一个城市"经理人"，联动了城市营建和文化创意活动[102]。

以土地整备为主的再开发规划，正是这样一条有竞争力的路径规划。土地整备规划的主体，不完全只是政府，也不仅靠未必一定公平的第三方，而是通过政府搭建多方对话的平台，构筑一个虚拟的"经理人"。未来的土地整备规划，可以像深圳的城市设计促进中心一样，通过城市"经理人"这一经营城市的主角，延长土地再开发的链条，提升土地的价值与城市的品质。这是一种协商性、多元合作的规划，通过专业化的路径，推动存量更新走向多元价值提升。

7.2.1.3 救济要成为主角

随着参与方更加多元，再开发路径更加专业，规划救济更及时、更到位，救济管理缺失，可能会导致规划失败、大项目失效，甚至会发生由决策失误引起的人为灾难。

规划可能会失败。《规划为什么会失败》[103]中提到，现实变化往往比规划要快，一个规划制定之后，仍会面临基础数据、规划预测、建模、变化速度等诸多不确定因素。因此，规划是有可能失败的。

大项目可能会失效。耶鲁大学的政治学和人类学教授詹姆斯·斯科特所著的《国家的视角》[104]一书，描绘了试图促进发展或增进福利的国家项目最终失败甚至造成人道主义灾难的场景：普鲁士为追求经济效益，清空原有森林，栽种质好价高的挪威云杉，"科学林"带来了生态遭难；坦桑尼亚的强制村庄化运动，得到了不少国家的赞誉和世界银行的贷款，却也给农业生产带来了巨大灾害，三年后农业陷入崩溃，不得不斥巨资进口粮食。

城市再生与土地重构的过程由于涉及的权利主体较多，项目往往资金量大，资本的进入带来的不一定是正向的增值，风险与超额利润同在。因此，城市的再开发规划，救济的逻辑是不可或缺的。

近年来，建设韧性城市逐渐成为全球共识，韧性的重要维度之一是防灾，强调灾前、灾中、灾后全过程。土地再开发的规划救济也是如此，强调事前、事中和事后。

事前开展阳光协商。"政府搭台、多方协同、公开透明"，协商后达到使城市（市、区）政府、原土地权属人、社会资本方、规划师、居民群众等多方都满意的效果，再启动并实施。同时，建立协商专家库、全周期信息公开平台，加强全过程监督创新。

事中风险防控与共担。现行的广州城市更新相关政策，强调改造要"先复建安置，才可以建融资地块"。近年来，广州出台的城市更新系列政策，也强调了多方"共担公共服务设施配套"，由多方共同承担地区乃至区域的公共服务设施配套。这些都是广州在城市更新规划与行动中对事中风险防控与共担的逻辑。未来的城市更新与土地再开发规划，风险防控与共担范围终究是需要进一步扩大的，比如如何应对拆迁后社会资本方中途"跑路"的现象。这是土地再开发过程中，需要进一步考虑的。

事后风险如何兜底。政府通过税收与地价两个杠杆，平衡再开发过程中收益较高与收益较低乃至负收益的项目，以促进资本良性循环。

7.2.2 重新认识土地的价与权

7.2.2.1 同权与同价

近年来，倡导土地同权同价的声音很多。民间，包括不少学者，都在倡导同地的同权与同价。

同地一定同权吗？影响土地价值的四大要素中，土地性质是影响"权"的最根本要素，但同地未必一定同权。深汕特别合作区，并未改变土地性质，地还是汕尾的地，原来是一个不吸引资本的空间，并没有通过集体转国有提高资本的吸引力，而是在土地没有任何变化的基础上，与深圳合作，走专业化路径，加强了社会资本对政府主体方的信任。同样位于汕尾的其他相似区位与规划条件的土地，只因没有深圳的参与，对资本的吸引力就弱了很多。未来，到底谁能把持规划的增值？并不是所有的城市政府都能把持，必须是有能力、治理能力现代化的，公平、有效率的政府。

于是，我们不禁思考，同权，是同什么权？这个权是重新赋予的，也包括构建出来的发展权。集体土地完全市场化，不是同权，而是享有特权。过往一些划拨的国有土地，也并不能入房地产的市。不同的地入不同的市，乡镇企业入工业用地的市，而不能入房地产的市。此外集体土地完全市场化，可能带来贬值的风险，要担的风险更大了，把持不住。因此需要制定规则规范秩序，允许部分市场化。规划是重要的管制手段，同价同权是不得突破规划的同价同权。为农村长远发展考虑，城市再开发过程中，不得突破国土空间规划，不得随意改变集体土地的用途、强度，以保证永久基本农田，避免出现耕地流失等问题。

有了同权才能谈同价，同权却不一定能同价。价是区位与用途决定的，同价，也只是一个愿景，毕竟价是市场化的。公益性用地征收与经营性用地征收就很难同价。同价同权的前提是同地——区位相近、用途与规划条件（强度）相同、相邻关系相似的土地。

7.2.2.2 增值与平衡

增值的平衡不能仅是多方的平衡，未来的共享也不仅是城市内部共享，还要考虑大区域的平衡。发达地区城市的再开发增值，离不开城市化的红利。欠发达地区也为全国提供了生态红利。中国目前还处于城市化不断深化的进程中，在"人民日益增长的美好生活需要和不平衡不充分的发展间的矛盾"下，大区域也得平衡，东西部也得平衡。发达地区的城市化红利，是否要与欠发达地区分享？如何反哺经济欠发达地区？

增值很大程度上源于对政府的信任，政府确立了新的权和价，增值的平衡，也是回归政府后的平衡。未来的反哺，不限于增减挂，更多的应是跨区域的对口帮扶等。

增减挂，其实就是乡的建设用地变成城的建设用地，可以说是一个指标游戏。在中国这个体现制度优先的国家中，区域间发展权的平衡更广。东西部大循环的框架下，区域性对口扶贫，如广州对口帮扶黔南州，其实是对发展权的一种转移。以前，尤其是"三线"建设时期，西部支持了东部的工业化、城镇化，现如今东部发达地区对西部的扶贫，也算是经济上的反哺。未来的大循环不仅仅是扶贫，更是基于发展权的一个维持区域平衡的平台。

7.2.3 土地再开发的"留量"

土地再开发，不能都是经营性开发，这种地产化、商业物业等，尽管可以快速让各方在短期内分享巨额增值，却难以可持续发展。尤其是广州过去的城市更新项目，有一定的地产导向，部分项目甚至是透支周边未来公共服务产品的"一锤子买卖"，会给城市造成新的负担。所以城市更新与土地再开发，必须是基于城市可持续发展，持续保障经济与民生的更新与再生。这样的土地再开发，才可以创造更多的"流量"并转换为"留量"。城市更新可负担的产业空间与高品质的公共服务产品，正是持续保障经济与民生的重要体现，也是创造"留量"不可或缺的手段。

7.2.3.1 可负担的产业空间

过去三十年，中国依靠低廉的人工成本和土地成本，成为"世界工厂"。现如今，中国制造业的劳动力成本与地价均越来越高，第四次产业转移已经逐步覆盖东南亚等劳动力低廉地区。尤其是近几年，在中美贸易摩擦与新冠疫情的持续影响下，珠三角部分工业镇，如ZS市的SX镇，在第四次产业转移与疫情的双重影响下，面临"三来一补"[①]企业撤离、空厂渐增的严峻形势，也难以吸引技术型产业，未来将何去何从？

土地、资本、劳动力和技术等要素中，中国的劳动力如今已远不如东南亚廉价，技术、资本与一些发达国家相比没有太大的优势。未来城市产业的核心竞争力很大程度上在于对土地制度的创新探索。产业空间供给，其实并非一味追求低成本产业空间供给，毕竟政府要"管饭"、资本要"挣钱"，却可以按产业能级与需求，分梯队提供可负担的产业空间。

粤港澳大湾区拥有全世界门类最齐全的制造业和生产性服务业体系，是世界工业生产中心。以大湾区广州东部的增城为例，增城与惠州、东莞接壤，是广深港澳科技创新走廊上的重要节点，也是联系广州与深圳两个市中心的大通道上的枢纽。增城区与广州市中心连接的制造发展带、科创发展带和生态创智带三条产业联系带，进一步巩固了其珠三角重要先进制造业基地的地位。然而，产业发展也存在升级乏力的问题，除受外部经济因素影响外，一定程度上还归因于尚未形成差异化的产业空间供给。

因此，存量发展时代，如何通过存量发展提供成本可担负的产业空间，通过产业的发展实现地区高质量发展，是值得思考与探索的问题。

不同能级的产业对环境品质和用地的需求差异较大，可负担用地成本也有所不同。因此，根据能级将产业划分为三大梯队，针对各梯队产业的特

---

① "三来一补"指来料加工、来样加工、来件装配以及补偿贸易。

点，采取不同的存量盘活方式，分级供给产业空间。

粤港澳大湾区走廊上重要的研发总部与商务办公型产业是第一梯队产业。这类产业面向大湾区，对区位与环境要求较高，往往产出较高，如大疆、华为等研发型企业总部，可负担的产业成本也往往相对更高。可通过对区位好、配套佳的大型基础设施进行综合的立体开发，如通过超大型的车辆段用地等来进行供给。以车辆段为例，盖板工程造价为5000～6000元/m²，按容积率3.0计算，楼面价不到2000元/m²。2020年，增城区各类用地的招拍挂折合为楼面价后，研发型工业（M_0）为500～1000元/m²，商业（B_1、B_2）远超2000元/m²，若车辆段改造的总部产业用地规划为M0和B各一半兼容，拿地成本可以持平。因此，可通过改造大型设施用地，实现设施与商务、研发办公的兼容与立体开发。

拥有产业基础的汽车制造等先进制造业为第二梯队产业。这类产业产出也较高，用地需求大，对区位不敏感，品质环境要求较第一梯队产业低，可负担的产业成本亦相对更低。2020年，广州市划定了全市产业区块线，其中，增城区工业产业区块面积为8959.37hm²，共44块，一级控制线14块，二级控制线30块。产业区块线内，可以严格按照区块线的产业纯度要求进行规划建设，也可以在同一产业区块线内进行项目组合，通过土地整备与用地置换规整产业用地。涉及跨产业区块线的项目，可通过类似容积率转移的方式，适当提高局部产业用地容积率，集中多个产业地块的建设规模，以保障部分产业用地交储，作为低成本产业空间的来源之一。

小微型初创企业使用的是第三梯队产业空间，是多样化、灵活的空间。初创企业基础相对较弱，资金相对短缺，人才相对匮乏，业务开拓压力相对更大，可负担的产业用地成本往往最低，但却是城市保持经济活力不可或缺的，所需产业空间更多样与灵活。而北上广深等地价飞速上涨的大城市，如何提供成本可负担的产业空间，保障小微初创企业孵化？在存量盘活过程中，可通过旧村改造、村园升级等工作，在单个项目中释放规模相对不大的产业用地，用于发展孵化器、众创空间。这些空间可以由旧村改造后的集体经济物业来提供，也可以是村园升级后的办公楼宇，迎合了小微型初创企业对产业空间灵活、多样的需求。同时，由于与旧改项目相结合，一定程度上更易于实现职住平衡。

7.2.3.2 高品质的公共服务产品

高品质的公共服务产品，是面向多样化人群需求的。

好的城市空间，是吸引人的空间，更是面向全体市民的空间。人的需求是多元的，城市公共服务产品，也应面向多元需求。早在20世纪中期，简·雅各布斯就提出，城市多元化是城市生命力、活泼和安全之源[105]。2020年的《中国城市繁荣活力报告》显示，广州与深圳、上海、北京和成都被划为第一梯队"高活力城市"。高活力城市的共同点，是在城市产业与创新多样性、创意与社交多元化上具有明显优势。

发达的大城市，离不开大师与精英，离不开人才，更离不开创造巨大剩余价值的大部分外来流动人口。因此，好的城市空间，应是包容外来人口的空间，是能为外来人口提供与本地人一样的高品质公共服务的空间。有限增量土地开发与严格管控下，未来的城市空间，将更多依托土地再开发提供。因此，未来的城市再开发，也应面向多元需求，提供更加多样化的高品质公共服务产品。

高品质的公共服务产品，可以是弹性使用的公共产品。

可以是使用功能的弹性。我们现在谈居住平衡、产居平衡，未来有可能产和居都发生在同样的地方。可以想象，如果未来越来越多的非服务型企业接受员工远程办公，这些工作人口一天的活动与消费都在居住地附近，必须有充足的能够用于临时办公的咖啡厅、餐厅等场所，或是在社区中有弹性办公空间。

可以是城市空间的弹性。如深圳前海的1.5级开发模式，2015年，万科以0元的地价，向前海管理局租赁相关土地，取得了8年经营权，以开展办公楼宇开发和租赁业务，特许权期限届满时，建筑将无偿移交给政府。万科以此建设可移动、可增长的建筑与设施，打造品牌并开展有影响力的社会经济活动，挖掘土地价值，只用了2～3年，就给城市打造了一个有吸引力的"引擎"空间，进而带动地区滚动开发。

面对人们更加多样化与个性化的需求，在未来城市再开发的主旋律下，在空间重构的过程中，制度的设计和城市的运营，要考虑差异性的空间供给，适当增加弹性空间与弹性使用功能。

7.3 具有竞争力的再开发规划

7.3.1 再谈土地"蛋糕"

城市更新与土地再开发规划，就像重新做土地"蛋糕"。重新做土地蛋糕避不开两个问题，第一个是怎么做蛋糕，第二个是怎么管理蛋糕。

土地蛋糕首先要做大。谁来做大？若是治理能力不强的政府，盲目做大蛋糕可能给城市带来人为灾难。黔南州的某县就是鲜活的例子，一味搞巨型水司楼、巨型体育场馆、巨型银行总部……烧掉了400亿，换来了众多烂尾项目。未来，一定是有治理能力的政府才能把蛋糕做大。怎么做大？在国土空间规划战略引领下，不断叠不同口味的蛋糕层，重新赋予发展权，提高土地开发强度与利用效率，以提供更多的空间，承载更多的人、更多的经济活动。

土地蛋糕不能无限做大，要做优。当前的旧改，不论是逐利的社会资本方还是增值预期不断提高的原土地权属人，都无限追求容积率的提高以获取更大的增值。一些旧村改造项目，常常因为委托方不断找到提高容积率的理由，改十几版方案、排几十稿房子。生育率不断下降，在人口增长拐点来临的大背景下，需求量是有限的，未来的蛋糕无限做大是没有必要、没有意义的。人口有限增长，蛋糕无限变大，结果可能是吃撑，或是吃不下。因此，未来土地蛋糕的奥妙，在于适当地做"大"与不断地做"优"。

蛋糕甚至是可以定制的。可以由"购买方"提出图案、形状、味道需求，"出售方"根据需求提供定制化的蛋糕。换言之，城市再生和土地重构，可以是根据城市与土地即将承载的人群的需求的再生与重构，也可以是基于更新改造的城市活力再现。

蛋糕增值除了做大、做优，还要以人民为中心，可以为人民定制。未来的土地蛋糕，除了做土地以外，还得做整个城市空间和城市品质，做强城市竞争力，做高城市吸引力，把土地蛋糕所存在的氛围和环境做好。成本可负担的产业空间，高质量的公共服务产品，都不只是追求巨型蛋糕，而是尺寸恰当、在精品店中出售的精品美味蛋糕。这样的蛋糕，才是备受青睐的土地"蛋糕"。

7.3.2 规划的竞争力

要制作好备受青睐的土地"蛋糕"，有竞争力的规划不可或缺。能深得人民喜欢、得到资本的青睐，又使城市有可持续发展的底子，这样的规划才有竞争力。

有竞争力的规划，提供可负担的产业空间和高品质的公共服务产品，让城市空间更有竞争力，更能吸引社会资本，促进土地增值，在土地与资本的循环互动中推动城市高品质发展。这是做出有竞争力的规划的其中一步。规划的竞争力，最重要的，是为人民谋幸福，可以保障弱势群体的权益。

有竞争力的规划，无需一定追求令大家都满意，却应该是一个尽量令大家都认可的规划。"令大家都满意"成本过高，很难实现，是不可持续的。大家都认可的规划，可以做到并且也应当做到，并应成为规划开展的前提。广东的旧村改造，要求改造的前提是80%的村民同意，其实已是尽量争取让大家都认可，但却也让20%的个体"隐性"地被集体所代替。未来的城市更新与土地再开发规划，应是在不断优化的制度设计与城市运营中，让大家都认可，让这20%的个体逐渐减少，甚至变成0，这才是真正有竞争力的规划。

有竞争力的规划，除了可以激发市场活力，让大家都认可，还应该是可以应对风险的规划。在不可避免的存量用地再开发过程中，市场与经济发展需求更加复杂且多变。未来，有竞争力的规划，应当可以应对持续动态变化的矛盾与风险，避免被社会资本方裹挟而朝令夕改与反复调整，保障公平正义与社会福利。而这样的规划，离不开明确的、公平的协同以及重构与共享路径，也离不开科学的制度化建设。

城市更新的制度化建设，逐步摸索，正在行进。

2021年，是新冠疫情暴发的第二年，也是城市更新地方立法摸索行进的第二年。深圳、广州、上海相继启动城市更新立法程序，总结有益经验，破解实践难题。2020年12月《深圳经济特区城市更新条例》表决通过，并于2021年3月正式实施。2021年7月广州住建局发布《广州市城市更新条例（征求意见稿）》。2021年8月上海市就《上海市城市更新条例（草案）》公开征求意见。城市更新条例将行之有效的政策规章上升为地方性法规，实现了地方制度化建设的重大创新。

　　城市更新的制度化建设已经起步，还在路上。土地再开发在巨大的地域特征差异下，具有地域特色的针对性制度化应对必不可少。未来，城市更新制度化建设的道路，将是由每一个人、每一座城市共筑的，能够承载未来中华民族伟大复兴步伐的康庄大道。

词语解释

城市更新：西方与城市更新相关的概念有"城市再开发"（urban redevelopment）、"城市振兴"（urban revitalization）、"城市再生"（urban regeneration）、"城市复兴"（urban renaissance）等。在我国，城市更新是对城市中衰落的区域进行拆迁、改造、投资和建设，使之重新发展和繁荣。从实践上看，城市更新不仅指对物质空间的改造，更强调对社会、经济、文化等领域的整体优化，以及更新过程中多元主体的共同治理，且其具体形式往往表现为空间再造与土地再开发。本书所讲的城市更新，多为城市更新的土地再开发。

"三旧"改造："三旧"改造一词源于广东，是广东特有的改造模式。"三旧"指"旧城镇、旧厂房、旧村庄"。"三旧"改造，是广东在土地资源供需矛盾日益突出的情况下，拓展建设空间、保障发展用地的重要途径，是推进节约集约用地试点示范省建设的重要内容。具体详见广东省2009年出台的《关于推进"三旧"改造促进节约集约用地的若干意见》（粤府〔2009〕78号）。

"三旧"改造图斑：指广东省"三旧"改造标图建库的图斑。凡摸底列入"三旧"拟改造范围的地块，应逐块标绘上图，在标绘上图的基础上建立"三旧"改造地块监管数据库。

城市更新项目片区策划：是广州市城市更新的一种政策规划类型，要求纳入城市更新片区实施计划的区域编制片区策划方案。它是城市更新年度计划编制的基础，也是下一步城市更新项目实施方案的指引和依据。片区策划的主要任务是，对城市更新片区的目标定位、更新项目划定、更新模式、土地利用、开发建设指标、公共配套设施、道路交通、市政工程、城市设计、利益平衡以及分期实施等方面做出安排和指引，明确地区更新实施的各项规划要求、协调各方利益、落实城市更新目标和责任。具体详见《广州市城市更新片区策划方案编制工作指引》。

城市更新项目实施方案：是广州市城市更新的一种政策规划类型，由区政府指导改造主体委托具有乙级以上规划资质的单位编制。根据《广州市城市更新办法》及其配套文件，项目实施方案应当以纳入城市更新数据库的数据为基础，根据片区策划方案和经批准的控制性详细规划编制，应当明确现状调查成果、改造范围、用地界址、地块界线、复建和融资建筑量、改造成本、资金平衡、产业项目、用地整合、拆迁补偿安置、农转用报批、建设时序、社会稳定风险评估等。

土地整备：以政府为主导，为解决城市再开发过程中面临的产权破碎化、改造地产化等问题，实现公共利益和城市整体利益，综合运用规划、土地、资金、地价等公共政策及手段，将零散、低效用地整合为成片、可高效利用的土地，强调了对土地产权的规整与对发展权的重构，涉及城市更新、土地收购、土地征收、土地储备等内容。

完善历史用地手续：是广东"三旧"改造过程中，将历史问题用地合法化的重要手段，在满足一定条件时，可直接确认建设用地使用权或完善征收手续。具体详见《关于办理"三旧"改造项目涉及完善历史用地手续的工作计划》（穗旧改函〔2011〕13号）。

"三地"：旧改项目实施过程中，会出现一些零星、琐碎的小地块，这些边角地、夹心地、插花地俗称"三地"。边角地，指在城市规划区或者村庄建设规划区内难以单独出具规划条件、被"三旧"改造范围地块与建设规划边沿或者线性工程控制用地范围边沿分隔（割）、面积小于3亩的地块。夹心地，指在城市规划区或者村庄建设规划区内难以单独出具规划条件、被"三旧"改造范围地块包围或者夹杂于其中、面积小于3亩的地块。插花地，指在城市规划区或者村庄建设规划区内难以单独出具规划条件、与"三旧"改造范围地块形成交互楔入状态、面积小于3亩的地块。具体详见《广东省人民政府办公厅转发省国土资源厅〈关于"三旧"改造工作实施意见（试行）〉的通知》（粤府办〔2009〕122号）。

增量土地： 也称为新增建设用地，指新增土地供给部分，主要通过农地转为建设用地供应。

存量土地： 是相对于增量土地而言的，泛指城乡建设已占有或使用的土地。实践过程中，常见的与存量土地相关的概念有低效建设用地、"三旧"用地、批而未供的土地、供而未用的土地、闲置土地、空闲土地等。具体辨析详见第2章2.3.1。

低效建设用地： 根据国土资源部印发的《关于开展城镇低效用地再开发试点的指导意见》（国土资发〔2013〕3号）、《关于深入推进城镇低效用地再开发的指导意见（试行）》（国土资发〔2016〕147号），低效建设用地指低效率、低品质、不安全、不合理的存量建设用地。经第二次全国土地调查已确定为建设用地中的布局散乱、利用粗放、用途不合理、建筑危旧的城镇存量建设用地。国家产业政策规定的禁止类、淘汰类产业用地；不符合安全生产和环保要求的用地；"退二进三"产业用地；布局散乱、设施落后，规划确定改造的老城区、城中村、棚户区、老工业区等。

储备用地： 指人民政府为调控土地市场、促进土地资源合理利用，依法取得，进行前期开发、储存以备供应的土地。

实物储备： 在红线储备的基础上，通过征收、收购或收回等方式依法取得的宗地，以注销原产权或完成用地结案为完成标准。具体详见《广州市土地储备管理办法》（穗府规〔2018〕4号）。

红线储备：根据城乡规划和土地利用总体规划，纳入土地储备范围并进行规划控制的宗地。红线储备以取得规划选址意见或规划研究范围意见为完成标准。在土地储备规划选址范围内申请选址的其他项目，应先取得土地储备机构的意见。具体详见《广州市土地储备管理办法》（穗府规〔2018〕4号）。

留用地：村集体留用的经济发展用地，政府在征用集体所有的土地时，按照征地面积的一定比例核定用地指标，让被征地集体经济组织用于组织发展二三产业，壮大集体经济，安置失地农民，这些土地就是征地项目留用地。留用地的性质可按被征地的村集体的意见确定，既可转为集体建设用地，也可一并征为国有。

农村"三块地"：是指农用地、宅基地、集体经营性建设用地。农用地是指直接或间接为农业生产所利用的土地，包括耕地、园地、林地、牧草地、养捕水面、农田水利设施用地，以及田间道路和其他一切农业生产性建筑物占用的土地等；宅基地是指村民用于建造住宅及其附属设施的集体建设用地，包括住房、附属用房和庭院等用地，具体详见《中央农村工作领导小组办公室、农业农村部关于进一步加强农村宅基地管理的通知》；农村集体建设经营性用地是指具有生产经营性质的农村建设用地。

土地产权：土地产权不是单一的权利，而是包含所有权、使用权、收益权、转让权、发展权等的土地权利束，使用权具有较完整的占用、使用、收益、处分的权能。

半正规土地产权：《资本的秘密》中，产权正规化土地是指一种得到清晰界定的、受法律保护的，因此可以正常交易并转化为资本的土地。借鉴这一概念，本书所指的广州半正规化土地产权，是针对广州历史形成、正在使用、政策承认，但尚未办理相关手续的用地，主要指纳入"三旧"改造范围、符合土地利用总体规划和"三旧"改造规划的，没有合法用地手续且已使用的建设用地。其中，用地行为发生在1987年1月1日之前的，用地单位可申请办理国有建设用地确权登记发证手续，村集体经济组织可申请办理集体建设用地确权登记发证手续，从而获得正规化土地产权；用地行为发生在1987年1月1日之后、2007年6月30日之前的，用地单位可申请完善征收手续，从而获得正规化土地产权。

土地发展权：本书将土地发展权界定为在土地上进行开发与再开发，及开发后使用的权利。土地发展权并非土地与生俱来的属性，不是"原生价值"，而是"新生价值"，是在土地规划建设过程中，由政府赋予、改变土地用途或者提高利用程度的权利，是对城市化红利的体现。

原土地权属人：土地再开发过程中，存量土地的原有土地使用权所有人。

社会资本方：土地再开发过程中的社会资本方，指参与投资土地再开发的主体，主要包括开发商、合作改造企业，或投入资金但不参与具体再开发建设的企业或投资人。

土地一级开发：指由政府或其授权的企业对一定区域范围内的城市国有土地、乡村集体土地进行统一的征收、拆迁、安置、补偿，并进行适当的市政配套设施建设，使该土地达到"三通一平""五通一平"或"七通一平"的建设条件（熟地），再对熟地进行有偿出让或转让的过程。

土地二级开发：指土地使用者将达到规定可以转让的土地通过流通领域进行交易的过程，包括土地使用权的转让、租赁、抵押等。

土地用途：《中华人民共和国土地管理法》第一章第四条规定，国家编制土地利用总体规划，规定土地用途，将土地分为农用地、建设用地和未利用地。农用地可进一步细分为耕地、林地、草地、农田水利用地、养殖水面等；建设用地可细分为城乡住宅和公共设施用地、工矿用地、交通水利设施用地、旅游用地、军事设施用地等。

现实土地用途：指现实存在的一种土地使用的状态，这种用途可能经正式许可获得，也可能由原土地权属人等相关土地使用者自行变更并未经许可获得。

规划土地用途：一般指土地利用总体规划、城乡规划等规定的土地用途。

基准土地用途：过去不存在，以后也未必存在的一种土地用途，只是用于确定增值分配的基准，是基于平均数值而虚拟出来的一种土地用途。例如广州"一口价"征收承认的平均土地用途，"一口价"征收指收储地块按照商业用地2.5容积率市场评估价的50%给予一口价货币补偿，签订收储协议12个月内交地的给予市场评估价的10%作为奖励。具体详见《广州市深入推进城市更新工作实施细则》（穗府办规〔2019〕5号）第（十三）条。本书将这种"一口价"征收模式定义为对承认土地"虚拟"用途的补偿，是一种平均补偿的模式。

参考文献

［1］ 丁凡，伍江. 城市更新相关概念的演进及在当今的现实意义［J］. 城市规划学刊，2017（6）：87-95.

［2］ 阳建强，杜雁，王引，等. 城市更新与功能提升［J］. 城市规划，2016，40（1）：99-106.

［3］ 钟晓华. 城市更新中的新型伙伴关系：纽约实践及其对中国的启示［J］. 城市发展研究，2020，27（3）：1-5.

［4］ 唐燕，杨东. 城市更新制度建设：广州、深圳、上海三地比较［J］. 城乡规划，2018（4）：22-32.

［5］ 孙莉，张玉坤. 前沿城市规划理念及21世纪对规划师的新要求［J］. 国际城市规划，2016（1）：58-64.

［6］ 李园园. 试析维多利亚时期伦敦工人阶级住房问题及政府对策［D］. 上海：华东师范大学，2006.

［7］ 胡常萍. 工业革命后英国社会空间的转型［D］. 上海：复旦大学，2011.

［8］ 陆伟芳，余大庆. 19世纪英国工业城市环境改造［J］. 扬州大学学报（人文社会科学版），2001（4）：50-55.

［9］ 柯克兰. 巴黎的重生［J］. 城市住宅，2014（5）：81.

［10］ 陈秦. 以北京西站为例的大型铁路客运站发展研究［D］. 北京：北京工业大学，2007.

［11］ 洪霞. 保护的背后：19世纪英国城市建设经验［J］. 决策探索（下半月），2016（1）：70-71.

［12］ 吴晨，丁霓. 城市复兴的设计模式：伦敦国王十字中心区研究［J］. 国际城市规划，2017，32（4）：118-126.

［13］杨冰."国王十字"站大火：伦敦地铁特大火灾为地铁火灾防御敲响警钟［J］. 现代班组，2016（9）：24.

［14］路微. 谷歌英国伦敦国王十字区新总部 投资规模或超10亿英镑［J］. 华东科技，2016（12）：11.

［15］费恩斯坦. 造城者：纽约和伦敦的房地产开发与城市规划［M］. 侯丽，译. 上海：同济大学出版社，2019.

［16］鲍威尔. 城市的演变：21世纪之初的城市建筑［M］. 王珏，译. 北京：中国建筑工业出版社，2002.

［17］蒋晓娟. 纽约"城市更新"研究1949—1972［D］. 上海：华东师范大学，2011.

［18］周立斌，李睿. 纽约的城市改造对我国城市土地利用的启示［J］. 知与行，2017（6）：116-120.

［19］李文硕. 罗伯特·摩西与纽约城市发展［D］. 厦门：厦门大学，2014.

［20］王旭. 美国传统工业大州"去工业化"（1950—1990）：以宾夕法尼亚州为中心的考察［J］. 世界历史，2016（5）：4-16，157.

［21］李爱民，袁浚. 国外城市更新实践及启示［J］. 中国经贸导刊，2018（27）：61-64.

［22］王舒婷. 硅巷理念下城市更新的景观规划策略初探：以南京市百家湖硅巷景观规划为例［J］. 建筑与文化，2020（8）：149-150.

［23］姚俊. 浅析伦敦中央活动区（CAZ）规划的导向及启示［J］. 建材与装饰，2020（3）：76-77.

［24］唐斌. 日新韩城市更新国家干预作用及启示［J］. 建筑与文化，2020（7）：173-174.

［25］于海漪，文华. 国家政策整合下日本的都市再生［J］. 城市环境设计，2016（4）：288-291.

［26］辛相和. 韩国城市更新的政策、要点与案例解析［EB/OL］. ［2021-03-04］. http://www.fangchan.com/cchs/189/2019-01-11/6491284431612220349.html.

［27］SEUNGGWAN S. 城市再生引发的商业绅士化过程与矛盾研究［D］. 杭州：浙江大学，2019.

［28］斯密. 国富论［M］. 唐日松，译. 北京：华夏出版社，2005.

［29］周剑云. 城市更新与规划体制的变革［EB/OL］.［2021-03-04］. http://www.planning.org.cn/report/view?id=157.

［30］李晋轩，曾鹏. 新中国城市扩张与更新的制度逻辑解析［J］. 规划师，2020，36（17）：77-82，98.

［31］翁晓宇. 英美两国土地发展权制度的实践与借鉴［J］. 农业经济，2018（12）：81-83.

［32］林坚，许超诣. 土地发展权、空间管制与规划协同［J］. 城市规划，2014，38（1）：26-34.

［33］林坚，吴宇翔，郭净宇. 英美土地发展权制度的启示［J］. 中国土地，2017（2）：30-33.

［34］汪越，谭纵波. 英国近现代规划体系发展历程回顾及启示：基于土地开发权视角［J］. 国际城市规划，2019，34（2）：94-100，135.

［35］周剑云，黎淑翎，戚冬瑾，等.《1961纽约区划则例》立法目的及其实施路线［J］. 城市规划，2020，44（10）：102-113.

［36］赵燕菁. 从城市管理走向城市经营［J］. 城市规划，2002（11）：7-15.

［37］周剑云，戚冬瑾，鲍梓婷. 详细规划的分裂与转型：控制性详细规划作为政府的管治工具［J］. 南方建筑，2017（4）：35-41.

［38］圭也. 星星之火，可以燎原：珠三角特色的城镇化之路［EB/OL］.［2021-02-20］. https://mp.weixin.qq.com/s/awZzi7vzYv2Yy SmMWm15FA.

［39］李建学. 从非农化到城镇化：工业镇转型升级的路径研究：以珠三角地区为例［J］. 小城镇建设，2019，37（1）：15-23.

［40］周春山，王宇渠，徐期莹，等. 珠三角城镇化新进程［J］. 地理研究，2019，38（1）：45-63.

［41］田先红. 地利分配秩序中的农民维权及政府回应研究：以珠三角地区征地农民上访为例［J］. 政治学研究，2020（2）：90-103，128.

［42］仇叶. 土地开发权配置与农民市民化困境：对珠三角地区农民反城市化行为的分析［J］. 农业经济问题，2020（11）：42-54.

［43］钟晓华. 纽约城记：城市更新与城市治理［EB/OL］.［2021-03-04］. https://www.sohu.com/a/274731194_99965941?qq-pf-to=pcqq.c2c.

［44］张跃庆，张连城. 城市土地经济问题［M］. 北京：光明日报出版社，1990.

［45］朱道林，李瑶瑶. 农村土地制度改革的经济学考察［J］. 中国土地科学，2018，32（3）：1-5.

［46］李秀彬. 土地利用变化的解释［J］. 地理科学进展，2002（3）：195-203.

［47］COASE R H. The nature of the firm［J］. Economica，1937，4（16）：386-405.

［48］WILLIAMSON O E. Markets and hierarchies：analysis and antitrust implications［M］. New York：The Free Press，1975.

［49］沈满洪，张兵兵. 交易费用理论综述［J］. 浙江大学学报（人文社会科学版），2013，43（2）：44-58.

［50］索托. 资本的秘密［M］. 于海生，译. 广州：华夏出版社. 2007.

［51］赵一，李娟娟. 马克思与李嘉图的地租理论比较分析［J］. 改革与战略，2011，27（10）：181-183.

［52］马克思. 资本论（第三卷）［M］. 中共中央马克思恩格斯列宁斯大林著作编译局，译. 北京：人民出版社，2004.

［53］马克思. 马克思恩格斯全集（第25卷）［M］. 中共中央马克思恩格斯列宁斯大林著作编译局，译. 北京：人民出版社，1956.

［54］朱介鸣. 模糊产权下的中国城市发展［J］. 城市规划汇刊，2001（6）：22-25，79.

［55］徐忠国，卓跃飞，吴次芳，等. 农村宅基地三权分置的经济解释与法理演绎［J］. 中国土地科学，2018，32（8）：16-22.

［56］王永莉. 国内土地发展权研究综述［J］. 中国土地科学，2007（3）：69-73.

［57］姚昭杰. 土地发展权法律问题研究［D］. 广州：华南理工大学，2015.

［58］刘国臻. 论美国的土地发展权制度及其对我国的启示［J］. 法学评论，2007（3）：140-146.

［59］刘国臻. 论英国土地发展权制度及其对我国的启示［J］. 法学评论，2008（4）：141-146.

［60］林坚，许超诣. 土地发展权、空间管制与规划协同［J］. 城市规划，2014（1）：26-33.

［61］孙建伟. 土地开发权应作为一项独立的财产权［J］. 东方法学，2018（5）：120-131.

［62］朱一中，王韬. 剩余权视角下的城市更新政策变迁与实施：以广州为例［J］. 经济地理，2019，39（1）：56-63，81.

［63］孙秀林，周飞舟. 土地财政与分税制：一个实证解释［J］. 中国社会科学，2013（4）：40-59，205.

［64］王克稳. 我国集体土地征收制度的构建［J］. 法学研究，2016，38（1）：56-72.

［65］刘守英. 直面中国土地问题［M］. 北京：中国发展出版社，2014.

［66］贺雪峰，桂华，夏柱智. 地权的逻辑3：为什么说中国土地制度是全世界最先进的［M］. 北京：中国政法大学出版社，2018.

［67］邹兵. 增量规划向存量规划转型：理论解析与实践应对［J］. 城市规划学刊，2015（5）：12-19.

［68］林坚，叶子君，杨红. 存量规划时代城镇低效用地再开发的思考［J］. 中国土地科学，2019，33（9）：1-8.

［69］但俊，吴军，闫永涛. 珠三角半城市化地区土地利用困境与策略：基于佛山市南海区、深圳市土地整备实践研究［J］. 城市发展研究，2020，27（1）：118-124.

［70］邓堪强，胡珊，刘晓妮. 广州市属国有企业旧厂更新中的开发权转移机制研究［J］. 规划师，2020，36（15）：73-78.

［71］许宏福，林若晨，欧静竹. 协同治理视角下成片连片改造的更新模式转型探索：广州鱼珠车辆段片区土地整备实施路径的思考［J］. 规划师，2020，36（18）：22-28.

[72] 杨恒. 土地发展权重构下的土地整备模式研究：以广州市增城区为例
　　　[J]. 小城镇建设，2020，38（6）：12-17，35.

[73] 刘迪，唐婧娴，赵宪峰，等. 发达国家城市更新体系的比较研究及
　　　对我国的启示：以法德日英美五国为例［J/OL］.［2021-02-08］.
　　　https://doi.org/10.19830/j.upi.2020.051.

[74] 赖寿华，吴军. 速度与效益：新型城市化背景下广州"三旧"改造政
　　　策探讨［J］. 规划师，2013，29（5）：36-41.

[75] 罗雨翔. 一座城市的智商，成就一座城市的颜值［EB/OL］.［2021-
　　　02-20］. https://mp.weixin.qq.com/s/-toA2heteVM948rVMXR2qw.

[76] 刘昕. 深圳城市更新中的政府角色与作为：从利益共享走向责任共担
　　　［J］. 国际城市规划，2011，26（1）：41-45.

[77] 1997昆士兰州整合规划法［M］. 周剑云，戚冬瑾，译. 广州：华南
　　　理工大学出版社，2019：1.

[78] 何明俊. 用途管制中相邻关系的重构：先占原则vs科斯定理［J］. 城
　　　市规划，2020，44（5）：29-34，61.

[79] 唐燕. 老旧小区改造的资金挑战与多元资本参与路径创建［J］. 北京
　　　规划建设，2020（6）：79-82.

[80] 孙施文. 我国城乡规划学科未来发展方向研究［J］. 城市规划，
　　　2021，45（2）：23-35.

[81] 林坚. 土地发展权、空间管制与规划协同［J］. 小城镇建设，2013
　　　（12）：30-31.

[82] 田莉. 城乡统筹规划实施的二元土地困境：基于产权创新的破解之道
　　　［J］. 城市规划学刊，2013（1）：18-22.

[83] 林强. 半城市化地区规划实施的困境与路径：基于深圳土地整备制度
　　　的政策分析［J］. 规划师，2017，33（9）：35-39.

[84] 程雪阳. 土地发展权与土地增值收益的分配［J］. 法学研究，2014，
　　　36（5）：76-97.

[85] 陈浩，张京祥，陈宏胜. 新型城镇化视角下中国"土地红利"开发模
　　　式转型［J］. 经济地理，2015，35（4）：1-8.

［86］周诚. 论土地增值及其政策取向［J］. 经济研究，1994（11）：50-57.

［87］程雪阳. 也论土地"涨价归公"：兼答周其仁和贺雪峰两位先生［C］// 程雪阳. 地权的秘密：土地改革深度观察. 中国经济改革研究基金 会，2015：5.

［88］孙中山. 建国方略［M］. 北京：生活·读书·新知三联书店，2014.

［89］周其仁. 农地产权与征地制度：中国城市化面临的重大选择［J］. 经 济学（季刊），2004（4）：193-210.

［90］朱一中，曹裕. 农地非农化过程中的土地增值收益分配研究：基于土 地发展权的视角［J］. 经济地理，2012，32（10）：133-138.

［91］周晓，傅方煜. 由广东省"三旧改造"引发的对城市更新的思考［J］. 现代城市研究，2011（8）：82-89.

［92］田传浩. 土地制度兴衰探源［M］. 杭州：浙江大学出版社，2018.

［93］华生. 新土改：土地制度改革焦点难点辨析［M］. 广州：东方出版 社，2015.

［94］丁伟丰，罗小龙，顾宗倪. 产业空间演化视角下乡村型半城镇化地区 的转型：以汕头市澄海区中部地区为例［J］. 经济地理，2020，40 （12）：147-154.

［95］怀特. 城市：重新发现市中心［M］. 齐茂，倪晓晖，译. 上海：上 海译文出版社，2020.

［96］陈志勇，陈莉. "土地财政"：缘由与出路［J］财政研究，2010（1）：29-34.

［97］张恩嘉，龙瀛. 空间干预、场所营造与数字创新：颠覆性技术作用下 的设计转变［J］. 规划师，2020（21）：5-13.

［98］李昊. 城归何处：一名城市规划师的笔记［M］. 北京：中国建筑工 业出版社，2019.

［99］王建国. 包容共享、显隐互鉴、宜居可期：城市活力的历史图景和当 代营造［J］. 城市规划，2019，43（12）：9-16.

［100］龙瀛，李郇. 收缩城市：国际经验和中国现实［J］. 现代城市研究，2015（09）：1.

［101］龙瀛，吴康. 中国城市化的几个现实问题：空间扩张、人口收缩、低密度人类活动与城市范围界定［J］. 城市规划学刊，2016（2）：72-77.

［102］张京祥，唐爽，何鹤鸣. 面向创新需求的城市空间供给与治理创新［J］. 城市规划，2021，45（1）：9-19，29.

［103］奥图尔. 规划为什么会失败［M］. 王演兵，译. 上海：上海三联书店，2016.

［104］斯科特. 国家的视角：那些试图改善人类状况的项目是如何失败的［M］. 王晓毅，译. 北京：社会科学文献出版社，2011.

［105］JACOBS J. The life and death of great american cities［M］. New York：Random House，1961.

后记

．．．．．．．．．

2021年早春，我们作者团队在讨论广州城市更新土地整备工作时，有人提到土地整备在国内没有一个统一的定义，可以深挖一下。受到启发，我在博士论文写作过程中，开始研究土地整备与土地再开发规划，正好利用这个机会，总结了之前的零星思考与实践。这一年3月的广州，百花争放，每个晚上，即便是周末，我们作者团队也在头脑风暴，边讨论边写作，艰辛亦充实。书稿定了，还有点儿忐忑，毕竟土地问题有太多的观点争议，涉及土地的规划也不好做。

"工业大道"这个名字在广州很响亮，1952年在"把广州市建设成为社会主义工业城市"的背景下开拓了这条路。这条路上的很多工业土地再开发正在进行，我们书里提到的案例海珠三滘枢纽地区也在"工业大道"边上，正在经历"工业"土地再开发。通过土地整备，东晓南到南站的过江隧道也正在建设，将成为广州的活力新生地区。2003年，我毕业后，工作单位给安排的宿舍也在"工业大道"旁，这个宿舍正是"工业"土地再开发后建成的居住小区。每天我们从规划院回宿舍，乘坐546路公交车，一路途经万宝电器厂、石溪水厂和广州纸厂附近、星群制药厂等，宿舍周边多是工业用地，或是已经由工业用地置换调整为居住用地后又开发了新楼盘。恰巧我参加工作后参与的第一个规划编制项目对象也是工业用地，是广州市工业布局规划和中心城区工业调整规划。印象中，当时我没有参加过任何规划调研，只是遵循所谓规划师的逻辑和原理——工业外迁，中心城区工业用地当然应该调整为土地价值更高的居住与商业用地，那个规划期末是2010年。后来，工业用地的改造也没有完全按我们的规划实施，规划实施不是因为我们画了一张"蓝图"就能变为现实的，而且大多数规划也不是面向实施的。

规划师们经常抱怨的是，规划师很难有作品，不像建筑师一样能有看得见而且能署名的作品。我理解建筑是彰显个性的，规划是体现协同的，而且规划是有生命的，能新陈代谢。好比我负责的广州南站地区的规划设计，在2004年国际竞赛中获第一名并深化完成控规，但后来因为外部环境变化，南站地区规划调整超过5次，换了多个团队，包括华南理工大学、广州市城市规划设计所等团队，南站规划很难说是谁的作品了，可见规划形成是一个渐进的过程，一直到实施建成的那一刻才稳定下来。如果能做成一个能实施的规划，那必定是规划师的幸运，我工作18年以来，这样的机会不多，东圃立交土地再开发是其中一个。2013年，广州交投集团找到我们，委托编制环城高速沿线交通设施用地改造与土地再开发方案，盘活存量土地以解决政府性年票制项目债务。说白了，就是让土地变为土地资本，在土地再开发过程中让土地升值。提升土地价值，似乎只有唯一的路径，就是调整土地用途。我们试着做了6个立交的立体开发与土地再开发方案，广州市政府主要领导主持的广州市国有资产管理工作联席会议同意了我们的东圃立交改造与土地再开发方案以及另外一个立交地块再开发方案。所谓立体开发，是指交通功能不变，在交通用地上增加居住和商业用途，新土地用途最后是通过政府部门的控规调整实现的，仅东圃立交一个地块，就产生了土地再开发的出让收益44.57亿元。

土地再开发往往带来土地增值，这个增值似乎是地方政府和城市规划师就能掌控的，看起来是只要政府调整一个控规，变更一下土地用途和容积率，土地就增值了。其实，从后来的城市更新案例来看，并非如此，城市更新中的土地再开发并不是一言堂，而是百家争鸣。广州城市更新那几年开始进入高峰期，广州也在2015年成立了全国第一个城市更新局，城市更新工作尤其是广州旧村改造全面推开，社会各方力量都开始关注并参与广州"三旧"改造与土地再开发，后来我们负责海珠三滘枢纽地区、瑶台北片区。多方参与的城市更新，自然少不了算账，算投入产出的经济账，可是原来版本的控规，一直以来很少有大家一起算账这一步，广州采用政府审批的城市更新"片区策划方案"和"实施方案"来算改造的经济账。各算各账，城市更新进入了"三国"时代，原土地权属人、社会资本方、地方政府都用算账模式来分土地再开发的增值这个蛋糕。涉及利益分配，这个切分蛋糕的过程就非常复杂了，后来，我们在参与的实际城市更新规划设计工作中，深刻体会到各方诉求的平衡与规划上的协同越来越复杂，越来越难。在土地再开发过程中，增值蛋糕怎样才能分得更加公平？

带着这些疑问，边写作边学习，我们参阅了一些学者有关土地的论著，有人从农民的角度谈土地，有人从城市化的角度谈土地，发现土地话题下有很多不同的观点。因为我们只是一线的规划师，难以识别与辨析这些观点正确与否，我们只能从规划师绘制的"蓝图"中透视一些粗浅的土地问题，我们试图从规划和规划许可的角度解释土地增值，我们把从土地原生价值到赋予土地新生用途，称作再开发中的土地发展权，本书只是从土地发展权的一个小视角解析土地再开发规划。规划是一门来自实践的技术，由于功力尚浅，我们对城市更新中土地再开发的了解也有局限性。

广州市城市规划勘测设计研究院规划一所，是一个务实而有创新思想的团队，而且很有凝聚力，我们的研究成果正是来自这个队伍。在规划设计单位，想做一点研究，需要克服很多困难。主要有两个难：一是，我们做研究和一般高校训练有素的学者不同，我们在日常规划设计工作中几乎没有任何理论上的框架和想法，研究的思路完全是在规划设计过程中甚至是结束后才形成的，而且都是碎片化的，就像本书讨论的土地整备一样，需要"知识整备"。二是，研究时间投放不够，如果按"二八"原理，我们80%的精力和体力都在规划编制上，只有不足20%的时间可以做一点其他的，但是我们非常珍惜这20%，我们对这"二八"分的时间进行价值转化，也像本书提到的增值共享一样进行"知识共享"，使生产与科研相结合，这20%给我们带来了创新积累，但也仅仅让我们迈出了"半"步。

更加重要的另一个"半"步，是诸多规划同仁前辈不吝指导与帮助。需要感谢的人很多，不胜枚举。我的博士生导师华南理工大学建筑学院刘玉亭教授一直耐心地引导我从规划实践者向规划实践与科研者转身，王世福教授在具体项目中给予我们开拓性的指导与点评，周剑云教授讲授逻辑研究时教会我们思辨性地看规划。袁奇峰教授、田银生教授、赵渺希教授在我博士论文写作过程中给出的建议也十分有益。我在规划院的工作，是规划设计编制，其核心技能就是技术整合，创新性研究没有太直接的效用。但从长远看，创新性研究能给规划设计赋能，广州市城市规划勘测设计研究院邓兴栋院长为我们规划师做创新提供了研究平台。写作过程中，武汉大学城市设计学院院长李志刚教授、广东工业大学建筑与城市规划学院院长蔡云楠教授、中山大学地理科学与规划学院袁媛教授给予了我们很多中肯的建议。此外，广州市城市规划设计研究院规划设计一所的徐妍、王思丰、胡可可、袁媛、林若晨、杨恒、杜金莹、高慧智等规划师提供了很多精彩的图表和关键的数据，《建筑》杂志社郑淮兵总编辑、中国建筑工业出版社王晓迪编辑也对本书的出版给予了大力帮助，在此表示诚挚的谢意。

何冬华

2021年夏于广州珠江规划大厦